大学生创业指导

主　审　亓俊忠

主　编　明照凤　王建平

山东人民出版社

编委会成员名单

主　审　亓俊忠

主　编　明照凤　王建平

副主编　王平安　曹宇飞　刘亚栋

参　编　张家国　凌明雁　郭素娟

李建庆　龚爱国　李明立

朱金峰　李庆峰　王　鹏

序 言

随着高等教育由“精英教育”到“大众教育”的转变，人才市场的竞争日趋激烈，大学生就业与创业问题成为当代大学生所面临的现实问题。探讨如何指导学生成功就业与创业，科学规划自己的未来，已经成为学校就业教育教学工作的重要组成部分。

根据山东商业职业技术学院创业型大学的目标定位，为了更好地为学生进行创业与就业提供学业指导并提供全面有效的服务，我们组织长期从事大学生就业指导工作的老师编写了“高职院校大学生职业发展教育丛书”，全套书分为《大学生职业生涯规划》《大学生就业指导》《大学生创业指导》三部分。

对于大学生来讲，除必须调整就业观外，还必须懂得如何设计自己的职业生涯。当完成学业步入社会的时候，大学生应该学会策划自己的职业生涯与追求，使理想和现实找到最佳结合点。是找岗位就业，还是自主创业？这是一次重大的人生选择。无论是就业还是创业都可以成为实现自己理想的有效途径，在就业中可以创业，创业也可以带动就业。

展现在大家面前的《大学生创业指导》是“高职院校大学生职业发展教育丛书”之一。作者希望学生通过学习本书能够接受规范的创业教育，培养良好的创业精神与创业品质，并进而帮助学生了解注册公司的操作流程，把握现代创业的价值和意义。

本书分为三篇：第一篇知己知彼——走进企业，第二篇打点行囊——创业准备，第三篇谋定而后动——实践篇。全书内容主要着眼于当前高职高专毕业生的创业环境、创业形势，结合高职高专毕业生的创业实践，阐述了创业的素质准备、能力养成以及企业注册经营操作流程的各个步骤、环节应注意的问题与技巧。编者之旨趣在于探讨适合高职学院毕业生的创业模式，使具备创业潜质的学生能够成功创业。

本书由亓俊忠教授任主审，明照凤、王建平教授任主编，王平安、曹宇飞、刘亚栋任副主编。张家国、凌明雁、郭素娟、李建庆、龚爱国、李明立、朱金峰、李庆峰、王鹏参编。本书在编写过程中，得到了山东人民出版社袁丽娟主任的大力支持以及众多高职院校同行提出的宝贵意见，在此表示衷心感谢！

本书在编写过程中，参考了国内外公开出版的大量的优秀教材和文献资料，在此一并致谢！但由于编写者的理论修养和实践经验的局限，缺点错误在所难免，欢迎广大读者予以斧正。

编　者

2013年6月

目 录

第三篇　谋定而后动——实践篇

第一篇

知己知彼——走近创业

第一章　回溯——创业教育发展的历史

【案例导读】

商机中的“商”是指商业经营活动，“机”则是指外部环境所提供的独特的、与众不同的、能够创造高价值经营成果的可能性，因此，“商机”就可解释为给企业带来高价值收益的环境机会。这是一种具有潜在增长性、一定模糊性、较高回报性、适度风险性并与创业者的资源相适应的、未被别人发现或未被满足的市场需求。

新中国成立后，我国商机发展大潮大致经历了如下三个峰值期。

1.没有也不需要商机的时代

新中国成立至20世纪80年代以前，我国处于计划经济时代。那是一个没有企业，只有工厂；没有企业家，只有车间主任；没有市场，只有内部调剂制；不需要经营管理，只需要照章办事的时代。[①]显然，那是一个没有也不需要商机的时代。机会、商机等概念被视为与若干实干精神相悖的贬义词，难脱机会主义之嫌。

2.遍地商机只需胆量的时代

长期的计划经济使我国经济处于短缺状态，物资匮乏，供不应求，无论哪一行业只要有产品就有人要。20世纪80年代，我国实行改革开放引入市场经济时，企业间几乎不存在竞争，产品价格按照成本加成原则由企业决定、政府批准，产品利润空间广阔，下海经商成为热潮。那是一个没有竞争、遍地商机、企业不需经营，只要有胆量办企业就会赚钱的时代。这个“有机缺商”的时期大约

① 汪中求，吴洪彪，刘兴旺.精细化管理[M].北京：新华出版社，2007:2－5.

从1980年起延续了十多年。

3.商机管理时代

进入21世纪,我国经济进入全球化时代。跨国公司纷纷进入我国,如餐饮业的麦当劳、零售业的沃尔玛、制造业的美国通用等,他们占领了高端市场。与此同时,我国个体创业的教育期也已结束,人们纷纷效仿创业榜样进入低端市场,形成个体创业的千军万马。这两个层面的新进入者不断加剧着市场的竞争强度,原有的利润空间被迅速压缩,人们普遍感到"生意难做了"。毫无疑问,随着我国日益高涨的创业浪潮,商机将越来越成为短缺资源,商机管理时代已经到来。

第一节　与时俱进——创业教育的时代性

一、问题的提出

20世纪末至21世纪初,我国提出要建设创新型国家,实施"科教兴国"和"人才强国"战略,这赋予了高校重大的历史使命。人才培养是高校的根本任务,《高等教育法》第五条规定,高等教育的任务是培养具有创新精神和实践能力的高级专门人才,发展科学技术文化,促进社会主义现代化建设;第七条规定,国家按照社会主义现代化建设和发展社会主义市场经济的需要,根据不同类型、不同层次高等学校的实际,推进高等教育体制改革和高等教育教学改革,优化高等教育结构和资源配置,提高高等教育的质量和效益。

二、创业教育的发展

创业教育在欧美等先进国家已有几十年的历史,一直深受重视,至今已颇具规模。在美国上百万名学生从小学开始即接受创业教育,还通过"青年商业社"(Junior Achievement)等形式进行实质性的经营活动来增强创业意识、提高创业能力。美国的第一个创业教育课程诞生于1970年,到1980年,本科创业教育专业诞生在百森(Babson)商学院、贝勒(Baylor)大学和南加州大学。1979年至1986年间,中小企业与创业课程成长迅速,并蓬勃发展。如今,美国至少有400个学院和大学提供一种或多种创业课程,许多顶尖大学现在提供创业方面的课程和学位。据统计，到 2004 年，开设创业课程的美国大学和学院已超过 1100 所，其中 50%以上开设并提供了至少 4 门创业方面的课程。美国在探索和实施创业教育过程中，逐步形成了自己的创业教育特点：注重学生就业观点的转变，促使学生将被动的就业观念转变为主动的创业观念；注重与创业教育有关内容的体验，使学生体验获得创业的感性认识；注重对教师的培训，要求教师具备一定的创业体验、创业知识和创业技能；创业教育组织非常活跃；创业教育得到了社会部分资金的资助。目前，世界上不少国家都很重视创业教育。除了美国，还有 26 个国家也开展了类似教育，在澳大利亚，大学里的创业教育至今已经进行了 40 年。

我国的创业教育是从 2002 年正式开始的，当年教育部确定了清华大学、北京航空航天大学、中国人民大学、上海交通大学、南京经济学院、武汉大学、西安交通大学和黑龙江大学等高校作为创业教育的试点高校，开始向学生培养“知行统一”能力的实践教育，提高学生的实践能力。在传统的教育中，存在不少知识和能力脱节、理论与实践分离的情况，培养“知行统一”的实践能力是大学教育的一项重要任务。创业教育具有很强的实践性，这是因为创业教育所要培养的探索精神、创新意识、团队合作能力、整合资源等核心能力都需要在实践中才能得到真正的锻炼和提升。好的创业教育不仅包括课程体系，还要通过创业计划竞赛、创业实习等实践环节共同实现。

2010 年 4 月 22 日，教育部召开了推进高等学校创新创业教育和促进大学生自主创业工作会议，教育部党组副书记、副部长陈希作重要讲话。陈希指出，推进高等学校创新创业教育和促进大学生自主创业工作，是贯彻落实党的十七大提出的“提高自主创新能力，建设创新型国家”和“以创业带动就业”的发展战略，是贯彻落实中央提出的加快转变经济发展方式，适应经济社会发展和国家战略发展的重大举措。他要求各高等学校要以培养学生创新精神、创业意识和创业能力为核心，以加强师资队伍和教材建设为重点，以出台和落实更多的优惠政策为保障，以建设一批创业实践和孵化基地为依托，制定切实可行的措施，因地制宜，逐步建立长效机制，不断开创大学生创新创业教育和促进大学生自主创业工作新局面。2010 年颁布的《国家中长期教育改革和发展规划纲要(2010—2020)》明确指出，要“把创新创业教育融入人才培养全过程”；《国家中长期人才发展规划纲要(2010—2020)》则要求应进一步完善金融、财政、税收等政策，加强创业技能培训和创业服务指导，加大对创业孵化的投入等。这都为我国今后高等学校创新创业教育和促进大学生自主创业工作的开展提供了政策依据,指明了方向。

第二节 为创造价值鼓与呼——创业教育的价值

随着经济社会的发展,创业活动越来越成为推动社会发展、促进国家财富增长的重要力量,人们常说,没有大学生创业就没有美国的“硅谷”。创业者不断开创新的产品、产业和市场,促进了社会的进步;与此同时,创新创业也成为现代人的一种精神生活和生存方式,比如在美国,约有60%的18~29岁青年有意创业,80%的未来创业者年龄在18~34岁之间。创业教育已经成为培养高素质创造性人才的重要途径,成功的创业教育要造就一大批社会职业岗位的创造者,而不仅仅是社会就业岗位的竞争者。Yahoo公司就是在斯坦福大学校园创业氛围中诞生并迅速成长起来的。麻省理工学院自1990年该校首届创业计划竞赛活动开展以来,其毕业生和教师平均每年创建150个新公司,最新统计表明,该校的毕业生已经创办了4000多个公司,这些公司仅1994年就雇佣了110万人,创造了2320亿美元的销售额,为推动美国经济发展作出了重要贡献。从长远看,创业教育的全面推进,对解决社会就业、科技成果转化等重要问题具有重要意义,必将为我国经济结构的战略性调整和可持续发展注入不竭的动力。

创业教育为学生的个人发展创造了第三条道路。在原来毕业—就业和毕业—升学这样的个人发展道路外,帮助学生在认识到自身潜力的基础上追求梦想,创办新的、对社会有价值的事业,通过创业找到实现人生理想的途径。当前,我国的人均GDP已超过3000美元,经济增长方式由粗放型向集约型转变,这时正是创业的好时机,产业经济结构升级会带来很多商机。

高校开设创业教育课的目的,不是鼓动大学生毕业后都投身于创业大潮,都去当老板。创业课程首先向大学生介绍“创业”的概念,使大学生明白什么是创业;其次,通过介绍创业理论,培养大学生的创业意识,教育学生如何发现好的创业机会并下定决心创业;最后,引导学生多积累有关创业的知识与技能,当遇到好的机会时,能够知道创业过程中面临的主要难题有哪些,如何克服,从而实现创业理想。

第二章　创业概述

【案例导读】

法国有一位很穷的年轻人叫巴拉昂，他以推销装饰肖像画起家，在不到10年的时间里，迅速跃升于法国50大富翁之列，成为一位年轻的媒体大亨。他去世后，法国《科西嘉人报》刊登了他的一份遗嘱。他在遗嘱中说："我曾是一个穷人，去世时却是以一个富人的身份走进天堂的。在跨入天堂的门槛之前，我不想把我成为富人的秘诀带走，现在秘诀就锁在中央银行我的保险箱里。谁若能通过回答'穷人最缺少的是什么'而猜中我的秘诀，他将得到我的祝贺——100万法郎，那就是我给予他的掌声。"

遗嘱刊出之后，有48561个人寄来了自己的答案。这些答案，五花八门，应有尽有。绝大部分的人认为，穷人最缺少的当然是金钱了，有了钱，就不会再是穷人了。另有一部分人认为，穷人之所以穷，是缺少机会。又有一部分人认为，穷人最缺少的是技能，一无所长所以才穷，有一技之长才能迅速致富。还有人认为，穷人最缺少的是帮助和关爱，是漂亮，是名牌衣服，是总统的职位，等等。在这位富翁逝世周年纪念日，他的律师和代理人在公证部门的监督下，打开了银行内的私人保险箱，公开了他致富的秘诀，他认为：穷人最缺少的是成为富人的野心。结果，在所有答案中，只有一位年仅9岁的女孩蒂勒猜对了。

野心是我们成就事业的基础，是我们行动的原动力。野心就是创业者不可缺少的梦想。

创业生智，创业成材，创业兴邦。创业是一个人的梦想，梦想是创业最大的驱动力。

第一节　一生何求——人生就是创业

全社会都在推崇一种创业的精神，大家都在积极创业，我希望能够让大家分享这一点，创业是一种人生态度、过程，创业的目的不是为了财富，而是为了一种成就感、一种幸福感、一种满足感。如果这种幸福感和满足感跟自己的理想、责任完全相符的话，创业的过程就达到了一种完美状态。

——北京点击科技有限公司总裁王志东

一、创业的内涵

现代社会所讲的创业概念源于 Entrepreneur，意为“企业家、创业者”。在一定意义上，创业与企业家是密切联系的一对概念。因此，创业的内涵也极其丰富，有性质、类别、范围和过程阶段等方面的区别和差异。

从广义的角度去看个人创业，可以理解为一个人根据自己的性格、兴趣、所学专业、能力等选择适合自己的职业，并为这个职业的成功准备各种条件，最后实现自己的人生目标的过程和结果。也可以说是一个人为了实现个人的人生目标，从事社会发展所需要的工作，为社会发展作出贡献的经常性活动。所以，广义的创业理所当然包括岗位创业。岗位创业是指在现有岗位上顺应时代发展和岗位目标要求，创造性地发挥劳动者的聪明才智，通过全面提高自身能力和素质，以期得到晋升和发展，并为岗位提供者尽可能多地创造财富，实现开拓性的就业。

因此，从这个角度看，人生就是创业。

狭义的创业通常仅指自主创业。自主创业又称独立创业，是指创业者个人或创业团队白手起家进行创业；是指转变择业观念，以资源所有者的身份，利用知识、能力和社会资本，通过自筹资金、技术入股、寻求合作等方式创立新的社会经济单元，即不做现有就业岗位的填充者，而是为自己、为社会更多的人创造就业机会。就自主创业而言，简单地说是对于创业机会的发现、把握捕捉或创造并不断发展的过程。自主创业的主体是投资者和资产所有者。自主创业需要创业者拥有关键资源或者有整合资源的能力，因此较岗位创业更为复杂艰难。

大学生自主创业，是指一些有理想、有胆识的大学毕业生为自己开辟一条择业新路，是大学毕业生主动参与社会竞争的一种尝试。自主创业大学生的主要表现是，在大学毕业后，利用自己的知识、才能和技术，以自筹资金、技术入股、寻求合作等方式创立新的就业岗位；他们不是现有就业岗位的竞争者，而是为自己、为社会更多的人创造就业机会的开拓者。目前，虽然真正走上自主创业道路的大学生还为数不多，但它代表了一个方向，引领了一种新的就业潮流。自主创业既不同于市场经济体制改革初期干部职工的“下海”，也不是普通的专业性比赛或科研设计；它不仅要求学生能结合专业特长，根据市场前景和社会需求创造出新产品和服务，而且要直接面向市场、面向社会，在为社会创造价值的同时，使自我价值得到充分的体现。自主创业的大学生将由知识的拥有者变为直接为社会创造价值作出贡献的创造者。我们在本章中介绍的大学生创业主要侧重于狭义创业。

二、大学生创业的意义

(一)创业是市场经济条件下大学生实现个人价值的捷径

大学生创业有优势，他们思想活跃、敢想敢干、精力充沛，没有旧框框的束缚；他们通过自主创业实现自我价值，也为社会创造了效益。事实证明，创业能够提升人生意义，提高生活质量，创业成功所带来的满意感、幸福感是普通职业难以企及的。所以，有人说“蓝领”打工是就业的低层次，“白领”打工是就业的高层次，而创业是就业的最高境界。

【小资料】

假如你是初次创业，SSRN 的一篇文章《创业的技巧和运气》(Skill vs. Luck in Entrepreneurship)会告诉你：朋友，你跌倒的可能性很高。

但是，“第一次创业不论成功与否，都比你想象的有价值的多”，因为你将获得宝贵的经验。

它会让你知道成功需要多少工作量。

它将教会你如何寻找创业伙伴。

它会让你明白一个想法的灵活性究竟有多大。

它会告诉你，保持激情很重要。

它会告诉你，你对钱其实一无所知。

因此，如果你怀着创业的梦想，请保留心中这份悸动，努力开始创业的准备吧。

(二)大学生创业是知识经济时代的需要

知识经济是建立在知识和信息的生产、分配、使用之上的经济,知识是比原材料、资本、劳动力更为重要的因素,知识成为真正的资本与首要财富。知识经济为人类的发展提供了极大的机遇。它要求人们具有敢于抓住这些机遇的勇气,并且能够为抓住这些机遇而脚踏实地地做各种艰苦细致的工作。大学生是具有丰富的知识和创新技能的时代精英,应该顺应知识经济的要求,努力为这个时代创造更多的价值和财富。

(三)大学生创业是适应当前大学生就业新形势的需要

首先,全面实施大学生创业教育是高等教育大众化的需要。在高等教育大众化、社会经济快速发展、行政机构及其人员精简的今天,大学生就业形势将越来越严峻,能否顺利就业是每个高校毕业生都将面临的问题。其次,毕业生就业难将可能成为影响社会稳定的一个重大问题。在现有行业只能接受一部分毕业生就业的条件下,另一部分毕业生则只有通过自主创业来实现就业,从而达到为社会经济发展服务、实现个体价值的目的。

实施扩大就业的发展战略,促进以创业带动就业。就业是民生之本。要坚持实施积极的就业政策,加强政府引导,完善市场就业机制,扩大就业规模,改善就业结构。完善支持自主创业、自谋职业政策,加强就业观念教育,使更多劳动者成为创业者。

大学生自主创业是知识与资本的充分融合,是大学生传统就业方式的最新补充,是缓解当前就业压力重要的途径,是新形势下大学生就业的发展方向。

在麦可思对大学毕业生的调查结果中,我们看到2010届高职毕业生自主创业的主要动机是“理想就是成为创业者”,其比例占创业者总人数的42%,而“未找到合适的工作者”只占6%。

总体而言,年轻的创业者们更多的是以一种积极的心态开始创业的,他们作出这样的选择往往是出于遵循自己的梦想或是把握身边的机遇,自主创业的毕业生们有着强大的内在动力。

三、大学生创业是实现自我价值的重要抓手

(一)经济的要求

在以经济建设为中心的大环境中,就大学生的创业动机来说,工作待遇是不得不考虑的一个重要因素,自主创业可能带来的就是良好的经济效益。年轻

人对生活质量的要求越来越高，而现实生活中高房价、高标准的生活给他们带来了很大压力，因此，很多年轻人已经不满足于工薪阶层的固定工资，而是选择创业，努力实现自己的各种梦想。

（二）替别人打工不如为自己打工

大部分选择自主创业的学生都是抱着“替别人打工不如为自己打工”的心态，认为自己的事业做起来会更有工作激情，更投入，从而更容易成功，而且这种成功是属于自己的，就算失败，也是自己造成的，不会去怪别人，不会感到遗憾。

（三）时间自由

对很多人来说，时间上的自由可以说是最大的动力。朝九晚五的工作时间不是每个人都能适应的，如果自己创业，在时间的掌握上就比较自由一点，这也是为什么现在出现自由职业者的原因。因为时间自由这个原因选择创业的学生都认为自我空间很重要，没有必要在没有事情的情况下还要守在单位里浪费时间，可以利用这些时间做更多自己想做的事情。

（四）实现自我价值

一些自我意识很强的学生，选择自主创业是为了通过这一途径来证明自己的能力。在一些单位，由于制度的约束，很多人无法按照自己的想法来做事。创业可以有一个空间来发挥，来实现自我价值，得到社会的认可。

（五）偶像崇拜

比尔·盖茨、张朝阳等人的名字在大学生中并不乏认知者，他们的创业故事也为同学们所津津乐道。作为偶像，这些人的经历给大学生提供了自主创业的典范，让他们心存希望，希望自己将来也能像这些偶像一样成就一番事业，出人头地。

【案例】

小耿打小就喜欢滑板，上初中时买了一个玩具滑板；高中毕业后，他对滑板的喜欢更是发展成了一种对滑板文化的探究。毕业后，小耿做营销，但没有放弃对滑板的爱好，玩得是越来越好，滑板也换了好多块。当时这个城市没有专门的滑板店，小耿要到北京才能买到称心如意的滑板。随着越来越多的爱好者加入滑板队伍里，一些刚玩滑板的年轻人老是向小耿打听怎样选购滑板等问题。一来二去，时间长了，小耿干脆辞职在当地开了自己的滑板店。

小耿把店开成滑板俱乐部来招揽顾客，在店里开设专门的滑板区，让顾客试用滑板性能，并进行简单的滑板表演吸引顾客。他的店里充满滑板文化的味道，多的是介绍滑板、吸引顾客的手段。定时的滑板表演，一来可以发展滑板队伍，二来可以宣传自己的店，培养目标客户。这些招数还真挺管用，小耿的生意做大了。作为老板的小耿仍定期和那帮滑板爱好者切磋技艺。小耿说："尽管开始的时候有些难，但只要是自己喜欢的，我就会努力地去做，我目前只是迈出了小小的一步。"

为什么小耿创业取得了成功呢？首先，小耿把自己的创业和自己的爱好结合在一起，这是最突出的一点。小耿自己就是滑板发烧友。他觉察到市场需求与供给之间严重的不对称，再加上自己也喜欢，所以他决定开店——尽管一开始是想方便爱好者购买滑板。其次，小耿把单纯卖滑板的店铺做成滑板俱乐部的形式，这是小耿走向成功的关键。通过这个俱乐部，他把卖产品扩大到卖文化，在潜移默化中让当地的滑板爱好者凝固了这样的想法：滑板＝小耿的俱乐部。

第二节　国家鼓励大学生自主创业的政策

创业是就业的另一种模式，所不同的是创业者不是被动地等待他人给自己"饭碗"（就业机会），而是主动地为自己或他人创造"饭碗"。它是创业者通过发现和识别商业机会，成立活动组织，利用各种资源，提供产品和服务，来创造价值的过程。创业具有较高的风险，但也有较高的回报。随着商业经济的高速发展和知识经济的迅猛来临，越来越多的大学生投入到创业的浪潮中，并取得不少成功的经验，大学生创业也因此成为热门话题。

一、国家的政治和经济环境为大学生创业提供了机遇

随着高等教育从"精英教育"向"大众教育"迈进，高校毕业生就业形势日益严峻。2010 年全国高校毕业生人数达 631 万，2011 年达 660 万，2012 年达 680 万，2013 年将达 699 万。大学毕业生数量远远超过空缺岗位的数量。面临严峻的就业形势，人事部、教育部及相关部委出台《国务院关于进一步做好普通高等学校毕业生就业工作的通知》等文件，提供创业低息贷款等优惠政策，提供多种形式的创业培训，引导大学生积极自主创业。

“十二五”期间，我国实施产业结构大调整、区域经济结构大调整战略。产业升级、产业发展都需要更高知识层面的劳动者的参与，大学生具备高级知识和技能，所以，在现代农业、新材料、新能源、新兴制造业、会计及金融业等现代服务业中，都能找到创业的机会。

国家的政治和经济环境为大学生创业提供了机遇。大学生创业不仅有利于发挥自身优势，而且有利于带动更多人就业，为社会创造更大价值，作出更多贡献。

【小链接】

《教育部关于做好2012年全国普通高等学校毕业生就业工作的通知》中指出，要全面推进大学生创新创业工作，力争实现创业人数进一步增加。

全面加强创新创业教育和创业基地建设。各省级教育行政部门、各高校要把创新创业教育作为培养创新型人才的重要途径，普遍建立地方和高校创新创业教育指导中心等机构，积极开发创新创业类课程，并纳入学分管理。要探索建立聘用企业家和创业成功人士担任创业导师、学校专职教师到用人单位挂职锻炼双向交流的有效机制。广泛开展创业大赛、创业模拟等实践活动，着力提升学生的创新精神、创业意识和创业能力。要大力建设创新创业教育实践、实习和项目孵化基地等创新创业平台，积极推进“大学生创业示范基地”“大学生创业教育示范校”建设。

进一步加强创业政策扶持和创业服务。各省级主管部门、各高校要在资金、项目、技术、培训等方面对大学生创业给予更多扶持。要设立创新创业教育专项资金和扶持大学生创业的资金，继续做好《高校毕业生自主创业证》审核发放工作，配合落实好减税、贴息贷款、培训补贴、落户等政策。要组织开展政策咨询、项目开发、风险评估、开业指导、融资服务、跟踪扶持等“一条龙”服务，完善教育部“全国大学生创业服务网”，鼓励更多高校毕业生自主创业。

二、国家政策为大学生创业提供了有利条件

为支持大学生创业，国家和各级政府出台了许多优惠政策，涉及融资、开业、税收、创业培训、创业指导等诸多方面。对打算创业的大学生来说，只有了解这些政策，才能走好创业的第一步。

(一)国家扶持大学生创业的政策

1.程序简化

凡高校毕业生(毕业后2年内,下同)申请从事个体经营或申办私营企业的,可通过各级工商部门注册大厅“绿色通道”优先登记注册。其经营范围除国家明令禁止的行业和商品外,一律放开核准经营。对限制性、专项性经营项目,允许其边申请边补办专项审批手续。对在科技园区、高新技术园区、经济技术开发区等经济特区申请设立个体私营企业的,特事特办,除了涉及必须前置审批的项目外,试行“承诺登记制”。申请人提交登记申请书、验资报告等主要登记材料,可先予颁发营业执照,让其在3个月内按规定补齐相关材料。凡申请设立有限责任公司,以高校毕业生的人力资本、智力成果、工业产权、非专利技术等无形资产作为投资的,允许抵充40%的注册资本。

2.税负减免

2011年1月1日起,毕业年度内的高校毕业生在校期间创业,可以向所在高校申领《高校毕业生自主创业证》。对持《就业失业登记证》(注明“自主创业税收政策”或附着《高校毕业生自主创业证》)的毕业生从事个体经营(除建筑业、娱乐业以及销售不动产、转让土地使用权、广告业、房屋中介、桑拿、按摩、网吧、氧吧外)的,在3年内按每户每年8000元为限额依次扣减其当年实际应缴纳的营业税、城市维护建设税、教育费附加和个人所得税。

对新办的从事咨询业、信息业、技术服务业的企业或经营单位,对新办的独立核算的从事交通运输业、邮电通讯业的企业或经营单位,对新办的独立核算的从事公用事业、商业、对外贸易业、旅游业、仓储业、居民服务业、饮食业、教育文化事业、卫生事业的企业或经营单位,对到“老、少、边、穷”地区新办的企业,可以免征或减征一定年限、一定比例的所得税。

3.费用减免

除国家限制的行业外,工商部门自批准其经营之日起1年内免收其个体工商户登记费(包括注册登记、变更登记、补照费)、个体工商户管理费和各种证书费。对参加个体私营协会的,免收其1年会员费。对高校毕业生申办高新技术企业(含有限责任公司)的,其注册资本最低限额为10万元,如资金确有困难,允许其分期到位;申请的名称可以“高新技术”“新技术”“高科技”作为行业予以核准。高校毕业生从事社区服务等活动的,经居委会报所在地工商行政管理机关备案后,1年内免予办理工商注册登记,免收各项工商管理费用。

4.金融贷款优惠

金融贷款方面,优先贷款支持、适当发放信用贷款。加大高校毕业生自主创业贷款支持力度,对于能提供有效资产抵(质)押或优质客户担保的,金融机构优先给予信贷支持。对高校毕业生创业贷款,可由高校毕业生为借款主体,担保方可由其家庭或直系亲属家庭成员的稳定收入或有效资产提供相应的联合担保。对于资信良好、还款有保障的,在风险可控的基础上适当发放信用贷款。对创业贷款给予一定的优惠利率扶持,视贷款风险度不同,在法定贷款利率基础上可适当下浮或少上浮。

5.优化创业实践环境

(1)青年就业创业见习基地。"青年就业创业见习基地"是依托各类企事业单位,以市场机制为准则,以岗位需求为前提,面向应届大中专毕业生、已毕业但未就业大中专毕业生和青年农民工建立的大学生就业创业实践基地。2009年开始团中央在全国范围内建立一批学校共青团"青年就业创业见习基地",广泛动员社会资源,帮助大学生积累工作经验、提高就业创业能力,为企事业单位选人用人搭建平台。

见习基地条件:

①合法经营、依法纳税并处于正常生产经营状态的企事业单位,有提供见习岗位的意愿和接收见习人员的能力;

②具备国家法定的安全生产条件;

③每年至少安排一期见习,每期一般为2至3个月,岗位数量不少于10个;

④见习岗位的工作内容需具备一定的技术技能含量,见习基地不以短期劳务用工为主要功能;

⑤能够为见习人员提供人身意外伤害保险和一定的基本生活补助;

⑥见习结束后,能够为见习人员出具见习鉴定;

⑦同等条件下,可以优先录用在本单位见习的应届毕业生。

(2)大学生就业创业孵化基地。大学生就业创业孵化基地源于20世纪80年代我国的企业孵化器。近年来,国家出台了一系列大学生就业创业的鼓励政策,建立了大学生就业创业孵化基地。进入创业孵化基地是走向创业的重要一步。大学生就业创业孵化基地一般由政府、科技创业服务中心和高校管理,在起步阶段,给予较为优惠的信息政策、良好的信息环境、技术环境、资本环境、人才环境和市场环境,扶持和培育创业者成长。孵化基地既是开展创业的教育培训者,也是实际创业的直接支持者。

(二)山东省有关扶助大学生自主创业方面的优惠政策:

1.对从事个体经营的高校毕业生,除国家限制的行业外,自工商行政管理部门登记注册之日起3年内免交登记类、管理类和证照类的各项行政事业性收费。对自主创业且符合条件的毕业生，在其自筹经费不足时，可向当地经办银行申请小额担保贷款；对从事微利项目的，贷款利息由财政承担50%。

2.设立山东省高校毕业生自主创业扶持资金，积极鼓励和支持高校毕业生自主创业。带动各市、各高校通过多种渠道筹集资金，形成省、市、高校三级创业服务体系，以此引导帮扶毕业生走上创业道路。

第二篇

打点行囊——创业准备

第三章　拍拍身上的灰尘——创业的素质准备

【案例导读】

一个农场主在巡视谷仓时，不慎将一块名贵的金表遗失在谷仓里。他遍寻不获，便在农场门口贴了一张告示，要人们帮忙，悬赏金达100美元。

人们面对重赏的诱惑，无不卖力地四处寻找。无奈谷仓内谷粒堆积成山，还有成捆成捆的稻草，要想在其中找寻一块金表如同大海捞针。

人们忙到太阳下山也没有找到金表，他们不是抱怨金表太小，就是抱怨谷仓太大、稻草太多，他们一个个放弃了100美元的诱惑。

只有一个穿破衣的小孩子在众人离开之后仍不放弃，还在努力寻找。他已整整一天没吃饭，他希望在天黑之前找到金表，解决一家人的吃饭问题。

天越来越黑，小孩在谷仓内坚持寻找。突然，他发现周围所有的喧闹都归于沉寂之后，有一个奇特的声音在"滴答、滴答" 地响着，小孩顿时停止了寻找。谷仓内更加安静，"滴答"声响愈发清晰。小孩意识到这是金表，忙循声翻找，终于找到了金表，得到了100美元。

第一节　见贤思齐——创业者的素质

一、创业者素质分析

(一)创业者的素质

创业者素质是指创业者实现成功创业所具有的独特品质和能力。按照素质的生理和心理两方面构成来看,创业者素质包括创业者身体素质和心理素质,其中创业者心理素质是关键,又包括智能素质(知识、智力、技能和才能等)、品德素质(思想品质、创新意识和道德品质等)、文化素质(文化广度、深度和社会工作经验等)和心理健康素质等。

(二)创业者必备素质

有些研究者对800多名在校大学生进行调查,对列出的20种素质按重要程度排序,排在前10位的创业者素质有成就欲、冒险精神、自信心、创造力、执着精神、洞察力、责任心、诚信、勤奋吃苦、公道宽容。

创业素质是可以培养的,其中的12种素质是创业者需要具备的,即:

(1)适应能力——应付新情况的能力,并创造性地找到解决问题的方法。

(2)竞争性——愿意与其他人相互竞争,具有竞争意识。

(3)自信——相信自己能做计划中的事。

(4)纪律——专注并坚持计划原则的能力。

(5)动力——有努力工作实现个人目标的渴望。

(6)诚实——讲实话并以诚待人。

(7)组织——有能力安排好自己的生活,并使任务和信息条理化。

(8)毅力——拒绝放弃,愿意明确目标,并努力实现,哪怕有障碍,也能坚决克服,最终达到目标。

(9)说服力——劝服别人明白你的观点并使他们对你的观点感兴趣。

(10)冒险——敢于挑战别人不敢挑战的事情,有勇气使自己面对失败。

(11)理解——有倾听别人的声音并准确明白别人观点的能力。

(12)视野——能够在努力工作实现目标时,看清最终目标并知道努力方向。

(三)适合创业的个人品质

一般认为,下列的品质有助于创业:

(1)眼光长远,追求自我发展,并且坚持不懈地去努力。

(2)乐于承担风险、迎接挑战,具有较强的挫折承受能力。

(3)吃苦耐劳、勤奋忘我,不轻易被困难打倒,做好吃苦的准备。

(4)头脑灵活、关心政治,时刻解读国家的大政方针,利用政策方针为企业谋利。

(5)有领袖能力,通晓人情,善于团结,能激励部属,能重用能人,具有超前的战略眼光。

(6)具有超强的自信与执着，不轻言放弃，坚信失败乃成功之母，持之以恒。

(7)脚踏实地，雷厉风行，决策从不拖泥带水，做事实事求是，以实力打拼天下。

(8)谨守商业伦理，注重社会责任。

不适合创业的人：

(1)缺少职业意识的人。

(2)优越感过强的人。

(3)唯上是从的人。

(4)偷懒的人。

(5)片面和傲慢的人。

(6)僵化死板的人。

(7)感情用事的人。

(8)“多嘴多舌”与“固执己见”的人。

(9)胆小怕事、毫无主见的人。

(10)患得患失却又容易自满自足的人。稍有收获，欣喜若狂；稍受挫折，一蹶不振，情绪大起大落，极不平衡。

二、创业者的特质

(一)创业者特质概述

创业者的众多素质，很多都是属于心理方面的素质或是特质，也就是说，决定创业者能否成功创业的因素中，个人方面的因素不容忽视。

纵观成功创业者的经历，可以得出一个结论：支持他们创业成功的，很多都不是他的教育背景，也远不是他们当时身处的环境，甚至不完全是资金，而是他们的内心、他们的个人素质。

比尔·盖茨说过：“如果你的心理特质不适合自己创业，你就不可能成功。”的确，就事业的成功来说，没有任何其他因素能够取代一个创业者心理上的因素。

有管理学家曾仔细研究过美国前500名卓越企业的总裁，发现他们的成功并不像人们一般认为的那样与教育程度、文化水平等有密切关联。他们中的50%在大学时代成绩平均在C或者C以下。而美国的百万富翁中，有超过50%的人并没有接受过完整的大学教育。这些领导者之所以成功，有着各自不同的原因，却都有共同的心理特质——强烈的欲望、乐观自信的心态、坚韧不拔的毅力和激情。

(二)创业者特质分析

1.崇高的理想以及强烈的创业欲望

为了实现个人理想,追求梦想,他们大部分生活简单朴素,常常坚持参加身体锻炼,持之以恒,从不懈怠。创业者的欲望与普通人的欲望之不同之处在于,他们的欲望往往超出他们的现实,往往需要打破他们现在的立足点。而且他们的欲望和努力相互作用,欲望越强烈便越加努力,越努力他们想实现的目标越高,欲望也就更加强烈。它促使创业者在不断的行动和牺牲中实现自己的目标。

例如,一个成功创业的亿万富翁,他早早就有了创业意识,并为创业长久地积蓄着各种条件。他出身农村却像城里的孩子一样学写毛笔字。有人对他说,你学好书法,比别人多会一项本事,将来找工作容易。其实,他心里想的是日后成为一个企业的领导者,要把字签得好看一些。他高中就考了驾照,那时才是1993年,城市里考驾照的人也不多。又有人对他说,你考了驾照将来给单位的领导当司机也是不错的工作,他心里想的是驾驶是一个企业管理者必须掌握的技能。这就是拥有强烈创业欲望的体现。

2.乐观、自信的心态

成功的创业者,都具有非常乐观自信的心态。在他们看来,人活着是为了生活得更快乐、幸福,而幸福的生活是自己努力争取来的,因此,为了使自己生活得更加美好,就产生了强烈的奋斗欲望。同时,他们也学会控制自己的情绪,保持着一种乐观、积极、自信的心态,充满对工作和生活的热情和信心,遇到困难或挫折时,不断地变换思考方式,从而坚定自己的信念。

他们普遍都有很强的自信心,不仅相信自己,而且相信自己正在追求的事业;不仅能在失败之后振作起来,而且还能从失败中吸取教训,以增加下一次成功的概率;坚信自己的创业团队有能力在激烈的竞争中获得胜利,以坚韧不拔的毅力和满腔的热情去争取成功。

乔布斯,在他20岁的时候便创立了苹果公司。同时,在他的积极努力下,苹果公司在短短10年内就从一间车库里的小工厂发展成为一家拥有4000多名员工的市值20亿美元的大公司。这一切都是因为乔布斯在年轻时代就积累了极强的自信心。这种自信在他后来与苹果公司分道扬镳时派上了用场。30岁那年,因为和董事会对公司未来的发展方向产生分歧,乔布斯被公司炒了鱿鱼。自信心很强的乔布斯丝毫没有改变他的兴趣,仍然热爱计算机事业,所以他决定从头做起。后来,他连续开了两家分别叫 NeXT 和 Pixar 的公司。Pixar 公司制作了世界上第一部全计算机动画电影《玩具总动员》。此后,NeXT 被苹果公司买下,乔布斯又回到了苹果公司。

3.高度的控制和指挥欲望

成功的创业者,对资源高度的控制欲和占有欲是与生俱来的。控制欲是指他们相信自己能够控制自己人生的程度。创业者相信通过自己而不是他人来决定自己的命运,他们通常非常执着于自己的决策,不习惯只听命于人。如果你在公司里是一个唯唯诺诺、不吭一声的人,或只是一个"虽不喜欢公司的环境,但又没有勇气辞职自创事业"的人,要想成为创业者还有一段距离。因为创业者往往喜欢独立思考和行动,渴望独立自主。

一个成功的创业者回忆他在创业之初的决策时,很感慨地说:千万不要随波逐流或是人云亦云,那只会断了自己的后路。例如,在宣传上,当别人一股脑地做报纸广告时,他就做路牌广告;别人也做路牌广告时,他就做电视广告;当别人也大量做电视广告时,他已经考虑如何利用网络媒体做大、做广宣传……

4.果敢的决心和坚韧不拔的毅力

创业者抱着这样一个信念:只有正确地坚持方向,矢志不移地完成既定的目标,才可能获得成功。他们绝不会因为一时的困难而放弃,即使遇到许多常人难以忍受的困难和挫折,他们也坚持必胜的信念,坚持自己的理想和奋斗目标,坚信自己能够战胜困难甚至是别人认为不可逾越的阻碍,保持决心和毅力,勇往直前。所以,干事业一定要执着,不怕挫折,永不退缩与放弃。只有不惧怕挫折与劳苦的人,才有希望到达胜利的彼岸,没有坚韧不拔的精神,是成不了事业的。

5.大胆的冒险精神,迎接挑战

创业是有风险的。日本的商业情报专家认为:一个准确程度达到 100%的情报,其价值还不如一个准确程度只有 50%有价值但赢得了时间的情报。依据准确程度只有 50%的情报从事经营活动,虽然抢占了先机,但的确会冒很大的风险。

1956 年,58 岁的哈默买下了西方石油公司,开始涉足石油生意。他首先碰到的是油源问题。他花费了 1 000 万美元勘探基金,却毫无结果。这时一位青年地质学家向哈默建议:租下旧金山以东一片被其他石油公司放弃的地区,那里可能蕴藏着丰富的天然气。当时很多人劝哈默不要去冒险,如果失败,后果不堪设想。但哈默接受了青年地质学家的建议,又千方百计从各方面筹集了一大笔钱,投入到这一废弃了的地区。当钻到 262 米深时,终于钻出了加利福尼亚州的第二大天然气田,估计价值在 2 亿美元以上。哈默的胆识使他最终取得了成功,并成为美国的石油大亨。

可见,如果一个创业者没有雄心,不敢冒风险,怎能及时把握机遇,在竞争中取胜呢?任何决策只能见效于未来,因而都具有一定的风险。但是,风险与利润是密切相关的,风险大,参与竞争的人比较少,挑战性就强;风险小,参与者多,那么每个创业者都分不到多大好处。所以,要迎难而上,一旦创业成功,利润会随之而来。

6.热爱自己的事业

创业者总是非常热爱自己的事业,他们有一种急迫感,通常很着急地想见到项目的成果,因此会给别人带来许多压力。兴趣是最好的老师,创业者往往很钟情于自己的事业,总让自己在奋斗和探索中保持一种激情。如果他们对于所从事的事情不感兴趣,打不起精神,就难以发现和捕捉近在眼前的商机。所以,要想成为一个成功的创业者,就应当在创业过程中把自己的事业和自己对事物的感情因素统一起来,寻找一种能给自己的生命带来意义、价值和让自己充实起来的事业,从而保持旺盛的创业激情长盛不衰。

肯德基是世界最大的炸鸡快餐连锁企业,它的创始人桑德斯上校已经成为肯德基国际品牌的最佳形象(着西装、满头白发及山羊胡子)。桑德斯的初衷是为了给经过加油站的顾客一种快速、安全、洁净、温暖、方便的食品。经过反复琢磨,他决定研制美味的炸鸡。起初炸鸡的时间需要 30 分钟,顾客等待太久,怎么办呢?他犯难了,但是他没有放弃,在一次偶然的机会中了解了压力锅知识后,他通过 1 000 多次试验,终于发明了既快速又美味的炸鸡秘方。但在桑德斯上校 66 岁时,他所在餐厅旁的道路被征用了,于是他不得不出售餐厅,但是他没有放弃,他还是决定继续经营他的炸鸡事业,他非常热爱这个事业,于是他背着压力锅上路了,由于他的不断努力,在短短 5 年内,就发展了 400 家连锁店,建立了肯德基王国。

7.敢为人先的创新精神

创业从根本上讲算是一种创新,包括技术上的创新和理念上的创新。在创业的道路上如果对他人过分依赖,复制别人的思想,思考问题时优柔寡断,其结果自然也只能堕入人云亦云的浊流,成不了什么大气候。因无先例可循,所以创业者要具备超乎常人的创新意识与创新思维。任何事物从无到有或者从有到多,都需要克服困难,创业者必须不厌其烦地去了解、实施自己新的想法,所以一定要具备敢为人先的精神。只有具备了创新精神，创业者才会苦思冥想、想方设法尝试一些自己满意的就业岗位，或在新的就业部门里希望尝试一些别的部门还没有用过的新工作方法和管理方法，才能够开拓创新，不因循守旧、步人后尘。

8.敏感——成功创业的必备心理

创业者的敏感，表现为对外界变化的敏感，尤其是对商业机会的快速反应。

陈索斌是一个“海归”，是在美国留过学的经济学硕士。陈索斌所学与蜡烛无关，在创业之前他亦从未与蜡烛行业有过任何接触。为什么他会选择时尚蜡烛作为自己的创业方向呢？原来在1993年的一天晚上，陈索斌到一位朋友家中谈事，突然停电，朋友的妻子赶紧找出一截红蜡烛点上，烛光下红彤彤的蜡烛冒着黑烟，忽明忽暗。朋友的妻子在旁边抱怨说：“如今卫星都能上天了，怎么这蜡烛还是老样子，谁要是能研制出不冒黑烟的蜡烛，说不定能得个诺贝尔奖什么的。”就是这样一句话触动了陈索斌，于是不久就有了“金王”。再不久，“金王”成了中国的时尚蜡烛之王。随着“金王”的成功，陈索斌自然而然也就成了亿万富翁。对蜡烛黑烟的抱怨，相信不只陈索斌一个人听到过，为什么只有他抓住了这个机会呢？这只能归结于陈索斌比一般人具有更为强烈的商业敏感度。

如果说陈索斌最初的财富都是用耳朵“听”来的，那么夏明宪最初的财富就是用眼睛“看”来的。1989年，在山城重庆开着一家小五金杂货店的夏明宪，忽然发现采购水管接头(一种钢管)的人多了起来。他觉得很奇怪：这些人买这么多水管接头干什么用？后来一打听，才发现是一些先富起来的山城人为了自身和家庭财产的安全，开始加固家里的门窗，买水管接头，就是为了将它们焊接起来，做成防盗铁门(那时候还没有防盗门的概念)。夏明宪发现这个秘密后，立即意识到自己的机会来了。他马上租了一个废置的防空洞，买来相应的工具——刨、锯、焊、磨，认真地干了起来。用了一个多星期，他就做了20多扇“铁棍门”，赚了一笔钱。后来顺着这个思路不断发展，就有了现在的“美心防盗门”，与盼盼防盗门一起，成为中国防盗门行业两块响当当的品牌。原来的五金店小老板变成了现在的防盗门大老板，成为山城重庆数得着的富商。

有些人的商业感觉是天生的，如胡雪岩，而更多人的商业感觉则依靠后天培养。如果你有心做一个商人，就应该像训练猎犬一样训练自己的商业感觉。良好的商业感觉，是创业者成功的最好保证。

【案例】

从茶中品味人生

1990年，王燕从重庆师范大学毕业后，先在纺织厂当生产工人，后在服装店当营业员。1999年，她来到云南昆明打工，经人介绍，在一家茶庄当上讲解员。经过几年的学习，她对茶叶的种类、用途、用法等相关知识已经十分了解，还拿到了国家三级审茶师证书。“我在大学学的虽然是中文专业，但我不想干与本专业相关的工作，我的梦想是有一天能自己创业当老板。”积累了一定经验后，2007年年初，王燕四处筹资10多万元，开起了一家小茶庄。

“做茶叶生意首先要学会做人，诚信待人！”王燕说。开店之初，并没有她想象的那么容易。由于经营茶叶的门店很多，竞争激烈，再加上她销售的产品主要是针对中端客户，客源很少，产品难以打开销路。同时，王燕在经营中因积压的茶叶很多，资金周转困难，经营举步维艰。“客户不愿意用我的茶叶，说明我经营的茶叶没有自己的品牌和特色。”困境中，她时常思索如何突破销售的“瓶颈”难题。

为确保茶叶的质量，去年，她多方考察后，投入数万元，在歌乐山办起了一家小茶厂，并建起采茶基地，她还亲自到云南等地去购买原料加工茶叶，进行精心包装后，再将产品拿到门市上架销售。有了自产自销的经营方式，再加上王燕主动走出店门推销自己的产品，时间一长，她的产品知名度不断提高，回头客也越来越多，茶庄生意十分红火。目前，她已解决了10名下岗人员再就业问题。

“踏入茶行业已有11年，我也从中悟出了人生的很多道理。”王燕告诉记者，以前，她性格暴躁，与茶叶打交道后，她慢慢地悟出了生活中的很多道理：“自己的人生何尝不像一杯茶？我们可以从中品味出人生的酸甜苦辣。”王燕说。

我国的茶叶历史悠久，茶文化底蕴深厚，喝茶可以修身养性，从中获得感悟。现在，人们已经不满足于简单地喝茶了，品茶已成为一种境界标志和休闲娱乐方式。

王燕说，从采茶、炒茶到最后泡茶，每一个环节对技术的要求都很高，同样的茶叶泡出来的茶可能好也可能差，这就要考验茶艺师的水平了。谈到下一步的打算，她表示将继续深造，提高专业技能，逐步扩大企业的生产规模，解决更多困难人员的就业问题，以实际行动回报社会。

三、创业者测试

(一)测试创业者是否适合创业

1.开始创业后你立刻做的第一件事情是(　　)。

A.找钱、找 VC　　B.撰写商业计划书

C.物色创业伙伴　　D.着手研发产品

E.选择办公地点

2.创业公司应该(　　)。

A.低调埋头苦干　　B.努力到处自我宣传

C.看情况顺其自然　　D.借别人的优势进行联合推广

3.招聘员工时最重要的是看(　　)。

A.学历高低　　B.朋友推荐　　C.成本高低　　D.工作经验

4.你在下列选项中的(　　)条件下，会决定创业。

A.等有了一定工作经验以后

B.等有了一定经济实力以后

C.等找到天使或 VC 投资以后

D.现在就创业，尽管自己口袋里没有几个钱

E.一边工作一边琢磨，等想法成熟了就创业

5.你认为创业成功的关键是(　　)。

A.资金实力　　B.Good Idea

C.优秀团队　　D.政府资源和社会关系

6.以下选项中，(　　)是创业公司生存的必要因素。

A.高度的灵活性　　B.严格的成本控制

C.可复制性　　D.可扩展性

E.健康的现金流

7.产品进入市场的最佳策略是(　　)。

A.价格低廉　　B.广告投入　　C.口碑营销　　D.品质过硬

8.与投资人交流最有效的方式是(　　)。

A.出色的现场 PPT 演示　　B.详细的商业计划书和财务预测

C.样品当场测试　　D.有朋友的介绍和引荐

E.通过财务顾问的代理

9.选择投资人的关键因素是(　　)。

A.对方是一个知名投资机构　　B.投资方和团队不设对赌条款

C.谁估值高就拿谁的钱　　D.谁出钱快就拿谁的钱

E.只要能融到钱,谁都一样

10.你认为以下哪一项是VC投资决策中最重要的因素?(　　)

A.商业模式　　B.定位

C.团队　　D.现金流

E.销售合约

11.从哪句话里可以知道VC其实对你的公司并没有实际兴趣?(　　)

A.“我们有兴趣,但是最近太忙,做不了此项目”

B.“你们的项目还偏早一些,我们还要观察一段时间”

C.“你们如果找到领投的VC,我们可以考虑跟投一些”

D.“我们对这个行业不熟悉,不敢投”

E.上面任何一句话

12.创业团队拥有51%的股份就绝对控制了公司吗?(　　)

A.正确　　B.错误

13.创业公司的CEO首要的工作责任是(　　)。

A.制定公司的远景规划　　B.销售、销售、销售

C.进行人性化的管理　　D.领导研发团队

E.搞到投资人的钱

14.凝聚创业团队的最好办法是(　　)。

A.期权　　B.公司文化

C.CEO的魅力　　D.工资和福利

E.团队的激情

15.创业公司的财务预测中最重要的是(　　)。

A.销售增长　　B.毛利率　　C.成本分析　　D.资产负债表

16.创业公司的日常运营中,(　　)是最重要的。

A.会议记录的及时存档　　B.业绩指标的合理安排和及时跟踪

C.团队的经常性培训　　D.奖惩制度

E.管理流程的ISO 9000认证

17.创业公司的日常运营中,最棘手的问题是(　　)。

A.人的管理　　B.销售增长

C.研发速度　　　　D.资金到位情况
E.扩张力度
18.创业公司产品市场推广效果的衡量标准是(　　)。
A.广告投入量和覆盖面　　　　B.营销推广的精准程度
C.产品出色的品质保证　　　　D.广告投入和产出比例
E.产品的打折力度　　　　F.品牌的市场渗透率
19.防止竞争的最有效手段是(　　)。
A.专利　　　　B.产品包装
C.质量检查　　　　D.不断研发新产品
E.比竞争对手更快地占领市场
20.创业公司的第一个大客户竟然是个土财主,你会(　　)。
A.一视同仁地向他提供你公司的标准服务
B.指导他如何来积极配合你的工作
C.修理他,给他些颜色看看
D.提供全面服务+免费成长辅导
21.你认为创业公司中的最大风险是(　　)。
A.市场的变化　　　　B.融资的成败
C.产品研发的速度　　　　D.CEO的个人能力和素质
E.决策机制的合理性
22.当创业公司账上的现金只能维持不到三个月的时候,应该采取的措施是(　　)。
A.立刻启动股权融资　　　　B.通知现有公司股东追加投资
C.立刻大幅削减运营成本,包括裁员　D.打电话给银行请求贷款
E.把自己的存折和密码交给公司会计
23.创始人之间发生矛盾时,你会(　　)。
A.坚持原则,据理力争　　　　B.决定离开,另起炉灶
C.委曲求全,弃异求同　　　　D.引入新人,控制局势
24.投资创业公司的理想退出方式是(　　)。
A.上市　　　　B.被收购
C.团队回购　　　　D.高额分红
E.以上都是
【参考答案】

1.D　2.B　3.D　4.D　5.C　6.E　7.D　8.C　9.E　10.C　11.E　12.B　13.B　14.B　15.A　16.B　17.A　18.D　19.E　20.D　21.D　22.C　23.C　24.E

如果你的得分是 1 – 8 分：还不具备创业的基本知识，不要贸然创业；

如果你的得分是 9 – 16 分：游走在创业的梦想和现实之间，继续打磨打磨吧；

如果你的得分是 17 – 24 分：已经做好了创业的基本准备，大胆往前走吧。

（资料来源：作者根据《世界经理人》整理改编）

（二）看看你属于哪一类创业者

1.对你较有吸引力的投资是（　　）。

A.定期存款中有 10%的固定利润

B.在一段时间内，不低于 5%或高于 10%的利润

2.（　　）工作对你较有吸引力。

A.每周工作低于 40 小时，每年固定加薪 6%

B.每周工作超过 50 小时，第 1 年年底就加薪 10% ~ 15%

3.你较喜欢哪一种商业形态？（　　）

A.独资经营　　B.合伙组织　　C.合作组织

4.有三种待遇、福利等都不错的工作供你选择时，你会接受（　　）。

A.大企业，但是你的权限与职责都稍低

B.中型公司，稍有名气，能拥有部分程度的权限与责任

C.小公司，但能赋予相当大的权限与责任

5.当你拥有一家公司时，对于公司的各种营运，包括内部行政管理、广告销售、薪资给付等，您参与到（　　）程度才会满意。

A.将大部分的权力释放出去

B.将一部分权力释放出去

C.各部门的营运事项大权均掌握于手中

6.实施工作计划时碰上了小的阻碍，你会（　　）。

A.立即请求别人给予帮忙

B.先经过一阵思考之后，选定几种可能的解决方法，然后请上司决定

C.自己努力寻求解决办法，直到解决为止

7.多年来你的公司一直沿用一套销售制度，使公司每年维持 10 个百分比的增长率。这套制度还算成功。你在其他地方用了另一套制度，你发现每年会

有10% - 15%的增长率，且此套制度对你和公司双方都有利，但你的方法需要投入若干时间和资金。你会(　　)。

A.为避免风险，仍沿用老方法

B.私下就采用新方法，然后等着看结果

C.建议采用新方法，同时展示已有的好结果

8.当你建议上司采用你的新方法时，而他却说“不要自作主张”，你会(　　)。

A.放弃你的方法　　B.过一阵子再向上司游说

C.直接跟公司总经理或董事长建议　　D.直接用自己的方法做了

9.你是否参加新公司的开发计划？(　　)

A.未曾　　B.偶尔　　C.经常

10.你打算为员工进行培训时，你会(　　)。

A.委托顾问人员，由专家设计课程内容，并亲自培训指导

B.根据自己的经验和意思安排课程内容，并亲自培训指导

11.对你而言，最有成就感的是(　　)。

A.公司的最高薪者

B.在你的专业领域得到较高的荣誉

C.成为公司的总裁

12.以下最能吸引你的是(　　)部门的工作(选两个)。

A.营销　　B.行政　　C.财务　　D.训练

E.管理　　F.顾客服务　　G.征信及收款

13.做业务工作，有三种薪资与佣金的选择机会时，你希望的薪资计算方式是(　　)。

A.完全薪水制　　B.底薪加佣金制

C.完全佣金制

14.当你正准备出门度假时，接到通知需要接见一位非常有希望达成业务成交的大客户，但是必须牺牲假期，你会(　　)。

A.请求这位客户再宽延一段时间

B.取消或延后度假

15.你小时候是否玩过较具危险性的游戏？(　　)

A.是　　B.否

16.你喜欢(　　)样的工作步调。

A.一次做一件,直到完成为止　　B.一次同时做几件工作

17.你希望每周的工作时数是(　　)。

A.35 小时　　B.40 小时

C.45 小时　　D.50 小时

E.60 小时以上

18.你现在每周的工作时数是(　　)。

A.35 小时　　B.40 小时

C.45 小时　　D.50 小时

E.60 小时以上

19.你正准备去打一个推销电话,现在你的心境是(　　)。

A.运气好的话,你可能会成功

B.你有可能完成这笔交易

C.觉得非常有希望完成这笔交易

20.当你遇到工作上的危机时,你会如何形容你目前的精神状态?(　　)

A.以平常心看待,一切尽在掌握之中

B.虽已掌握局面,但仍有些焦躁

C.确实受到相当程度的影响

完成了 20 道题,可以开始计算分数:

1.A = 2　B = 6　2.A = 3　B = 10　3.A = 7　B = 5　C = 6　4.A = 1　B = 2　C = 3　5.A = 1　B = 3　C = 5　6.A = 1　B = 5　C = 7　7.A = 1　B = 4　C = 5　8.A = 1　B = 5　C = 8　D = 10　9.A = 1　B = 5　C = 10　10.A = 1　B = 3　11.A = 2　B = 5　C = 8　12.A = 10　B = 1　C = 3　D = 3　E = 2　F = 5　G = 8　13.A = 1　B = 5　C = 10　14.A = 1　B = 5　15.A = 1　B = 8　16.A = 3　B = 6　17.A = 1　B = 3　C = 5　D = 8　E = 10　18.A = 1　B = 3　C = 5　D = 8　E = 10　19.A = 1　B = 3　C = 7　20.A = 5　B = 2　C = 7

将所有的分数相加来评价结果:

33 - 60 分:上班职工;61 - 142 分:加盟者;143 - 152 分:创业者。

第二节　摩拳擦掌——创业能力和职业生涯规划

一、创业能力

有人说过，创业就像学游泳，也需要专业的训练，从不会到学会需要具备一些素质和技能，否则，即使你暂时会了，如果技术不过硬，浪头来了，一样把你打翻，从而陷入生死危机中。所以，创业者需要具备一定的条件，才能使创业成功的几率更高。

(一)创业者需具备的基本条件

1.具备强烈的创业欲望。要想成功创业，就必须具备强烈的赚钱欲望，这是创业最重要的条件。一个人是否有改变自己的强烈欲望，决定了他最终能否改变自己的命运。在创业的道路上，有强烈的成功欲望，必定会产生火热的、坚不可摧的力量。欲望是创业的原动力，动力越大，其行动就越有力，实现财富梦想的几率就越大。

2.具有经营头脑和眼光。市场经济决定一切的时代要求每个人都要有审时度势的头脑与眼光。有句话说得好："你能看多远，你就能走多远。"所以创业者必须要有经营头脑与眼光。具备了这个条件，才能使事业红红火火地发展下去。具有经营头脑和眼光的人，往往能够发现商机，并及时付诸行动。具有这种品质的人了解生活、热爱生活，他们能在生活的各个领域中创造出属于自己的一片天地。

3.具有敢于冒险的精神。随着社会的发展，市场竞争越来越激烈，企业的风险也越来越大。成功的商业经营者都是敢于冒险的人，只要有1%的可能性，他们都会全力以赴。有风险，才有丰厚的利润回报。风险是客观存在的，一般来说，决策可能得到的效益与决策所冒的风险是成正比的，因此，在创业时就要对效益和风险做认真、仔细的权衡。不敢冒险前进，只会使风险更大。所以，只要估计风险是在主客观条件可以承受的范围内，为了获得较大的经营效益，就应该勇于冒险，要敢于吃螃蟹，做他人不敢做的事情；要敢于标新立异，引导市场的潮流。《福布斯》中国富豪榜入围的富豪孙广信发迹前，只是在乌鲁木齐做一些"拼缝"之类的小生意。这样的小生意人在乌鲁木齐数不胜数。1989年秋季的一天，孙广信听到有一家专做粤菜的广东酒楼的老板因为欠债跑掉了。他到那里一看觉得这个酒楼地理位置好，门面也不赖，应该可以起死回生，当时就借了67万元把这个广东酒楼盘了下来，又从广东请来好厨师，进了活海鲜，如鱼、虾、鳖、蟹，还有活蛇等。此前，孙广信从来没有做过餐饮业，新疆人又吃惯了牛羊肉，对海鲜不是很感兴趣，感兴趣的人也不敢轻易下箸。头4个月他亏了17万元，但他坚持了下来，通过猛打广告猛优惠，将客源提了上来。孙广信从酒楼赚到了钱，中国的酒楼多得很，赚钱的老板也不少，为什么孙广信更出名呢？因为孙广信没事就在酒楼里观察、琢磨他的顾客。有一次，一个客人一下订了一桌5 000元的酒席，把孙广信吓了一跳，在当时5 000元可不是一个小数。他想知道什么人出手这样阔绰，一打听，原来是做石油生意的。再一打听，不得了，原来做石油生意非常赚钱，于是孙广信就开始转行做石油。后来孙广信上了《福布斯》中国富豪排行榜，他现在做的事就是西气东输。

创业需要胆量，需要冒险。冒险精神是创业家精神的一个重要组成部分，但创业毕竟不是赌博，大胆的决策并不等于蛮干。对成功的创业者来说，冒险的前提是明确胜算的大小。在决定冒险之前，不要问自己能够赢多少，而应该问自己能输得起多少。一点儿把握都没有就盲目地去冒险，那你的胆量越大，赌注下得越多，损失也就越大，离成功也就越来越远。

4.具有相关的商业知识。创业在某种程度上也是一种商业活动，所以创业过程中对相关商业知识的储备也必不可少，其中包括：

第一，开业知识，如有关私营及合伙企业、有限公司的法律法规，怎样进行验资，怎样申请开业登记，哪些行业不允许私营，哪些行业的经营需办理有关行业管理手续，怎样办理税务登记，纳税申报有哪些规定和程序，如何领购和使用发票，银行开户程序和有关结算规定，成为一般纳税人有哪些条件，如何纳税，怎样获得税收免征、减征待遇，怎样进行票证管理，国家对偷漏税等违法行为有哪些制裁措施，增值税率及计征方法，工商管理部门怎样进行经济检查，行业管理部门如何进行行业管理和检查等。

第二，营销知识，如市场预测与调查、消费心理、特点和特征、定价策略、产品促销策略、销售渠道和方式、营销管理等。

第三，资金及财务知识，如货币知识，信用及资金筹措知识，资金核算及记账知识，证券、信托及投资知识，财务会计基本知识，外汇知识等。

5.善于沟通、积累人脉。如果说30岁以前靠技能，那么30岁以后就靠关系了。中国人民大学的张维迎教授在哈佛大学的讲坛上曾说过："在中国，企业要生存和发展，第一靠关系，第二靠关系，第三还是靠关系。”世界著名的成功学专家卡耐基曾说过：“一个人事业上的成功，30%靠学识、知识的使用，70%靠人脉。”

在一个公司工作最大的收获不只在于你赚了多少钱，积累了多少经验，更重要的是你认识了多少人，结识了多少朋友，积累了多少人脉资源。这种人脉资源不仅对你在公司工作时有用，即使你以后离开了这个公司，还会产生作用，成为你创业的重大资产。拥有它之后，你知道在创业过程中一旦遇到什么困难，你该打电话给谁。你积累起来的人脉资源，是你终身受用的无形资产和潜在财富！

可以说掌握了人脉就等于掌握了自己的财脉，因为人脉往往提供给我们生活中的“贵人”。人类在社会生活中以不同的形态存在，我们每个人的一生当中都会接触很多的朋友，他们在各行各业都会占有一席之地，也许某一天就会成为我们的贵人。贵人是根据人们发展的不同阶段而顺应变换的，因而我们需要建立一个保持着良好氛围的人脉网络，来帮助我们寻求不同阶段的不同贵人。有时候，也许我们的目标就在自己身边，但是因为没有一个很好的媒介支持而失去机会。

6.具有创业所需的启动资金。资金是创业筹划中最重要的一个环节。如果没有资金，一切都是枉然。那么，创业具体需要多少启动资金呢？这就要根据具体情况确定了。一般来说，创业启动资金越充足越好，这是因为经营过程中可能会遇到意想不到的情况，导致资金周转困难，如果流动资金不足，就可能会使刚刚起步的企业陷入危机。创业启动资金的获得渠道五花八门，这就需要创业者“八仙过海，各显神通”了。

7.家人和朋友的支持。在创业过程中，取得家人和朋友的支持非常重要。创业，其实不是你一个人的事情，而是你一家人的事情，是你所有朋友圈内的事情，因为你的创业必将影响到他们的生活，如果他们不理解、不支持，你将孤掌难鸣，坚持不了多久就会放弃。朋友的范围很广泛，同学是朋友，战友是朋友，老乡是朋友，同事一样是朋友。一个创业者，各行各业的朋友都要交，就好像十八般兵刃，到时候不一定就用上了哪般。朋友犹如资本金，对创业者来说多多益善。“在家靠父母，出门靠朋友”“多一个朋友多一条路”是至理名言。一个创业者如果不能交朋友，没有几个朋友，肯定是死路一条。

(二)创业者的能力要求

被媒体评为最具升值潜力十大企业新星之一的俞敏洪在多伦多大学创业

论坛的视频讲话中总结了创业的八大能力，在此引用，以供大家参考：

第一，目标能力。首先，大家都想创业，谁不想当自己的老板呢？可是你还得问自己一个问题：为什么要创业？你有怎样的目标？想把它做成怎样的状态？我们不是为了创业而创业，而是为了做好一件事情、做大一件事情，并且前提是你在进行自我评估后发现这有可能实现，这个时候你才能够开始创业。如果说你没有目标，只是一时的冲动，觉得你应该去干点什么，且对所干的事情又没有太多的热爱，那创业就只不过是一种风气，而不是现实，你也不一定能做成大的事情。

第二，专业能力。如果你对一个专业不懂就去创业，失败的可能性也很大。就像你开了一家饭店，假如你自己不是厨师，又没有太雄厚的资金，一下子请了很多大厨师，就很难把控饭菜的质量，而且很容易被大厨师炒鱿鱼。比如，你请了一个大厨师，他做的菜味道很好，招徕很多顾客，这时候他一看自己的地位很重要，就反过来跟你要价，说不给更多的钱就不干了，你一生气把他开了，这样一来你饭店的菜品质量也不好了，最后可能要面临倒闭。"十几年前我开始做新东方的时候，周围的很多培训机构都是被优秀老师炒鱿鱼给炒倒的。也是因为他们的课上得很好，学生很满意，老师就开始向老板要价，老板自己既不懂教学又咽不下这口气，最后老师都跑到别的培训机构去了，老板只能把学校关掉。新东方当初能做下来很重要的一个原因是我自己就是个'大厨师'，也就是说当时新东方开设的很多课程，我自己都能教，因此我的老师在拿到他们觉得比较满意的工资时，就不会提出非分的要求。他们知道，即使提出过分要求，我自己也能把他们的课给上了，不会对新东方造成太大伤害。"

第三，营销能力。一旦开始创业后，你该怎么做？比如说你的公司开业了，产品也营造出来了，下一步怎么办？如果产品创造出来没人买的话，那公司白开了，无数的公司都是开起来了最后却关门了，原因之一就是他们不懂如何推销自己的产品，如何推销自己的公司品牌。因此我们要做的是把公司"卖"出去，一是卖公司的产品；二是随着产品的销售，卖出公司的品牌，就是说让大众认可你的公司品牌，让大家都知道这个产品是你的公司生产的。这就涉及营销。营销分两部分：实的营销和虚的营销。所谓实的营销，比如新东方，营销的是新东方的课程，告诉学生为什么要来上这个课，上完能有什么收获。无数的培训机构一直以来也都在营销课程，却始终只是小机构，而新东方能做大，这是什么原因呢？很简单，因为营销了品牌。也就是说，到最后人们不是因为听到新东方有什么课程来上课，而仅仅只是听到新东方三个字就来上课，这个时候品牌营销就算是成功了,这就是虚的营销。在中国做企业,品牌营销往往与个人营销结合在一起,就是说你个人的形象有时候能够代表企业形象,所以往往要把个人的道德、行为与企业的道德行为结合起来。比如,大家讲到联想公司的时候会说,联想就是柳传志,柳传志就是联想。因此,在中国,个人品牌的成长很大程度上就是企业品牌的成长,而企业品牌的成长反过来也会带动个人品牌的成长,这两个加起来会形成你的公司强有力的虚的营销。

一个公司要想成功,品牌营销有时候甚至比产品营销还要重要,其价值是无限的。这就是为什么我们中国造的包只能卖 1 000 元人民币,同样材质的包印上 LV 的标志之后就能卖到几万元人民币,背后都是品牌价值在起作用。所以,利用营销能力把产品推销出去,把你自己推销出去,是企业发展的一个重要手段,也是创业者必须具备的能力。

第四,转化能力。第一种转化是把科学技术转化成生产力,这是我们常说的一句话。你拥有了技术、拥有了能力,但没法转化成产品卖出去,也是不行的。如果比尔·盖茨一辈子待在实验室的话,估计他就是个穷光蛋。他把自己的研究成果转化成微软产品,推销到全世界,他就成了世界首富。所以把科学技术转化成生产力、转化成产品的能力是非常重要的。第二种转化是转化你个人的能力。一般情况下,知识分子创业都有一个前提条件,就是能把在大学里学到的专业知识转化为社会能力、管理能力。如果抱着书生意气、抱着在学校里的那种单纯思想和行为方式去做事情,难度会比较大,即使在西方社会也是这样,更不用说在中国这样一个复杂的综合体里面。因此,如果你不能把在大学学到的专业能力转化为社会能力、管理能力,就会很麻烦,你管自己的时候也许管得很好,但管一帮人并不一定能管好,那么你就需要学会从管自己转换成管一帮人,也就是说把专业能力转化成综合能力,把专业才能转化成领导才能。

第五,社交能力。进入社会,首先你要理解社会,要理解别人为什么要这么做。当你开始创业时,你不能显示出不愿意跟社会打交道的姿态,你看事情的眼光必须是超越社会的,当思想和境界超越这个社会的时候,你大概就能干出点事情来了。“大隐隐于市,小隐隐于山”就是这个道理。小的隐士、没有什么出息的隐士才跑到山里隐居起来,不愿意跟社会打交道,那些大圣人、智者都是在社会中跟人打交道而思想境界又高于社会的人。做企业也是这样,一个企业家,如果不能与社会共存又不能超越社会,就会很麻烦。所以,社交能力对一个企业家或创业者来说十分重要。

第六,用人能力。仅仅一个人做事情不能叫创业,那属于个体户,所以想创业的话就得找一帮人。你的合作伙伴、同事、下属，这些人从一开始你就得用对了，如果挑了没有能力的人，最后做不出事情来；挑了过于有能力的人，他最后可能会“造反”、老是跟你过不去，你也做不出事情来。把人招进来了就得让人服你，因此就得展示你的个人魅力，还得展示你的判断能力、设计能力，让大家觉得跟着你是有前途的，哪怕在最艰难的时候大家也愿意跟着你。阿里巴巴的马云之所以能成功，很大程度上归因于他的个人魅力，他有能力把一帮人聚在一起，给他们不高的工资，给他们承诺未来，这个未来到最后不知道能不能实现，但大家会有一个期盼。所以用人能力是有巨大力量的，它是领导能力的一个典型体现。当年刘邦打下天下，手下问他为什么能做到的时候，他说了这样一番话：其实我自己一点本领都没有，但我能够用萧何、韩信、张良这样的人才，是他们帮助我打下了天下；项羽身边有一个范增，但他没有能力好好用上，最后被我抓了过来。这就体现了领导能力的重要作用，一个孤军奋战的人也许能成为英雄，但他不能成就事业。不管刘邦有没有打过仗，他都是很多人心中的英雄，而且是领袖，因为他创建了一个几百年的帝国，容纳了那么多有识之士。所以，用人能力对我们来说是非常重要的。当你想作出一番大事业的时候，会发现身边的人越来越多，他们都有个性、有各种各样的想法，你要把他们统一在一起，既要运用利益的杠杆，又要动用感情的杠杆、事业的杠杆，这不是一件容易的事情。

第七，把控能力。其包括以下几个方面：首先是对企业的把控，如企业的发展速度、发展节奏，什么时候该增加投入，什么时候该对产品进行研发，等等。其次是对人的把控。当一个人进入你的公司之后，他会根据自己的能力和贡献每天衡量自己到底应该得到什么。人与人之间永远会寻找一种平衡关系。此外，人与人之间还有另外一种关系，就是每天都在衡量自己在对方心中的分量，当对方觉得你的分量重、他没有分量的时候，他是不会跟你计较的；等到对方觉得他的才能、技术或者他的领导力已经达到能和你较劲的时候，他不提出来，那他就是傻瓜。所以，人与人之间永远都需要一种平衡，而这种平衡需要你对人性进行很深刻的了解，并且随时把握每个人的动向，满足他们的需求，同时还要压制住他们不合理的要求和欲望，能够让他们跟你一条心，不断往前走。对人、环境、企业发展步骤的把控能力，构成了你创业能否成功的重要条件。

第八，革新能力。所谓革新能力，就是需要你不断把旧的东西去掉，把新的东西引进来，进行体制、制度、技术及思想上的革新。一个人或者一个企业家成长的过程，就是不断否定自己的过去、承认自己的现在、追求自己的未来的过程。一旦你觉得现在这样就已经挺好,做成这样已经不错,就不会有更大的发展空间。例如,新东方经历了无数次的否定,从个体户发展到家族店,然后变成哥们合伙制,接着变成国内股份制有限公司,然后发展成国际股份制有限公司,最后变成上市公司,每一个步骤都是"脱了一层皮"的,因为每一次改变都意味着要进行大量的利益、人事改革和结构改造,如果你改不过来,企业就有可能面临崩溃。

二、大学生创业与职业生涯规划

如何用理论指导实践,如何创业,如何成功创业,这是每个大学生都关心的问题。每个想创业的大学生只有对自己的职业生涯进行有效的设计和规划,对社会有一个正确的认识,在心理、观念、技能等方面做好准备,选择合适的行业作为创业的切入点,才能实现自己的人生价值。

(一)大学生职业生涯规划

职业生涯规划简称生涯规划,又叫职业生涯设计,是指个人与组织相结合,在对个人职业生涯的主客观条件进行测定、分析、总结的基础上,对自己的兴趣、爱好、素质、特点进行综合分析与权衡,结合时代特点,根据自己的职业倾向,确定最佳的职业奋斗目标,并为实现这一目标作出行之有效的安排。

1.自我评价

从主观方面来说,要塑造创业者的特质,首先要让创业者对自己作出全面的评价。同样,一个有效的职业生涯设计必须是在充分且正确认识自身条件与相关环境的基础上进行的。要审视自己、认识自己、了解自己,做好自我评估,包括自己的兴趣、特长、性格、学识、素质、智商、情商、逆商、思维方式等。要弄清楚我想干什么、我能干什么、我应该干什么,在众多的职业面前我会选择什么等问题。

2.确立目标

确立目标是制定职业生涯规划的关键,通常目标有短期目标、中期目标、长期目标之分。长期目标需要个人经过长期艰苦努力、不懈奋斗才有可能实现。确立长期目标时要立足现实、慎重选择、全面考虑,使之既有现实性又有前瞻性。短期目标更具体,对人的影响更直接,也是长期目标的组成部分。

3.环境评价

职业生涯规划还要充分认识与了解相关的环境,评估环境因素对自己职业生涯发展的影响,分析环境条件的特点、发展变化情况,把握环境的优势与限制。

4. 职业定位

职业定位就是要为职业目标与自己的潜能以及主客观条件谋求最佳匹配。良好的职业定位是以自己的最佳才能、最优性格、最大兴趣、最有利的环境等信息为依据的。职业定位过程中还要考虑性格与职业的匹配、兴趣与职业的匹配、特长与职业的匹配、专业与职业的匹配等。

5. 实施策略

职业生涯目标确定以后,还要制定实现职业生涯目标的行动方案。没有行动,职业目标只能是一种梦想。要制定周详的行动方案,更要注意去落实这一行动方案。

6. 评估与反馈

整个职业生涯规划要在实施中去检验,看效果如何,及时诊断生涯规划各个环节出现的问题,找出相应的对策,对规划进行调整与完善。

职业生涯规划可以是对固定行业、固定职业的一个长期和短期的规划,也可以是对不固定的创业生涯的一个规划,借助职业生涯规划的几个要点,探索自己在创业时的问题和困惑,寻找自己创业的立足点和发展点,为创业能够成功打下基础。

(二)和谐的职业理想与就业观念

1. 和谐的职业理想

(1)把生活看作是劳动的过程。当确定依靠自己的劳动创造自己的未来时,就会使自己的职业理想建立在一个客观、现实的基础上,就会努力创造条件,不断追求,使职业理想不断升华,使人生更显光彩。

(2)热爱自己的祖国,热爱自己的家乡。这看似与职业理想不太相关,其实它是树立职业理想的基本思想条件。当你从心底里建立起这两个热爱,你就会把个人的职业理想与祖国的命运、父母的期盼、家乡的发展集合在一起,这样,职业理想与个人理想有了关联,就会有高尚的职业道德。

(3)客观看待社会发展条件是否允许实现个人职业理想。人们选择职业时,多数人追求多重满足,既希望能为社会多作贡献,又希望能发展个性,还希望能获得较高的劳动报酬。不同思想境界的人,对这三种需求摆的位置大有区别。大学生应树立高层次的职业需求,只有高层次的需求才具有稳定而持久的激励作用,才能形成严格要求自己、不断努力上进的动力。

2. 和谐的就业观念

(1)勇于面对竞争。踏入社会,迎面而来的就是各种各样的竞争,不管强度如何,都应该做好挑战的准备,要有勇于承担挑战、面对竞争的勇气。

(2)先就业,后择业。每年都有大规模的毕业生面临就业的问题,很多同学刚毕业就把自己的薪水定位在中层白领的水平,还有的同学把自己的办公环境想象成电视、电影里虚幻的镜头等,完全没有符合现实的标准,以至于社会上普遍出现"毕业就失业"的观念。大学毕业生应该摆正自己的位置,先就业,后择业。

(3)但求做一个普通劳动者。很多毕业生往往在学校时把未来的工作设想得很高尚、很伟大,其实,不管何种行业、何种类型的工作,从事这项工作的人都只是一个普通的劳动者。

(4)自主创业。这未尝不是一条出路,尤其是在当前时代背景下,越来越多的毕业生开始选择创业来代替就业。

第三节　沧海横流方显英雄本色——充分的心理准备

一、要有创业的欲望

创业的欲望表现在有强烈的需要、动机和兴趣,并且把创业当成生命中重要的事情。"创业首先需要成功欲望,其次需要强烈的成功欲望,再次需要更强烈的成功欲望。"在日前举行的"创·通天下"上海市大学生创业论坛上,上海财经大学创业中心主席徐远重激情四射地提出:"创业是你想要创业,还是你一定要创业?"

"'创'代表感性,'业'代表理性,没有'创'哪有'业'?"因入选2005年胡润中国百富榜第二位而名声大振的严介和,现在的身份是苏商建设集团有限公司董事局主席,他认为创业者应该具备激情、冒险、梦想、理想。

毕业于复旦大学化学系的博士张雷现在已经是"复爱绿色化学技术有限公司"的老总了,他提出:"创业者最好是理想主义者,考虑的不是利益,能拿到1万元的月薪,还会选择一个月拿2000元去创业? 能有多少人走出这一步?"

【测试题】

你有取得成功的必要条件吗?

对下面每个问题,从A、B、C三个选项中选出你认为最合适或最接近的答案。

1.你是做事有主动精神的人吗?

A.我靠自己做事,不必有人告诉我才去做。

B.如果某人给我开了个头,我会做得很好。

C.仅仅是去做,在不得不努力时才会去努力。

2.你对其他人的感觉怎样?

A.我喜欢他人,我几乎和任何人都相处得很好。

B.我有很多的朋友,我不再需要其他人了。

C.很多人都使我烦恼。

3.你能领导其他人吗?

A.当我开始做某事时,我能使许多人支持我。

B.如果有人告诉我我们该怎样做,我能下达命令。

C.我任由其他人去做事情,然后,如果我愿意,我也会支持。

4.你能承担责任吗?

A.我喜欢负责某事直到把它做好。

B.迫不得已时我会负责,但是我更愿意让其他人负责。

C.周围总是有一些热切地希望显示自己聪明的人。我说,让他们显示吧。

5.你是一个怎样的组织者?

A.在开始前,我喜欢先做计划。当一个组织想做某事的时候,我通常是组织者之一。

B.若不是事情太复杂,我能做好。然后,我会退出。

C.若你把所有的准备都做好了,然后,一些意外的情况发生了,所有的准备都会落空,所以等事情发生了,我再去应付。

6.你是一个好职员吗?

A.只要需要,我就会工作。为了我想要的东西,我不介意努力地工作。

B.我将努力工作一段时间,但当我认为已受够了时,我停止了。

C.我不愿意在任何地方被艰苦的工作所困扰。

7.你能作决策吗?

A.不得已时我能匆忙作出决策,且一般情况下结果不错。

B.如果有足够的时间我能,如果我不得不快速作出决策,决策后我会想到其他的方法。

C.我不喜欢作出决策,我可能会做错。

8.人们相信你所说的话吗?

A.我发誓他们一定相信。我不会说没有意义的话。

B.大多数时间我都设法达到这个标准,但有时我只说最简单的话。

C.如果其他人不知道怎样区别真话和假话那有多麻烦。

9.做事情时你能坚持下去吗?

A.如果我下定了决心做某事,任何事都阻止不了我。

B.凡事开了头,我通常会完成——如果它不是很复杂的话。

C.如果它不能很快地向好的方向发展,我对它就失去兴趣了。

10.你的健康状况怎样?

A.一向很好。

B.对于我想做的很多事我都有足够的精力。

C.我很快就没有精力了,比我的朋友们预料的还要快。

现在,看一下画"√"的情况。

在每个问题的第一个答案上画"√"的有多少?

在每个问题的第二个答案上画"√"的有多少?

在每个问题的第三个答案上画"√"的有多少?

如果你选择第一个答案的次数较多,那么你具备管理企业的必要条件。如果答案不是这样,那么,你解决不了的问题看起来很多。最好是找一个和你优势互补的合作者。如果第三个答案上画的"√"较多,你要开办自己的公司会很难。

二、要有胆识

该出手时就出手。在创业界,往往是风险与机会并存。创业者必须善于发现新生事物,并对新生事物有强烈的探求欲;必须敢于冒险,即使没有十足把握,也应果断地尝试。创业需要有迈出第一步的勇气和胆量,如果你不敢迈出第一步,即使你再有智慧、再聪明,创业的机会也会离你远去。

史玉柱在深圳开发 M-6401 桌面排版印刷系统,身上只剩了 4000 元钱,他却向《计算机世界》定下了一个8400元的广告版面，唯一的要求就是先登广告后付钱。他有15天的期限，前12天他都分文未进，第13天，他收到了3笔汇款，一共15820元，两个月后，他赚了10万元。他又将这10万元投入广告，4个月后，他成了百万富翁。我们不得不佩服他的胆识，在资金紧张的情况下，还能将全部资金投入到广告中去，在赚到钱后又继续投入广告，他的做法的确很难让人理解，但是他成功了。也许你会说，他是赌一把，刚好赢了而已，可是他随后的创业之路也遇到了一些困难，但他最终还是凭借过人的胆识再次取得了辉煌，所以，他的成功并不是偶然，而是归因于他具有一般人所没有的胆识。

三、要有恒心

创业是个过程，不是立刻就会见到回报的，不是今天做了，明天就会有回报的，它也许是一个月、一年甚至更长时间。在创业过程中，要学会坚持，持之以恒地朝着你的创业目标努力。坚持下去，才可能成功。

达比有个叔父，在淘金热的年代里，他也远赴西部，一心想着发财。他发现了金光闪闪的矿石后，将矿藏掩盖好，回家筹足了钱开始开采，结果证实了他们的矿区是科罗拉多州最丰富的矿区之一。就在他快还清所有债务的时候，矿脉突然不见了。他继续挖掘，可是绝望快要将他淹没了，最后，他选择了放弃。其后购买他机器的旧货商发现，矿脉就在距离达比家族放弃挖掘之处1米远的地方。

2008年，西安科技大学硕士毕业生袁荣才开始了创业之路，虽然现在的他已经成立了一个拥有博士、硕士、本科生共32人的公司，但是成功的背后并不像现在的外表那么风光。公司刚成立的时候，一个工程图画好几天都不一定有成果，工作通宵更是家常便饭，冬天没有暖气，几个人的手都冻伤了，面对这些困难，他们没有人想过要放弃。袁荣才说："遇到困难很正常，万事开头难，真诚的鼓励、安慰，让我们更加团结。而且一想到跟我们一起打拼的员工，更没有理由放弃！"

【案例】

成功的秘诀就在于"多一次等待"

小萍大学毕业后，带着妹妹小丽从农村来到省城打工，姐妹俩几经周折被一家礼品公司招聘为业务员。最初来到省城打工的她们没有客户，也没有任何关系,每天只能提着沉重的钟表、影集、茶杯、台灯以及各种工艺品的样品,沿着城市的大街小巷去寻找买主。五个多月过去了,她们跑断了腿,磨破了嘴,仍然到处碰壁,连一个钥匙链也没有推销出去。

无数次的失望磨掉了妹妹小丽最后的耐心,小丽辞职,重找出路。小萍说,万事开头难,再坚持一阵,兴许下一次就有收获。小丽不顾小萍的挽留,决然告别那家公司。第二天,姐妹俩一同出门。小丽按照招聘广告的指引到处找工作,小萍依然提着样品四处寻找客户。几天后的一个晚上,两个人回到出租屋时却是两种心境:小丽求职无功而返,小萍的付出却得到了回报,拿回来人生拼搏的第一张订单。这是一家她多次登门过的公司,因为要召开一个大型会议,感于小萍的诚意,故向她订购250套精美的工艺品作为与会代表的纪念品,总价值20多万元。小萍因此拿到2万元的提成,淘到了打工的第一桶金。从此,小萍的业绩不断攀升,订单一个接一个而来。

几年过去了,在事业上尝到了甜头的小萍成立了自己的公司。因有了打工经历,又选择了自己熟悉的行业,小萍创业的道路一帆风顺,经过近一年的创业,公司就有了不错的效益。

小萍在还没有看到光明时,选择了等待,并在等待中积聚成功的力量。有时我们在创业的路上,等待未必不是一种好的选择。从上述案例中我们看到,只是相差一次等待,就使原本有相当机遇的姐妹俩走上了迥然不同的人生之路。在我们创业的路上,选择创业其实就是选择一种希望,困难来临,不能绝望,要冷静下来,认真思考,等待崛起的契机。有时等待一个未知的结果,会让人饱受煎熬,所以没有人愿意等待,但人又必须学会等待。等待是生存的重要技能,要在等待中蓄积锐气,要在等待中寻找商机。不只是小萍,多少业绩辉煌的知名人士,最初的成功也就源于“多了一次等待”。

四、要有诚信

市场经济已进入诚信时代。作为一种特殊的资本形态,诚信日益成为企业的立足之本与发展动力。创业者品质决定着企业的市场声誉和发展空间。不守“诚信”或只“赢一时之利”,必然“失长久之利”。反之,则能凭借良好口碑带来滚滚财源,使创业渐入佳境。

【案例】

好的项目、好的商品，要有好的经营心态和管理品格

从超市离职的肖月决定自己创业，发挥职业技能和特长开一家面包坊。肖月所在地属于三类城市，城市人口20万人左右，有三条繁华的商业街，并有四个大型的购物超市。在选择经营地点上，肖月在市区各个路道进行了勘察，对新星路一个地段比较感兴趣。这条路上有两家面包坊，年房租6万元，比繁华商业街少10万元。肖月认为这条街有人开过面包坊，已经形成了购买气候，房租又便宜，在此开店应该不错。于是在离购物超市不远处租了两间店面，小店取名为“小月面包坊”。经过租房、购置生产设备、店面装饰和聘用人员，“小月面包坊”正式开业。

肖月为了拉拢顾客，开业期间打出了“买一送一”的促销活动。当月门庭若市、生意红火，肖月夫妇沾沾自喜。到月底夫妻俩把账本摊开，想算算看到底盈利多少，结果不算不知道，一算吓出一身冷汗——当月营业收入减去制作材料费、人员工资、水电费、房租费等总支出后，亏损1000多元，白白忙活了一个月！两人合计，决定不能再“买一送一”，为了早日扭亏为盈，决定价格不变，在制作上适当减少面包分量和其他辅助作料。

“小月面包坊”的“买一送一”促销活动确实吸引了不少顾客的光临，但促销活动停止后，顾客逐天减少，加之面包质量、分量、品种不如超市和同行，销售额一天不如一天。经营三个月连续亏损，肖月无奈选择了退出，关闭了寄托美好梦想的“小月面包坊”。

市场的竞争，在某种意义上说，就是经营策略的竞争，包括产品、种类、服务、价格、场地、环境、诚信等。把一个店经营得兴旺、繁荣，赢得口碑，不是一天两天一月两月得来的，而要靠诚信经营、优质服务、质量追求和长期不懈的努力。“小月面包坊”败就败在急功近利，采取了不正当竞争和不计成本的促销手段，以及以次充好的经商行为上。

史玉柱说过：“再好的决策，也不可能适应未来的种种变化，需要在实际操作过程中及时调整。”“买一送一”是一种促销手段，但要分时机、时期，而不是全天候。各大超市每天晚上8点钟以后，对部分面包、食品等采取“买一赠一”促销活动是商家提高商品销售附加值的手段，既增加了客流量，扩大了超市商品销量，又能尽量避免商品积压导致过期，节约了成本，同时赢得了消费者的口

碑。如果“小月面包坊”的促销计划能冷静一点，亏损后的决策能理智一点，并能提升产品的质量和品种，保持优质的服务和环境，那么“小月面包坊”就不会有这样的结局。

初始创业者创业时应脚踏实地，从小做起，从实际出发，不要急功近利、好高骛远，更不要相信那些快速赚大钱、短期暴富的投资神话。

第四章　木桶理论——创业的知识准备

【案例导读】

没经过市场调查就盲目开店，所以打了败仗

那是一个万物复苏的季节，春节过后"身边的他"不想再出门打工了，想想几年的打工拼搏也没挣到多少钱，在外还少了一种"家"的归属感。"身边的他"是个性情中人，喜欢结交朋友，在家乡朋友不少，其中也有很多酒肉朋友，想当然地以为利用自身优势，再占天时地利人和，在自己家乡小镇开个小饭店应该没问题。虽然自己没做过饭店生意，但觉得请一个厨师、租个铺面就可以开张了，想想困难不是很大。这样，一来可以和家人及哥们儿在一块儿，二来也为自己打个创业的基础，图个日后发展。当然，开饭店也是需要一些资金的，几年打工下来的钱凑了 2 万多元，在镇上开个小饭店应该不成问题。于是，"身边的他"在镇上租了个铺面，租金不贵，400 元一月，可以摆上十张桌子，店面在镇上相比起来不算小，店铺的位置也不错，对面有个菜市场，在镇上也算是热闹的地方了。店面租好了，"身边的他"就叫了一些哥们儿帮忙。由于帮忙的人多，不到一天的时间要用的都基本上买全了。

开张的这天就热闹了，朋友们都来为小店捧场，那天就做了四十桌的生意，一天下来真是把"身边的他"累得晕头转向。但心里感到欣慰的是：生意如果能天天这么好，累一点也值得。

生意再好也只是在一个小镇上。镇上每天客流量不大，朋友们也不可能天天来捧场，到镇上来购物的一般都是农民，钱包捂得比较紧。到了农忙的时候，更是没几个人大老远地跑到镇上吃饭。铺面租金虽然不是很贵，但是雇的厨师

要工资啊，杂七杂八的开支，一个月也得几千块。在此之前"身边的他"也没有开店的经验，管理上存在许多漏洞，再加上一些人的赊账，不到一年的时间，由于客流量小，有些欠账收不回，资金周转不过来，"身边的他"的店就慢慢地撑不下去了，不得已只能把店转做它用了。

"身边的他"总结自己的失败时说，没通过什么市场调查，没看看这里到底有多少客源，身边有那几个吃吃喝喝的朋友，就稀里糊涂地"创业"，不打败仗才怪。"身边的他"认为自己没有创业的头脑，最终的结果只能是失败。事实也是如此。

吃一堑长一智，在我们的身边，每天都重复发生创业失败的相似案例。"身边的他"的问题出在不懂行，自己设计的经营方式埋下了后期失败的隐患。我们知道，创业是个多种因素的综合过程；创业前要有最基本的调查，必须将这些因素一条条、一项项地找出来，在经营中一个个地试验、对比、分析，然后寻找、发现、创造出一套适合自己的创业方案来。饮食行业不管店大店小，第一因素就是人气。人气旺，带来的必定是财气旺。有个知名的老字号饭店在开业选址时，在备选的几个地址派人采取投豆入罐的方式计算人流量，最后定在了人流最多的店面上。这说明了饮食业对于客流量的重视程度。没有客流，再好的饭菜、再好的服务也一样会关门。再就是朋友来就餐，要掌握分寸给予一定幅度的优惠，给钱要收，要高高兴兴地送他们出门。只要优惠，朋友下次也会来的，因为他也不忍心经常接受你的免费款待，经常来蹭饭赊账的毕竟是少数。①

第一节　市场是最好的师傅——创业市场调查

一、创业市场调查的内容与方法

(一)创业市场调查的概念

广义的市场调查是以科学的方法和手段，收集、分析产品从生产到消费之间一切与产品销售有关的资料，如产品的生产、定价、包装、运输、批发、零售以及产品宣传情况、销售策略、渠道和市场开发情况，以至政治、经济形势等。广

① 选自《中国就业》，中华人民共和国人力资源和社会保障部主办。

义的市场调查包括：市场环境调查，消费需求调查，消费状态调查，产品、定价、销售渠道调查，广告效果调查，企业形象调查，消费者生活习惯调查，政治、经济形势调查等。狭义的市场调查是指以科学的方法和手段收集消费者对产品（或服务）的意见，以及购买情况、使用情况和产品（或服务）销售情况等信息的工作。

（二）创业市场调查内容

【案例】

黄某他们在考察当地服装市场时发现，当地20～40岁这个年龄段的人购买力最强并且都喜欢选择外贸服装、休闲服装作为平时的装束；相反，一些相对较为正规的服装多靠单位团购来保证销售；同时，当地的商圈非常集中，当地人的服装基本上都选择在当地步行街周围1平方公里内的商场和铺面购买。而外贸服装、休闲服装全部采用租用临街铺面的方式销售，一个铺面里同时经营多种品牌，除了几个牛仔、运动品牌外，没有一家外贸品牌专营店，店中的服装靠经营者自己到千里之外的广东、上海等地批发回来，经营者既是老板又是员工，一人兼店内需要的全部职位和工种；商场内则采用专柜销售的形式，一个专柜基本上只能经营一个品牌，款式相对临街铺面的风格较为严肃、正规，不少品牌是厂家直接设点经营，管理上分工较为细致，职能也较为合理。通过以上的资料分析，黄某认为临街铺面经营较为灵活，物品较丰富，给消费者的选择较多，但缺乏厂家的指导和支持，无论是形象还是经营管理上都有很大空间和潜力；商场则正好相反，形象和管理上有优势，但缺乏经营和物品、款式上的灵活；如果能够二者结合，相互取长补短，那将会是一个很好的商机。不过，经营外贸服装、休闲服装需要经营者对服装时尚的敏感和选择的眼光；商场设置专柜需要获得代理权，同时也需要一笔较大的资金；这两个条件黄某都感到自己有些不符合。

黄某重新整理思路，发现女士成衣在当地经营者众多，各种品牌、各种经营方式都有，竞争激烈，利润不断下滑，不适合自己；内衣基本两极分化，较好的品牌基本都选择在商场开专柜，临街铺面全部是二、三线品牌，并且基本上都是以专卖店的形式经营，或许经营女士内衣是个方向？

经过有针对性的市场调查他发现，由于女士自身的因素，她们对内衣的要求较高，特别是一些高档品牌的体验，会不断提升她们对产品本身质量、款式和体验的需求；加上前几年进入当地市场的一线品牌厂家的宣传和市场运作，当地20~40岁的女性所需求的中高档内衣已经进入产品成长期,此时如果引进一个新的品牌,采取较灵活的经营方式,会比较容易打开市场;同时黄某还了解到,经营内衣店的投资并不是很大,店铺选址也不需要在商圈内的黄金地段,只是库存因为型号、款式、规格的不同会比其他的成衣大,但如果采取在引进商场做专柜经营的同时配合临街铺面专卖的办法,库存的压力就可以得到解决。至此,黄某决定以经营品牌女士内衣作为他们的创业之道。

从案例中,我们可以看出市场调查的内容涉及市场营销活动的整个过程,主要包括的内容有:

1.市场环境的调查

市场环境调查主要包括经济环境、政治环境、社会文化环境、科学环境和自然地理环境等。具体的调查内容可以是市场的购买力水平,经济结构,国家的方针、政策和法律法规,风俗习惯,科学发展动态,气候等各种影响市场营销的因素。

2.市场需求调查

市场需求调查主要包括消费者需求量调查、消费者收入调查、消费结构调查、消费者行为调查。具体的调查内容包括消费者为什么购买、购买什么、购买数量、购买频率、购买时间、购买方式、购买习惯、购买偏好和购买后的评价等。

3.市场供给调查

市场供给调查主要包括产品生产能力调查、产品实体调查等。具体表现为某一产品市场可以提供的产品数量、质量、功能、型号、品牌、生产企业的情况等。

4.市场营销因素调查

市场营销因素调查主要包括产品、价格、渠道和促销活动的调查。产品的调查主要有了解市场上新产品开发的情况、设计的情况、消费者使用的情况、消费者的评价、产品生命周期阶段、产品的组合情况等。产品的价格调查主要有了解消费者对价格的接受情况、对价格策略的反应等。渠道的调查主要包括了解渠道的结构、中间商的情况、消费者对中间商的满意情况等。促销活动的调查主要包括各种促销活动的效果,如广告实施的效果、人员推销的效果、营业推广的效果和对外宣传的市场反应等。

5.市场竞争情况调查

市场竞争情况调查主要包括对竞争企业的调查和分析,了解同类企业的产品、价格等方面的情况,他们采取了什么竞争手段和策略,做到知己知彼,通过调查帮助企业确定竞争策略。

(三)创业市场调查的方法

市场调查与研究是发现创业思路的催化剂,没有深入实际的市场调查和社会调查,就不会发现与环境相容并且能够创造顾客需要的创业项目。

调查是研究的前提和基础,研究是调查的延续和升华。这两个环节,第一个环节是科学地定义问题,了解、掌握市场真实的资料;第二个环节是对所得的各种资料进行去粗取精、去伪存真、由此及彼、由表及里的分析,以实现对市场商机的正确认识。

创业思路调查研究的主要方法包括以下几种:

1.观察法

观察即用眼睛看。观察法是通过对环境的观察产生和修正创业思路的方法。

人们获得信息的70%来自于视觉,所以通过观察能够获得大量的创业思路与信息。例如,若要在一条200米长的街面上开饭店,那么就应该拿上一支笔和一个本,在这条街上至少走上100次,反复观察这条街的商业环境、人员结构、店铺布局、卫生状况、交通情况、企业联系等相关因素。做到每走一次发现一个问题,并记录在本子上。显然,将这100个问题一一解答后,创业思路也就有了。

观察法的要领是"用心观察",只有用心地看、用心地想才能发现所蕴藏的商机和威胁,形成创业思路。

2.体验法

体验即用身体的实验来认识事物。体验法就是通过亲身体验来发现和修正创业思路。

俗话说"不当家,不知柴米贵""不养儿,不知父母恩""不尝梨子就不知道梨子的滋味"。体验是比观察更深入一步的调查研究。观察主要是用眼睛捕捉创业思路,体验则主要用自己的身体感受引发创业思路,如通过找不到橡皮的亲身体验萌发把橡皮和铅笔连接在一起的创业思路。当你带着饭店的梦想,遍尝了别的饭店的手艺后,就会知道自己能否开饭店或开什么样的饭店了。

不仅如此,体验法也是克服创业者偏爱自己的创业思路的好方法。在经过多年创业培训后笔者发现,人们很容易对自己的创业思路产生脱离实际的偏爱。创业者偏爱是一件很可怕的事情,因为对不曾经历过的事情无论认为好还是坏、易还是难都是靠不住的,很多看似浅显的事情,一做才发现不像想象的那样，正所谓"出水方见两脚泥"。因此，只有亲自实践才能揭示事物的本质和内幕，克服创业者偏爱。

3.询问法

询问即打听或征求意见。询问不是自己直接去看或体验，而是了解别人的体验和感受，属于第二手资料。观察法和体验法所得到的结果是自己亲眼所见和亲身感受，无疑是客观事实，但自己的知觉未必就是别人的知觉，因此，要向顾客询问、向干系人询问，了解他们的感受与看法。而创业者的经验与教训也是无法靠简单的观察和体验获得的，在询问中使创业者"兼听则明"，进而发现新的创业思路。

创业者在形成创业思路的时候，既要亲自观察和体验，又要注意向业内资深专家请教，请他们为你的思路把脉。特别是要在你所不熟悉的领域创业，创业者更要倾听业内人士的意见，无论是否定还是肯定意见，对你都十分有价值。

4.换位法

换位即转换自己的位置，从干系人(特别是顾客)的利益角度对商机进行调查研究。换位法不仅是调查研究的方法，而且是调查研究的理念。因为创业思路是否具有商机，不是由创业者的主观愿望而定，而主要受外部关系人态度的影响，从这个意义上说创业是在给别人选择项目。所以，在进行调查研究时，要站在顾客、竞争者、供应商、公众、政府甚至反对者的位置思考创业思路，从他们的视角和利益出发，运用观察法、体验法和询问法进行调查和搜集第一手资料。

当然，大学生还可以运用其他调查研究的方法，如跟踪调查、抽样调查、蹲点调查、问卷调查等，运用互联网手段进行调查研究也是十分有必要的。

二、在市场调查中发现商机

【案例】

美国著名的市场营销权威菲利普·科特勒(Philip Kotley)在北京对外经济贸易大学的报告中讲了一个如今家喻户晓的故事：一家制鞋公司为寻找国外市场，总裁派一名销售员到一个非洲国家，让他了解一下能否向该国卖鞋。这个推销员一下飞机就给公司发回电报："这里的人不穿鞋，没有市场。"总裁看了电报后很不满，因为他没有提供任何有用的商业信息。于是又派去另一名销售员。第二位销售员在该国待了一周，然后发回电报："这里的人不穿鞋，市场巨大。"总裁看了电报后仍然很不满，因为他和第一位销售员一样，只不过从相反的视角发回一封没有商业价值的电报。于是又派去第三位销售员。第三个销售员在该国待了三个星期,发回电报:“这里的人不穿鞋,有脚疾,需要鞋,不过他们不需要我们生产的鞋,我们的鞋太窄,不适合他们长年赤足而形成的宽脚,我们必须生产宽鞋。这里的部落首领不让我们做买卖,除非我们搞大营销。我们只有向他的金库进贡,他才批准在这里经营。我们需投入大约1.5万美元,他才能开放市场。我们每年能卖大约2万双鞋,在这里卖鞋可以赚钱,投资收益率为15%……”这个故事教育了一代人,使我们明白了什么是市场调查与研究。

(一)发现创业机会

问题型创业机会。即现实生活中存在的缺陷、不完备的或完全空白的问题。只要涉及生产生活、消费娱乐等诸多领域的种种不便、不足都可能是问题型的创业机会。

变化型创业机会。即在变化中看到未来的发展方向并能预测到良好前景的创业机会。如今,科学技术发展日新月异,人们的生活发生了翻天覆地的变化,人口形势、风俗习惯、审美取向等都在随着时代的发展改变旧貌换来新颜。从中发现机会并把握机会,是创业者成功创业的重要前提。

组合型创业机会。即将现有的技术、产品或服务等因素加以组合以实现新的价值产生创业机会。一如把旧有表象组合、加工创造出新的表象。

【案例】

彩虹面的产生

在南京著名的莫愁湖畔,有一家著名的小面馆,面馆的主人名叫冯虹。2003年11月,下岗后的冯虹开始经营手擀面。冯虹做得非常卖力,面的味道也算不错,但因为没有特色,生意很萧条。很长一段时间,冯虹惨淡经营,一筹莫展。

一天,她为一位客人煮面条,发现锅内漂着几点红色,仔细一看,才发现是自己擀面时把几片胡萝卜片粘上去了。此情此景使她突发奇想:白汤白面有红色点缀显得很好看,手擀面能否做成彩色的呢?

她先从蔬菜中提取汁液当染色剂,再把细粉换成粗面,最后有专家给她提供全天然的添加剂,彩色面就这样新鲜出炉了!冯虹给自己新推出的面条取名彩虹面。彩虹面色彩斑斓,口感滑溜筋道,上市后立刻受到顾客的热捧。

此后，冯虹还发明出“复合型”的彩虹面，比如，蔬菜中没有灰色和蓝色，她就将白色的牛奶和紫色蔬菜中提取的紫色汁进行混合，调出灰色，然后再用灰色和绿色的蔬菜汁进行搭配，调出蓝色。至于红色，则是从血糯米中提取的。经过艰苦的摸索，冯虹做出了真正的彩虹面。一种面条含有七种颜色，而且全部是天然调料，绝无污染，绿色环保。2004 年 6 月 30 日，冯虹的彩虹面获得了国家的发明专利认证。①

（二）在热点旁边找创业思路

杰夫·贝索斯从互联网用户快速上升这一热点中，萌生了创办亚马逊在线零售业的创业思路。类似地，高档住宅热产生了物业新行业，私人轿车热产生了汽车美容新行业，出国热产生了出国中介新行业，独生子女教育热产生了儿童校外教育新行业……总之，热点与新产业或新行业有着紧密的联系。

我国目前具有许多大趋势性质的社会热点现象。例如：社会老龄化产生的老年护理需求热、高考产生的家教热、独生子女产生校外特长教育热、环境污染产生的优良环境需求热、食品安全问题产生的绿色食品热、下岗失业问题产生就业热、网络时代产生的网络游戏热等。类似的还有单亲家庭问题、城市扩大与农民转入城市问题、个体创业、宗教的兴起、文明病的增多、国外求学投资等。这些热点旁聚集着庞大的人群，他们有着共同需要，并期盼能够满足需要的创业项目。

表 4-1 热点机会调查表

社会热点	市场具体化阶段发现的创业思路	市场再结合阶段发现的创业思路
网络时代到来		
3G 产品的普及		
高档住宅产业		
轿车走进家庭		
视觉产品增多		
计算机的家庭化		
教育的国际化		
儿童校外教育		
旅游业的兴起		
健身业的兴起		

① 资料来源：中国创业联盟网（http://www.8002008.com.cn/uu/html/54724.html），有改动。

（续表）

社会热点	市场具体化阶段发现的创业思路	市场再结合阶段发现的创业思路
收入水平提高		
社会老龄化		
独生子女		
环境污染		
食品安全		
失业现象		
单亲家庭		
农民工进城		
个体创业现象		
三农问题		
城市扩大化		
宗教兴起		
文明病增多		
全民投资热		

三、创业市场调查举例

万方物流公司创业市场调查
第一部分　调研设计与组织实施

一、调研设计

（一）调研目的

（1）通过调查，了解湖州高校的基本情况，并了解高校的师生对现有快递业务的看法。

（2）了解湖州市高校快递业务的发展及现有快递的基本情况，分析竞争者的优劣势，确定万方的目标客户群及其对产品和价格等取向。

（3）充分了解湖州市高校师生对快递业务的需求，更好地为湖州高校的师生服务，树立万方物流的品牌形象，获得广泛的公众认知度和关注度。

（二）调研内容

（1）客户：湖州高校的基本情况及现有的服务等。

（2）现有竞争者：现有竞争者的基本情况，竞争者的实力、主要客户等。

(三)调研方法

(1)宏观调查。

①报刊文献资料收集与分析。

②互联网相关资料收集整理。

(2)需求市场调查。

①问卷调查(1人1份,总共30人)。

②访谈(对20人进行了访谈)。

(3)竞争市场及替代品调查。

①现场踩点调查。

②报刊文献收集与分析。

二、调查组织与实施

(一)调查时间安排表

调查时间安排表见表4-2。

表4-2 调查时间安排表

2011-9-8	对湖州现代教育园区及附近市场环境概况作调查分析
2011-9-9	对湖州现代教育园区及附近快递客户消费市场作分析
2011-9-10	对湖州现代教育园区及附近竞争对手的调查并作分析
2011-9-11	了解湖州现代教育园区及附近快递需求特征、市场形势及发展趋势
2011-9-12	对替代品调研作分析
2011-9-13	对客户补充调研并作分析
2011-9-14	最后作出总结

(二)调研小组成员

组长:钱一芳　组员:陆二芳、王大平、李大国等

第二部分　调研问卷

调研问卷一　基本情况调研(访问调查法)

您好！我们是××职业技术学院的学生。为了更好地了解快递公司在校园里的运营情况,我们设计了这份问卷进行调查。问卷由调查员统一发放,定时统一回收,请您留下姓名和联系方式以便我们核实问卷内容的真实性;为了保障您的权益,我们遵循相关的法律法规,采取严格的保密措施,本问卷不会对

您产生不良影响。本次调查的目的是为了学术研究，在此诚挚地感谢您的信任和支持。

(1)请问您所在城市(高校园区)有几所高校？

记录：

(2)您所在高校(高校园区)大约有多少名学生？有多少名教师？

记录：

(3)您所在高校(高校园区)中的师生大约有多少是本市的？有多少是本省外市的？有多少是外省的？

记录：

(4)您所在学校(高校园区)的师生目前采用哪种方式邮寄物品？有什么样的服务？

记录：

(5)您所在学校(高校园区)的师生快递的主要目的地是哪里？(本市、本省外市、外省)

记录：

(6)您所在学校(高校园区)快递物品一般的收费是多少？而快递物品的心理价位是多少？

记录：

(7)现有的服务有哪些优点？有哪些缺点？

记录：

(8)您希望快递公司能够提供什么样的服务？快递公司急需改善的是什么？

记录：

(9)据您所知，您所在高校目前是否有学生创立的从事快递业务的公司？您对学生或者老师的创业公司持什么样的态度？学校对此有什么相关政策？

记录：

调研问卷二　竞争者情况(实地调研)

(1)本市有哪些快递公司？有哪些在高校(高校园区)附近有营业点？

(2)这些快递公司的实力怎么样？

(3)快递公司提供了哪些服务？

(4)快递公司的价位是多少？

(5)快递公司有哪些优势？有哪些劣势？

第三部分 调研报告

略。

第二节 先练好纸上兵——认识和撰写创业计划书

一、创业计划书

创业计划书就是一个创业构思产生后，形成具体创业项目的完整实施方案。

创业计划书的内容：

一个完整的创业计划书包括的主要内容是封面、创业计划摘要、行业分析、公司介绍、产品与服务、市场分析、营销策略、创业团队与组织机构、制造计划、财务规划、财务报表、财务分析等，以上内容根据创业项目的具体情况可进行分解或整合。

1. 封面

封面包括标题、虚构实体企业的名称及企业标志三个主要内容，标题为项目名称+创业计划书，同时封面要有体现创业计划特色的背景图案。

2. 创业计划摘要

该部分内容是创业计划书的缩影，必须充分体现创业计划书的要点与亮点，以便阅读者在最短的时间内对该计划书中所提创业项目的质量、新颖性等作出判断。

3. 行业分析

一个创业计划书在拟定之前必须有一个创业构思，这个构思来源于对相关行业的分析，也就是对该行业的现状及未来发展趋势有一个判断，该项分析准确与否取决于创业者对宏观政策、技术发展要求与趋势及进入该行业必备条件的了解。

4. 公司介绍

一份创业计划书必须虚拟一个实体的公司，既然是公司就必须确定公司的名称、性质、标志（大家常说的 logo）、宗旨及理念、目标客户、产品、发展阶段等主要内容。

5.产品与服务

这是创业计划书中比较核心的内容,在一定程度上体现了该创业计划书的特色,包括:产品的概念、性能及特性;主要产品介绍;产品的市场竞争力;产品的研究和开发过程;发展新产品的计划和成本分析;产品的市场前景预测;产品的品牌和专利等。

6.市场分析

市场分析是创业者对市场范围、规模、特点及市场容量等项目进行调查分析,分析并判断该项目投产后所生产的产品在一定的时间内是否有市场,以及采取何种营销策略实现销售目标。

7.营销策略

企业营销策略的制定体现在市场营销组合的设计上。为了满足目标市场的需要,企业对自身可以控制的各种营销要素,如质量、包装、价格、广告、销售渠道等进行优化组合。重点应该考虑产品策略、价格策略、渠道策略和促销策略,即"4Ps"营销组合。随着网络等信息技术的发展,近年又有人提出了"4Cs"(即顾客、成本、便利和沟通)为主要内容的市场营销组合。

8.创业团队与组织结构

在创业计划书中,必须要对主要管理人员及研发人员等加以阐明,介绍他们所具有的能力,他们在本企业中的职务和责任,他们过去的详细经历及背景。组织结构的内容包括:公司的组织机构图;各部门的功能与责任;各部门的负责人及主要成员;公司的股东名单(包括认股权、比例和特权、公司的董事会成员及其背景资料)。

9.制造计划

这个也是产品形成的关键,主要包括产品制造和技术设备现状、新产品投产计划、技术提升和设备更新的要求、质量控制和质量改进计划。

10.财务规划

财务规划包括资金需要量的预测,资金的来源,资金的投放,资金的使用、管理及资金的分配,财务预算等。

11.财务分析

财务分析主要是对上述预计财务报表作财务分析,重点分析偿债能力、营运能力、盈利能力和发展能力。

以上这些内容在实际撰写创业计划书时可以根据需要作适当的整合、分解或增减。

二、创业计划书范文

蓝猫专卖店创业计划书①

一、公司概况

公司主要经营范围(零售):

文具、玩具、教具、学具、图书、光盘、服装、鞋帽、食品、日用品等儿童用品。

二、创业计划作者的个人情况

以往的相关经验(包括时间):

2001 年 8 – 12 月,利用 5 个月的时间做了市场调查,对同类产品从品种、价格、质量、地址等进行多方位的考察、比较。

教育背景,所学习相关的课程(包括时间):

1997 年 9 月至 2011 年 12 月经济管理本科。

三、市场评估

目标客户描述:

普通工薪阶层和较高阶层的客户都能接受,它是一个儿童喜欢的品牌。儿童是每个家庭和整个社会关怀的重点。目标客户的年龄层为 2 – 18 岁,前景很好。

市场的规模/容量:

《蓝猫淘气 3000 问》近期目标选择并授权全国 200 家地(市)总代理和 1000 家专卖店,建立《蓝猫淘气 3000 问》节目衍生产品和形象授权产品全国营销网络。

目前无一家“蓝猫专卖店”,市场空缺,这是一个很好的机会。

竞争对手的主要劣势:

1. 产品品种分散;

2. 产品质量不一,一般较次;

3. 价格上下浮动大;

4. 没有知名的品牌;

5. 管理及服务不太前卫。

① 武淑嵘. 一份成功的创业计划书[J]. 中国就业,2002(11):26 – 27.

竞争对手的主要优势：

1.价格便宜；

2.一些东西的价格可前高后低，可实行打折；

3.管理及服务的费用较少。

相对于竞争对手的主要优势：

1.管理和服务实行连锁统一，较前卫；

2.产品品种繁多，质量有保证，且不断有新品种衍生；

3.广告宣传力度大，由总公司负责；

4.公司对专卖店实行营运支持，包括有奖竞答等。

相对于竞争对手的主要劣势：

1.价格偏高，且无档次之分；

2.店面装修费用高。

四、市场营销计划

产品：

产品，产品系列，服务	主要特征
文具玩具	功能性，益智性
教具学具	百拼电子世界，快乐理科，创意性教具
图书光盘	电视播出的得力助手，科幻

价格：

产品，产品系列，服务		成本定价	销售定价	竞争对手价格
文具	铅笔盒	3.025元/只	5.5元/只	4.5元/只
	铅笔	2.06元/支	3.75元/支	1.00元/支
玩具	毛绒玩具	8.8－13.75元/只	16－25元/只	10－25元/只
	钥匙扣	2.06元/只	3.75元/只	2－3元/只
光盘		68.75元/套	5元/盘×25＝125元/套	相近
图书	黑白	74.25元/套	9元/本×15＝135元/套	相近
	彩色	123.75元/套	15元/本×15＝225元/套	相近

五、地点

选址细节：

地址	面积	租金
桥西武城街	20平方米	1200元/月

选择该地址的主要理由：

客流量大，顾客群种类多。武城街已形成中档消费市场。

分销方式：

产品卖给最终消费者。

选择该分销方式的理由：

"蓝猫专卖店"所面对的就是最终消费者。

六、广告和促销

促销类型：

广告。《蓝猫淘气3000问》全长3000集，共计45000分钟，可播8年，在《蓝猫淘气3000问》已开播的地市、公司为代理制作15秒广告，免费随卡播放4个月，公司一年内对《蓝猫淘气3000问》报纸宣传不少于30版。

七、企业组织结构

企业类型：

将注册成个体工商户。

建议的公司名称：

蓝猫专卖店。

公司员工：

经理。负责筹资、与厂家签订合同、租店等准备工作，同时负责总体策划及管理。工资标准800元/月。

员工。初中以上学历，能做好物资日流量表，工资标准300~500元/月。

公司将获得的营业执照和特许类型及费用预测：

长期营业执照；开办费400元。

公司的责任(保险，员工薪酬，税)：

无限责任；费用预测为1100元/月；个人所得税方面，下岗失业职工三年免征。

八、固定资产

工具和设备：

根据预测的销售量，假设达到100%的生产能力，公司需要购买电脑一台，总费用7000元。

九、固定资产折旧明细

办公设备：

价值7000元，年折旧700元，10年折完。

十、其他经营费用（不包括折旧费用和贷款利息）

其他费用	月费用（元）	说明
公司所有工资	800	—
雇员工资	300	—
租金	1200	—
营销费用	50	—
电费	30	照明用电
电话费	100	—
维修，维护	20	—
保修	50	—
公司注册费	50	—
其他必备品	50	—
总计	2650	—

十一、销售收入预测

销售的产品或系列		月份												总数
		1	2	3	4	5	6	7	8	9	10	11	12	
1.文具	销售数量	300	350	400	400	420	450	400	400	420	400	450	500	4890
	平均单价	4	4	4	4	4	4	4	4	4	4	4	4	4
	月销售收入	1200	1400	1600	1600	1680	1800	1600	1600	1680	1600	1800	2000	19160
2.玩具	销售数量	60	65	65	60	65	70	65	65	70	70	75	75	805
	平均单价	15	15	15	15	15	15	15	15	15	15	15	15	15
	月销售收入	900	975	975	900	975	1050	975	975	1050	1050	1125	1125	12075
3.教具、学具	销售数量	2	3	4	4	4	5	5	4	5	5	5	6	52
	平均单价	100	100	100	100	100	100	100	100	100	100	100	100	100
	月销售收入	200	300	400	400	400	500	500	400	500	500	500	600	5200
4.图书	销售数量	3	3	4	5	5	6	5	5	6	6	6	7	61
	平均单价	150	150	150	150	150	150	150	150	150	150	150	150	150
	月销售收入	450	450	600	750	750	900	750	750	900	900	900	1050	9150

（续表）

销售的产品或系列		月份												总数
		1	2	3	4	5	6	7	8	9	10	11	12	
5.光盘	销售数量	5	5	6	7	7	8	7	6	7	7	8	8	81
	平均单价	120	120	120	120	120	120	120	120	120	120	120	120	120
	月销售收入	600	600	720	840	840	960	840	720	840	840	960	960	9720
6.服装	销售数量	1	1	0	2	1	2	2	1	1	1	1	2	15
	平均单价	100	100	100	100	100	100	100	100	100	100	100	100	100
	月销售收入	100	100	0	200	100	200	200	100	100	100	100	200	1500
7.鞋帽	销售数量	20	25	25	25	30	25	25	20	20	20	25	25	285
	平均单价	20	20	20	20	20	20	20	20	20	20	20	20	20
	月销售收入	400	500	500	500	600	500	500	400	400	400	500	500	5700
总计	销售总量	391	452	504	453	532	566	509	501	529	509	570	623	6139
	销售总收入	3850	4325	4795	4890	5345	5910	5365	4945	5395	5390	5810	6435	62455

【案例】

商业计划书

创业描述

1. 描述你打算生产、出售的产品或提供的服务(一般不少于50字)：

提示：请阐述你的企业打算做什么？

本企业主要经营：企业形象宣传策划、会务服务、展览展示服务、企业晚会策划制作、广告设计制作。副业经营：办公文化用品经营销售、书画作品销售、企业福利产品、工艺品经营。

2. 详细说明经营场所的具体情况(一般不少于100字)：

提示:请说明以下几项内容:
(1) 场地规划和建筑规定　　(2) 租赁(期限、费用和讫止时间)
(3) 合约续签和房租调整　　(4) 配套设施和装修
(5) 需要的许可证　　(6) 租赁建筑面积
(7) 地理位置　　(8) 交通条件
(9) 场所的安全性

现已租赁沿街房300平方米,位置在滨州市渤海十路799号(黄河八路以南路西),租赁费每年65000元,租赁时间2011年7月16日－2014年7月15日,共3年。第二年费用68000元整,第三年70000元整,如再续约有优先权。本租赁场所在服务行业聚集的渤海十路,处于东西城交界地段,客流量稳定且外来宾客汇集,是滨州市服务接待重要场所。渤海十路路宽、车流量较大,处于黄河八路、黄河五路景观大道之间,交通十分便利,租赁场所门前有停车场,预计可停车6－10辆。本场所正在装修施工中,预计营业执照下来后可开业经营,1楼计划以经营工艺品、企业办公文化用品、茶具及滨州特产为主,2楼装修了2间古朴典雅的客户会谈室,为客户提供休息及洽谈业务使用,3楼一个总经理办公室,外部为员工办公区,另外一个房间为书画室,主要邀请滨州本地及外来书画家创作作品及交流使用。本场所门面宽广,楼道为2通道设计,正门有安全闸门,每个楼层均计划购买消防灭火设备,周围治安环境良好。

创业者团队的资料

---

3. 个人的学历和经历(附简历)(一般不少于50字):

提示:请说明你为什么认为自己和创业团队有这方面的经验、能力和资源,保证创业可能成功。
请附上一份简历或者提供以下资料:
(1)学历证书和资格证书　　(2)工作经历
(3)培训　　(4)兴趣和爱好
(5)其他信息
说明中应当包含创业团队所有成员的信息(如需要可另附纸张)。

本人在深圳工作8年(1997－2004年),主要从事文化艺术策划、大型活动策划及企业宣传工作。2005年来到滨州,受聘于金禾文化传媒有限公司,负责市场开发及活动策划执行工作，现任金禾文化传媒有限公司总经理职务，在滨州期间策划执行了多场大型文艺演出、企业年会庆典等活动，如2005年保护母亲河大型开幕式、2007年底新年音乐会、2010年中美篮球对抗赛、中国银行2010客户联谊会、2011年滨州市房地产博览会专场晚会及开幕式等活动。

现在我们重新注册公司，除去原有文化活动策划业务以外，我们计划经营礼品行业，礼品行业包括企业福利产品发放、工艺品摆件、办公用品、书画作品等。该行业需要广阔的人脉资源，在滨州我们有多年积累的客户资源，还有这两年加入的鲁西南同乡会，更增加了我们的经营信心。

我们的工作人员正在招聘中，现有办公室文员1名，毕业于滨州职业学院；平面设计师1名，2008年毕业于博翱电脑学校，主要负责客户所需要的宣传设计工作；计划再招聘5-8名店面营销人员及业务公关人员。

创业培训

---

4. 你是否参加过创业方面的培训？请说明(附证书复印件)：

> 提示：培训包括商业培训(如财务、市场、销售培训)和技能培训。

本人于2006年在东营接受过企业教练技术——突破性领导力的基础培训，主要是业务公关、领导力的培训课程，现附证书复印件一份。在该培训中学到很好的团队协调配合能力，积累了领导的计划设定及实施等方面的工作经验。

我还在2011年7月15日-22日学习了创业促进会组织的YBC创业培训，学习到了市场营销、成本核算、存货管理、采购及记账等多项技术能力。

你的市场

5-1. 你的客户有哪些(一般不少于50字)：

> 提示：说明哪些人群可能购买你的产品或服务？请详细描述这些人群的情况，比如年龄、职业、收入状况、行为习惯等。

文化策划面向的客户：本项服务主要针对大型企业(如房地产公司、汽车销售公司等)，企事业单位节日表彰聚会，银行、保险公司、电信等企业的宣传工作，年底的客户联谊会的服务。房地产企业在开盘销售或在热销中均会组织庆典造势、活动策划宣传等工作，这是我们比较稳定的客户资源。每到节庆日，如2011年的庆祝建党90周年那样比较有纪念意义的日子，政府事业单位会组织红歌晚会等，这就是我们的潜在客户和资源；像银行、保险公司、电信公司等到了推出新产品时，他们会广泛宣传推销，所需要的宣传策划就是我们服务的内容。

礼品经营所面对的客户：最主要的是逢节日企业给员工发放的福利产品，如食用油、土特产、降暑茶、小家电等，这些企业是我们所要主动公关的客户。平时就是企业所需要的办公用品经营，还有积累的客户关系所需要的礼节性拜访礼品、收藏性纪念礼品，流动客户所需要的茶叶、茶具、烟酒商品等。总之，我们的客户群体是面向中高端的资源，层次高，消费有保证，群体稳定且消费能力强。

5－2.市场研究的具体情况(请用数据说明)(一般不少于100字)：

提示：请说明你是如何进行市场研究的，市场研究的结果是什么。(请附上相关数据)。包括：

(1)资料研究，例如，查阅统计数据、调查报告、工商指南及其他信息。

(2)实地研究，例如，对潜在顾客开展问卷调查和访谈、观察竞争对手的活动等。

通过网络调查，根据工商部门公布的市场数据以及政府部门的市场调查，滨州文化产业正处于朝阳时期，市场潜力大，政府扶持力度大，老百姓认知程度高，我们的发展前景十分广阔。

2009年起政府统筹安排300万元专项资金，支持文化产业发展，以后逐年增加(来自政府网站信息)，全市文化产业价值在GDP中所占比例已接近3%，全市文化产业从业人员近6万人，滨州市文化产业已经初步具备“支柱产业”的雏形，对吸纳就业人员的影响越来越大。(来自滨州传媒网)

在滨州经营文化公司的企业在册30多家，真正达到影响力的不是很多，有的从事传媒工作(像黄河口文化传媒公司)，有的从事广告制作工作(像奥泰尔广告公司)，有的从事企业培训营销公司(像滨州泽圣文化传播公司)，他们在自己的领域做得还不错。但真正从事文化活动策划、文艺演出策划制作的文化公司并不多。我们有很好的从业经验，经历过大小活动的洗礼及磨炼，深知客户的需求及敏感问题，对一些小的庆典公司具有明显的优势，他们对我们专业的文化公司形成不了大的冲击，因为他们没有专业人员运作策划、经验不足，这些正是我们的优势。我们在经营深化客户合作上具备长期稳定发展的条件，在培养员工、增加就业率上，我们前景广阔，市场发展性良好。

6. 你为什么认为自己可能在市场竞争中获胜(一般不少于150字):

提示:你打算如何击败竞争对手?
(1)请详细说明你的产品或服务的特色。消费者为什么会购买你的产品或服务,而不去买你的竞争对手的?
(2)你的发展规划和阶段性目标。

我已经从事14年的关于文化策划及组织策划活动,有着丰富的从业经验。为客户着想,踏实有效地开展工作是我一贯的宗旨。事实证明,我们的服务得到了广大客户的理解和信任,像中国银行滨州分行、滨州市房产局、贵苑大酒店、滨州中信担保等都是我的稳定客户,他们把事情交给我做既放心又有新鲜感。

下一步,在礼品经营上我将本着诚实服务、礼貌待客的服务原则。对内做好员工的服务培训,要求主动钻研业务知识,做到知识性强、专业服务性强。对外经营上保证货源的充实及品质,坚决不卖过期或假冒商品,在客户中形成良好的口碑。我们还要灵活掌握客户需求信息,及时更换产品规格及品种,做到人无我有、人有我优。我们还要进行书画等艺术品的布置,使之与整体楼层相协调,使客户一进来就能够沉浸在艺术氛围中,保证我们的服务销售环境绝对是一流和高端的。总之,我们要内外结合,既注重服务又要想客户之所想,达到最佳服务销售的目的,在与其他同行竞争中占据优势。

我们计划在2-3年业务开发积累后,在下面区县开设分店,统一配货,统一管理,把总店的经验及客户口碑传到下面分店,扩大经营,增加收益,大力吸收有志青年一起创业,开创未来,增加社会就业力度及创业成功率。

你的市场(续)

7. 哪些人是你的竞争对手(请举例说明)(一般不少于100字):

提示:说明你的主要竞争对手的详细情况,他们的优势和劣势。

像滨州正阳广告公司、好运来庆典公司、汇丰礼品公司都是我的竞争对手,前两个公司在文化策划、演出文艺等方面与我们公司比较接近,他们的优势在于有下面区县的客户资源。但相对劣势也比较明显,他们的经营范围比较杂乱,没有专业的策划服务人员,在实施一些大型活动中要邀请外来人员策划组织,而且,他们在沟通中也处于劣势,不能很好地贯彻客户意图,使文化产业的发展深受限制。汇丰礼品公司从业时间较长，资金雄厚，但在礼品经营过程中哄抬物价，同类产品销售价格偏高，欺客现象时有发生，我们将在此基础上总结经验，确定做到礼品价格适中，主动向客户出击，让客户在我们公司得到最好的服务，从而真正地将业务做大做强。

8. 你打算在哪里，以什么方式推销你的产品或服务？怎样对企业、产品或服务进行宣传推广？在哪里开展宣传推广活动？列出具体的成本预算(一般不少于200字)：

提示：
(1)你打算在哪里，以什么方式推销你的产品或服务？例如：
①零售店　②市场摊位　③远程销售
④电话推销　⑤流动销售　⑥网络销售或邮寄销售
⑦试用后再付款等
(2)客户将如何了解你的企业：
①媒体广告　②海报或传单　③橱窗展示
④口头介绍　⑤邮寄宣传资料　⑥网站宣传
⑦车体广告等
(3)请列出广告费用。

我们首先会在店里推销我们的服务和产品，因为店里有我们的产品展示，楼上有我们的客户洽谈室和办公室，客户会对我们有直观的了解和认识。然后我们也会主动出击，利用电话推销、网络营销的方式拉动销售。

我们会在媒体上做宣传广告，也会在节假日印刷一些精美的海报进行夹报宣传，媒体如《快乐生活杂志》《新浪·滨州》网站、传媒网等，然后我们也争取让客户进行口碑宣传，这是最好、最有效的宣传方式。

广告费：《快乐生活》每期2000元，《新浪·滨州》半年6000元，传媒网半年8000元，宣传品每年及夹报合计1万元。

销售分析

9-1.说明你的价格策略(一般不少于100字)：

提示:你对产品或服务如何进行定价?
(1)定价应考虑支出情况和利润情况。支出包括:
①材料成本　②仓库费用　③暖气费/电费/租金
④劳动力开支　⑤管理费用
(2)注意计算时一定要将非生产性成本包含在内,如出差、行政事务管理成本等。
(3)请列出同类产品在同一市场的价格。

我们首先会在产品定价或服务定价上考虑成本核算问题。一个好的企业,一个盈利的企业,它首先会进行成本核算及成本分摊计算。我们在日均房租、水电开支、人员开支、发票税收等环节会做一个详细的核算,然后再计算我们的平均销售业绩及额度,在此基础上附加产品20% - 30%的利润值,计算好盈亏平衡点,使企业真正能做到盈利收益,为下一步的业务开拓做好铺垫。

我们的文化策划服务收费比同行业高5%左右,因为我们附加的创意及其他商业开发,无形当中既为企业做好了宣传又节省了开支(到其他行业拉礼品赞助和接待服务),附加值的运作是我们的优势所在。和汇丰及福人楼做比较,我们在礼品的价格上有绝对的优势,比如代表滨州文化特色的孙子兵法竹简,他们的卖价是400元左右,我们计划在298元左右,其实利润已经十分可观,因为我们有房租及进货渠道的优势。

9-2.请说明你需要销售多少产品或服务来维持正常的现金流(一般不少于150字):

提示:你打算每个月销售多少产品或服务?这一目标如何实现?

我们将在文化策划服务上做到一个月2-3个单业务,这是我们近几年总结的经验,像在企业会务服务、房地产开盘销售广告服务、季节产品的旺季促销等业务上主动出击和关系介绍,大概收益为每月6-8万之间。为了达成以上业务额度的完成,首先我们会有业务员收集行业信息,然后主动出击洽谈。还有以往客户的介绍和潜在客户的需求。

在礼品经营上我们计划月销售7-11万的销售业绩,销售方式主要是关系客户营销、潜在客户的电话营销、媒体的宣传报道、流动客户的购买,我们还将在网站及海报上宣传我们产品的稀缺性及收藏性,比如名人字画、文房四宝等外地产品。主动的业务沟通、良好的促销宣传、朋友关系的介绍,将是我们销售业绩达标的保障。

设备和运输

10－1.请列出设备及运输工具的清单，及相关的执照(请附执照复印件)(一般不少于100字)：

已有哪些设备?	价值(人民币)	还需要哪些设备?	成本(人民币)
仿古货架	1.8万元	3楼的办公家具	1万元
鸡翅木的收银台	9000元	电脑打印机及耗材	3000元
2楼接待室的花梨木家具	2.8万元		
电脑设备(3台)	9000元		
空调(4台)	1.5万		
电冰箱及冰柜	5000元		
车辆	10万元		

10－2.为什么需要上述设备(一般不少于100字)：

提示：提供一份企业运行所需设备和用品的完整清单，并说明原因、设备及用品的价值或成本：
(1)在设备和用品的置备上，你可以考虑多种方式，如购买二手设备、购置新设备或进行设备租赁等。
(2)注意，清单中还应包括公司信笺、活页纸、名片等这些小型用品的成本。

(1)1楼仿古货架：主要是经营工艺品及办公室文化摆件，好的货架能提升产品的档次及价值。

(2)鸡翅木和花梨木的家居及布置能提升公司的文化底蕴和经营理念水平，而且该木料家具在将来不会贬值，还有升值的空间，在经营以及投资上都是可行的，所以我们会多花点钱购买好的家居摆设，以提升我们的文化氛围，因为我们是文化产业公司。

(3)收银需要电脑1台，总经理需要办公电脑1台，设计师需要电脑1台及打印设备和附属产品。

(4)1楼需要1台3匹的落地空调，2楼2个洽谈休息室需要2台1.5匹的挂式空调，3楼画室需要1台空调。

(5)电冰箱需要2台，1台柜式，1台立式，主要存茶叶及易变质产品，以达到最好的保鲜效果，这是我们经营礼品所不能遗漏的设备。

在以上设备购买中我们也考虑到节省成本，购买二手产品或价格低的产品，但考虑到二手产品的使用寿命、修理成本等因素，我们决定不购买其他旧的产品和设备。

执照明细

执照名称	颁发单位	颁发时间	有限期限	许可范围及内容
正在办理中				

保 险

11. 请说明企业运行所需的保险及其费用(一般不少于50字):

提示:列出险种及保费金额:
(1)公共责任险 (2)产品责任险 (3)货物运输保险
(4)灾害险 (5)车辆保险 (6)人身保险
(7)财产保险 (8)防盗险 (9)员工社保基金及保险

险种	保费金额
车辆保险	3400 元
员工社保基金及保险(5 项基金)	每个员工每月 168 元
防盗险	一年 1600 元

财务情况

12. 请列出你所获得的全部资金支持(包括从我们这个项目获得的资金):

提示:列出所有申请的或给予资助的机构或渠道,例如:
(1)银行 (2)企业借款
(3)家人及朋友 (4)自己的积蓄
(5)其他(请注明具体机构名称)

资助机构	申请金额	获得批准的金额
自己积蓄	250 000 元	250 000 元
朋友借款	50 000 元	50 000 元
	合计	
	从我们的项目获得资金	50 000 元
	总计	350 000 元

个人的剩余收入

13.详细说明你的最低个人开销和全部收入(不要包含任何业务开支):

提示:请完整地填写这份表。
(1)必须注明你和与你共同生活的家人的生活成本。
(2)将所有收入填写在表格的底栏。
(3)不要将任何业务开支填到该表中(如果有合作伙伴,每个合作伙伴都应填一份。有必要的话,请复印相应的一页)。

预计年度开支

(单位:元)

按揭	没有
租金	没有
公用事业费(社区服务,水费等)	800元
燃气、电和油	2500元
所有人寿和财产保险	5000元
食品、家政(包括住宿)、子女开支、礼品	1200元
服装	1800元
通讯费(电话费、收视费等)	800元
娱乐花销(餐饮等)	3000元左右
订阅费(会费、刊物等)	160元
车辆税和保险、维修维护	3200元
储蓄	200元卡的年费
其他开支(请列明)	
临时开支(房屋维修/病休等)	500元
小计:开支(a):	19160元
预计年度收入	
家人或伙伴的收入(总数)(对象在房地产销售公司)	45000元
其他收入(请列出)现在公司的季度分红及业务提成	一年6-8万元
小计:收入(b)	约105000元
剩余收入总计(即b-a):105000元-19160元	85840元

(案例来源:滨州市人才初始创业大赛)

案例的几点启示：

1.会务服务、展览展示服务、广告设计制作、办公文化用品经营销售、书画作品销售、企业福利产品、工艺品经营等诸如此类项目的选址非常重要。店面是无形的广告，需要考虑很多因素：租金、地段、周边的环境和经营行业氛围等。

2.从事文化产业创业需要有一定的从业背景，有对于当前文化发展的前瞻性的考察，要结合当地文化产业发展现状，选准自己创业的产业定位。

3.一位求职者坦言：一个老板能否给一位员工很高薪金，对于这位求职者有三个考量：①求职者基本素质是否合理；②老板是否赏识这位求职者；③这位求职者在这个行业有资源。求职者在所在行业有资源不仅是拿高薪的条件，同时也是将来能够创业成功的重要保障。

第三节　行有行规——掌握点财务知识

【案例】

经营开销和收支记账稀里糊涂，是初次创业者常有的弊病

陈林和小惠下岗之前都是企业的工人，也就是被媒体称为“蓝领”阶层的人士。陈林以前在一家机械厂上班做机修工作，小惠则是在一家服装厂里上班。天有不测风云，企业裁员使陈林和小惠双双下岗回家。两人心里像打翻了的五味瓶，不知道是什么滋味。不管怎么样，生活还得继续，一家人的吃饭问题还需要尽快解决。经过仔细研究，听取多方意见，小两口决定在小区附近开个小饭馆，作为生活的来源和创业的起点。结婚10年，全部家当就是银行里的那几万元存款，于是他们就用这几万元作为启动资金。说干就干，租房子、装修、办执照、雇服务员，一番忙活下来，两口子明白了自己当老板是多么的不容易。不过累一些，苦一些，总算有了自己的创业天地，有了家庭生活的基本保障。

饭馆开张了，由于陈林和小惠的饭馆价格实惠，雇的师傅也没有让他们失望，开业第一个月，还真有点“门庭若市”的感觉。接下来几个月，情况依旧如此。

半年时间很快过去了，小两口专门抽出了一天的时间把开业半年以来的账

目仔细核对了一遍。算完账时，两人才发现，除去每月的门面租金、水电费、卫生费、采买费和员工工资，基本没什么盈余，甚至比两人在单位干的时候还差。

小两口这才发现，小店的账目用“杂乱无章”形容绝不过分，收入和支出项目都没有认真地记录，账本上贴满了花花绿绿的各种票据，就像飘着“万国旗”。而且发现计划外开销太多，这些过多的计划外开销让两人非常意外，甚至想不起有些花销的出处。在账本上除了记录日常的支出之外，请人吃饭、熟客长期赊账也让饭馆面临“赤字”，一些来吃饭的朋友，吃完后小两口不好意思问人家要钱。客人多的时候到底记没记账也是两眼一抹黑。

陈林和小惠到了重新审视自己创业前景和未来走向的十字路口了。

这样的经营管理模式，在我们身边也有不少。初次创业者常有这样的弊病，就是账目不明、公私不清的现象。从上述故事里，我们应当清醒地认识到，在创业的过程中，制定科学的财务规划对于开始创业的“夫妻店”来说尤为重要。在创业开始时，要首先考虑好对风险的认识和承受能力，做到心中有数。如家庭生活开销、请人吃饭、别人赊账等较大的额外开销应努力分清或避免。

一、创业者必备的财务知识

(一)资产

资产是指企业过去的交易或者事项形成的，由企业拥有或者控制的，预期会给企业带来经济利益的资源。比如，企业采取融资租赁的方式租入了一台设备，尽管是租来的，企业没有所有权，但如果租赁期相当长，长到接近于该资产的使用寿命，企业近乎全部控制了该资产的使用及其所能带来的经济利益，就应当将其作为企业的资产。再比如，企业签订了购车协议，但只付了定金，所购买的车没有到达企业，企业也没有付款，那么这个产品就不属于企业的资产。

资产科目主要有：现金、银行存款、库存商品、应收账款等。

(二)负债

负债是指企业过去的交易或者事项形成的，预期会导致经济利益流出企业的现时义务。比如，企业向银行贷款、应当缴纳的税款、向供应商赊购原材料的欠款等，均属于债务。再比如，企业对于售出商品提供一定期限内的售后保修服务，这项保修服务预期发生额也属于一项负债。

负债科目主要有：短期借款、应付账款、长期借款等。

(三)所有者权益

所有者权益是指企业资产扣除负债后，由所有者享有的剩余收益。比如，创业者创办企业时投入的资金就属于所有者权益,应该计入实收资本或股本。

所有者权益科目主要有:实收资本、股本、资本公积和未分配利润等。

(四)收入

收入是指企业在日常活动中形成的、会使所有者权益增加的、与所有者投入资本无关的经济利益的总流入。比如,销售商品、提供服务、开发软件等属于企业的日常活动,对于提供商品或服务的公司来说这项活动产生的财物流入就是收入。

收入科目属于损益类科目,主要有:主营业务收入、其他业务收入。

(五)费用

费用是指企业在日常活动中发生的、会使所有者权益减少的、与向所有者分配利润无关的经济利益的总流出。比如,付给管理者或工人的工资、设备的折旧、销售产品的成本等都属于费用。

费用科目属于损益类科目,主要有:主营业务成本、其他业务成本、管理费用等。

(六)利润

利润是指企业在一定会计期间的经营成果,包括收入减去费用后的净额、直接计入当期利润的利得和损失等。

利润科目属于所有者权益类科目,主要有:本年利润、利润分配等。

二、财务预算

企业必须制定一个能够协调内部各个职能部门工作的全面预算,因此这里所讲的财务预算就是全面预算。对于创业期的企业来说,做一个合理的财务预算,也可以为控制企业未来的经济活动提供依据。财务预算主要是通过货币度量的形式把企业的总体规划数据化、格式化地反映出来,即用货币的形式来反映企业未来某一特定时期全部经济活动过程的详细计划。

它包括销售预算、生产预算、材料采购预算、生产成本预算、销售及管理费用预算、专门决策预算和现金预算,根据这些预算编制预计利润表和预计资产负债表。

(一)销售预算

销售预算是在销售预测的基础上,根据企业年度目标利润确定的预计销售量、销售单价和销售收入等参数编制的,用于规划财务预算期销售活动的一种业务预算。根据销售预测确定的销售量和销售单价确定各期销售收入,并根据各期销售收入和企业信用政策，确定每期的销售现金流量，是销售预算的两个核心问题。销售预算编制的步骤如下：

(1)明确产品的类别、数量、单价、编制时期及分期、收账期等。

(2)明确编制销售预算表的项目，设计相应的正表与附表表格。

(3)计算表格中相关的数据。

(二)生产预算

生产预算是规划预算期生产数量而编制的一种业务预算，它是在销售预算的基础上编制的，并可以作为编制材料采购预算和生产成本预算的依据。生产预算主要依据预算期各种产品的预计销售量及存货期初期末资料，具体计算公式为：

预计生产量 = 预计销售量 + 预计期末结存量 - 预计期初结存量

同样，可以利用上述公式，对预计销售量或销售成本进行计算。

生产预算编制的步骤如下：

(1)根据销售预算中产品的类别，为每种产品分别编制生产预算，分期原则与销售预算一致。

(2)明确编制生产预算表的项目，设计相应的表格。

(3)计算表格中相关的数据。

(三)采购预算

采购预算是为了规划预算期采购活动而编制的，用于反映预算期各种产品销售或材料消耗量、采购量、材料消耗成本和材料采购成本等计划信息的一种业务预算，具体计算公式为：

材料采购量 = 材料耗用量 + 材料期末结存量 - 材料期初结存量

采购预算及下述预算的编制步骤同销售预算和生产预算类似。

(四)生产成本预算

生产成本预算是反映预算期内各种产品成本水平的一种业务预算。它是在生产预算、直接材料消耗及采购预算、直接人工预算和制造费用预算的基础上编制的，通常反映各产品单位生产成本。如果创业企业是非生产型企业，则不用进行生产成本的预算。

(五)销售及管理费用预算

销售及管理费用预算是以价值形式反映整个预算期内为销售产品和维持一般行政管理工作而发生的各项目费用支出预算。在预算中需要划分固定费用和变动费用列示，同时应附列出计划期间预计销售和管理费用的现金支出计算表,以编制现金预算。

（六）专门决策预算

专门决策预算主要是长期投资预算,又称资本支出预算,通常是指与项目投资决策相关的专门预算。它往往涉及长期建设项目的资金投放与筹集,并经常跨越多个年度。

（七）现金预算

现金预算是以业务预算和专门决策预算为依据编制的、专门反映预算期内预计现金收入与现金支出,以及为满足理想现金余额进行现金投(融)资的预算。

现金预算由现金收入、现金支出、现金余缺、现金投放与筹措四部分组成。其中：

现金余缺 = 现金收入 - 现金支出

期末现金余额 = 现金收入 - 现金支出 + 现金筹措(现金不足时)

或:期末现金余额 = 现金收入 - 现金支出 - 现金投放(现金多余时)

三、财务报表

常用的财务报表主要有资产负债表、利润表、现金流量表。如果是股份公司,还有股东权益变动表。对于处于创业起步阶段的企业,一般规模都比较小,不需要编制现金流量表和股东权益变动表,主要编制资产负债表和利润表,但现金流量表的作用日益凸显。

（一）资产负债表

资产负债表是反映企业某一特定日期资产、负债、所有者权益等财务状况的会计报表。它反映企业在某一特定日期所拥有或控制的经济资源、所承担的现时义务和所有者对净资产的要求权。根据有关规定,股份制企业中的各上市公司必须公告其年度报告,其中,资产负债表就是一项很重要的公告内容。通俗地说,在资产负债表上,企业有多少资产、是什么资产,有多少负债、是哪些负债,净资产是多少、其构成怎样,都反映得清清楚楚。

企业编制资产负债表的目的是通过如实反映企业的资产、负债和所有者权益金额及其结构,从而有助于使用者评价企业资产的质量以及短期偿债能力、长期偿债能力、利润分配能力等。

资产负债表解读举例：

中远公司是一家经营多个品牌手机的经销商,表 4 - 3 是中远公司的资产负债表,试结合公司的经营特点来解读资产负债表中有关项目的数据含义。

表 4－3　资产负债表　　　　单位:万元

项　目	2007.12.31	2006.12.31
货币资金	200	136
应收票据	100	122
应收账款	50	60
预付账款(款项)	60	70
存　货	150	120
流动资产合计	560	508
固定资产	10	12
无形资产	0	0
资产合计	570	520
短期借款	100	100
应付票据	100	100
应付账款	100	80
预收账款(款项)	80	74
应付职工薪酬	10	4
应缴税费	10	2
流动负债合计	400	360
长期借款	0	0
负债合计	400	360
实收资本	160	160
未分配利润	10	0
所有者权益合计	170	160
负债及所有者权益	570	520

中远公司资产负债表中有关项目的含义分析如下:

中远公司流动资产所占比例最大,而固定资产较少,正是经销商典型的特点。在流动资产中,存货是其重要部分。预付账款(款项)是预先支出部分,也要记入流动资产。无形资产一般用于上市公司,对于还没有太多品牌概念的经销商而言,无形资产几乎为零。流动负债的各个项目都比较好理解,预收账款(款项)记入流动负债,是因为客户先打入账款给企业但并没有收到货,因此也应算作负债。至于长期负债,没有特殊情况,经销商很少出现长期负债。当然,单纯靠这些表面上的数字还不能看出问题的实质,还需要对这些数据进行一些简单的分析。

(二)利润表

利润表,又称为收益表或损益表,它是反映企业在一定会计期间经营成果的会计报表。根据有关规定,股份制企业中的各上市公司必须公布其年度报告,其中,利润表就是一项很重要的公告内容。

利润表解读举例:

下表是中远公司的利润表。

中远公司利润表　　单位:万元

项　　目	2007 年	2006 年
营业收入	4 000	3 800
减:营业成本	3 500	3 450
营业税金及附加	85	60
销售费用	85	60
利润总额	200	50
减:所得税(费用)	66	16.5
净利润	134	33.5

中远公司利润表中有关项目的含义分析如下:

资产负债表是企业财务状况的瞬间写照,而利润表则是企业某一段时间内业绩的反映,因此很多人将资产负债表比喻为企业的一张快照,利润表是反映企业的一段录像。从这个角度来说,利润表的编制必须基于某一段时间,以了解该段时间销售额是多少、赚了多少、亏了多少。利润表涉及三个重要要素:收入、费用、利润。即:收入 = 利润 + 费用。透过利润表,我们能够得到一些对于企业而言非常重要的指标。比如,销售净利率,其计算公式为:

销售净利率 = 净利润/营业收入 = (134/4000) × 100% = 3.35%。

厂商、经营单个品牌或者产品的经销商、经营单个品牌或者产品的零售店非常容易统计出净利润,因为其成本不需要几个品牌或产品分摊。但如果某个经销商经营多个品牌或者产品,就很难将其中的一个品牌或者产品的成本从总成本中提取出来,也就很难计算出此品牌或产品的净利润,因此,很多行业的分销领域都喜欢使用更为简单的毛利润模式:

毛利润 = 业务收入 - 进货成本

销售毛利率是利润表中重要的指标,它的公式为:

销售毛利率 = 毛利润/营业收入

销售净利率和销售毛利率最大的不同是扣除了各种费用成本,将企业真正赚取的利润呈现在面前。由于每个地方会针对一些企业给予所得税优惠等条件,每个企业缴纳所得税的税率并不相同,为了方便统计,很多企业比较喜欢用税前净利率来做预测和统计。

销售毛利率和销售净利率是考察企业获利能力的关键指标。但由于产品不同,每一种类型的产品提供的毛利率是有差异性的,不同类型的产品不太具备可比性。

第四节 兔子先吃窝边草——整合身边的社会资源

一、社会资源的类型

创业资源既有物质的,也有精神的;既有有形的,又有无形的。对于一般的创业者而言,成功的创业离不开以下几种创业资源:周密的创业计划书、优秀的创业项目、创业人才队伍、核心技术、创业资金、社会关系网络等。这几种创业资源共同作用,形成创业产品和创业市场,并决定创业项目的利润水平以及创业资本的积累能力,进而左右创业企业成长发展的速度。

(一)周密的创业计划书

创业计划书是创业者引导企业走向成功的路线图,它是详细描述企业投资的书面文件,又被称为商业计划书。对于正在寻求资金的企业来说,创业计划书的好坏,往往关系到投资交易的成败。对初创企业来说,创业计划书的作用尤为重要。一个酝酿中的项目往往很模糊,通过制定创业计划书,把优势与劣势都书写下来,然后再逐条推敲,就能对这一项目有更清晰的认识。可以说,创业计划书首先把计划中的企业推销给创业者自己,然后再把计划中的风险和收益推销给风险投资家。

优秀的创业计划书不仅要介绍创业者的人品、素质、修养、能力、个人魅力等特性,还要阐述创业企业所拥有的产品技术比较优势、产品后续研发能力、广阔的市场前景、创业团队的特色、优势能力、其他有利因素等。可以说,创业者和创业团队的创业共同愿景和以此为基础形成的创业企业文化以及创业企业的核心竞争力、企业创新产品的市场前景和市场潜力,共同构成了创业计划书的“灵魂”。

(二)优秀的创业项目

好的创业项目也是创业的一种重要资源。企业在创立之初可能有一个或几个项目,这些项目可能具有广阔的市场前景和丰厚的投资回报。但是对于一个初创企业，同时选好几个项目进行开发和市场调研，无论是从初创企业的人力物力还是财力上说都显得有些不切实际。在企业创立初期，企业往往面临着资金短缺、人力资源相对不足等问题，在这样的条件下，创业项目的选择就显得十分重要。从不少企业的创立实践来看，创业的失败多数是由于创业启动项目选择不当而引起的，因此，选择创业的启动项目应慎之又慎。下面以产品项目为例，说明如何选择创业的启动项目。需要考虑的问题如下：

(1)产品先进性、市场优势及前景。一般而言，功能先进、预期成本水平适当的产品才能算是先进的产品，同时要看该产品与同类产品或相近产品相比是否具有比较优势，以及是否具有广阔的市场前景。

(2)产品生产技术的先进性和成熟性。现实中不乏产品设计先进，但成品落后，从而缺乏市场竞争力，导致新创企业不战自溃的例子，其原因往往就在于创业者没有掌握先进的、成熟的技术。

(3)特定产品项目的投入要求和生产许可。一般而言，推动任何产品项目，创业者都需要投入一定量的生产资金，并需要获得政府有关部门的生产许可。

(4)项目预期的财务效益。起步项目可能产生的财务效益，是新创企业生存与发展的资金源泉，往往也是创业者选择创业的原因，因此，选择起步项目就必须关心项目可能形成的财务效益。

(5)特定项目对于企业技术价值成长性的贡献。在创业企业特别是高新技术企业创立过程中，新创企业技术价值成长性决定着企业未来的命运。如果企业的价值不具有成长性，随着新技术的不断涌现以及技术进步的加快，特定企业的技术日趋陈旧，必将被市场无情地抛出高新技术企业的行列，因此，企业在选择起步项目时，还必须预计特定项目对于新创企业价值成长性的贡献。

(三)创业人才队伍

在创业的众多要素中，人是最核心的要素，人力资源是所有企业中最宝贵的资源，被经济学家称为第一资源。

创业者作为创业企业的发起者和领导者，其个人品质、素质及能力对创业企业的成败起着至关重要的影响作用。对于一个创业人员，首先要具备创业品质，包括具有独立性、勇气、吃苦耐劳的精神、毅力、社会责任感及信用。同时，还要具备一定的创业知识素质，比如要有一定的专业知识背景，了解与创业相关的各种知识，有一定的市场经济理论基础，还要有一定的管理理论基础，懂得相关的法律知识。创业者还应具备一定的表达能力和人际交往能力，以及管理能力、经营能力和创新能力。

由于资金和市场是企业初创时期需要面对的最大的困难，因此，许多初创企业将大部分精力都投入到了融资和开拓市场方面，这样往往使得他们没有更多的精力顾及人力资源管理。所以，我们常常看到大量初创企业是靠同学圈、朋友圈组建的，管理完全是家族式的，更多地依靠情感进行管理。

（四）创业资金

资金是企业运营的血液，没有资金，创业企业及创业管理团队就无法生存。创业过程的每一个环节、每一个阶段，都需要足够的资金支持。对于新创企业，企业的创立初期也是其高投入期，且任何不确定的风险因素都会直接或间接地转化为对投资增加的需求。创业者在设立企业和起步项目时要求的资金是创业所需的最基本的资金。在设立企业过程中，各种费用如调研费、咨询费、公关费、注册登记费、办公设施费及人员招聘培训费等都是必需的。同时，使企业得以生存与发展的起步项目的运行同样需要各种费用，如技术获取费用、固定资产投资、运行费用、许可证费用和市场开拓费用等。

在创业的起步阶段，创业者通常要筹集一定的自有资金，甚至是节衣缩食来加以筹集，作为创业起步的“开门资金”，这是国外创业者的常见做法。对于绝大多数缺少自有资金但持有技术的创业者而言，真正谋求起步的资金来源主要有以下几类：

(1)个人储蓄。这是个人创业资金来源最有效，也是最便捷的方式。这种方式需要处理的问题最少，创业者创业成功后也不会引起权益纠纷。美国《企业》杂志通过对 3 500 个发展最快的创业企业进行调查，得到的结论是 79%的创业资金是利用了个人储蓄。

利用个人储蓄进行创业是最稳妥的创业资金来源，但是创业者也要充分考虑其中的风险，投资的额度不应超过自己的承受能力与心理底线。能利用个人储蓄固然不错，可是很多创业者并不具备这样的条件，那么就得考虑其他的方式。

(2)亲戚朋友的借款。有时，向亲戚朋友们借款是新创企业获得启动资金的唯一途径。创业者通过这一渠道也能迅速筹集所需的创业投入资本。但是由于这一融资形式更多地是以个人感情与亲情为基础，因此，有时创业者遇到的烦恼就是这些提供了借款的亲戚朋友们，他们会经常过问企业经营状况或为企业的发展提供很多建议，似乎他们是企业的股东。尽管这是一种热心的表现，但有时会干扰企业的正常经营和管理。如果这些问题处理得不好，甚至会影响彼此之间的感情，这常常会使创业者背负感情的包袱。所以，有可能的话，创业者最好制订一个完善的还款计划，以加强亲戚朋友们的心理安全感，如果经营状况允许也可以考虑提前还款。

(3)银行贷款。近年来随着国家对创业者的重视与支持，我国各大商业银行都陆续推出了创业贷款计划。凡是具有一定生产经营能力或已经从事生产经营活动的个人，因创业或再创业需要，均可向开办此项业务的银行申请专项创业贷款。但一般来讲，在我国大部分地区这种专项创业贷款的额度都相对较低，大多不超过 3 万元。因此，如果有条件的话，创业者最好还是考虑商业贷款，这样得到的额度会高很多，基本上可以解决大多数创业者的资金需求。

(4)天使投资。天使投资是自由投资者或非正式风险投资机构对原创项目构思或小型初创企业进行的一次性的前期投资。天使投资是风险投资的一种，是一种非组织化的创业投资形式。由于天使投资者较少受财务利益的驱动，所以他们要求的回报往往少于风险投资家。除了以赚钱为目的外，很多天使投资者投资新创企业也是为了参与该企业的创业过程。

(5)政府的投资与扶持。为了扶持与鼓励创业活动，我国政府陆续出台了许多相关政策，创业者可以充分利用这些有利条件进行融资或贷款。政府投资是我国科技创业资本的重要资金来源，特别是对高新技术而言，如果新创企业具备核心技术竞争能力，且具有良好的外部经济性，申请政府的资金支持这一资金渠道便发挥着无可替代的作用。我国政府提供的主要企业融资项目有再就业小额担保贷款、科技型中小企业技术创新基金、中小企业国际市场开拓资金、青年创业贷款以及各种地方性优惠政策等。

(6)其他企业资金。企业在生产经营过程中，往往会形成部分暂时闲置的资金，有的企业出于提高资本使用效率、拓宽经营范围、进行战略性投资等考虑，会直接对新创企业进行投资，或者对技术成果转化提供资本支持，或者设立创业投资机构。

(五)社会关系网络

社会关系网络包括个人的人际社会网络及个人作为成员与社会团体和组织所建立起来的稳定的联系，即个人的社会网络和组织的社会网络。社会关系网络作为一种重要的社会资本，同经济资本一样属于有用的创业资源，它对创业机会的开发和利用过程主要有三个方面积极的影响。第一，能为创业者提供关键性资源。例如，朋友可以带来某些资源，包括传统的生产要素(资本)，与天使投资人或风险投资家的关系，通过适当有效的网络发布关键的生产或营销信息。因此，如果能妥善利用社会资本，就可以在信息不完全、市场不完善的环境里得到资源。第二,社会关系网络的构建影响创业决策,可以提高资源利用效率。第三,社会关系网络为新创企业提供竞争优势。如果创业者具有特殊的社会关系,就更容易取得其他企业或组织的信任,增强组织绩效。例如,比尔·盖茨就是因为特殊的家庭关系,得到了IBM公司的软件开发订单。尽管这不是微软成功的决定性因素,但这样的社会关系网络的确降低了议价的成本,促进了创业的成功,社会网络有助于创业企业实现外部交易的内部化,同时节省大量的审查、谈判、监督等交易成本。创业企业拥有的企业网络关系,就是获得新资源、新市场、新产品的信息渠道。

创立新企业要求在资本有限的条件下积累大量资源,而创业者广泛的社会联系可以使他们具有广泛的资源获取途径。因此,成功的创业者应该懂得如何创造和构建有效的社会网络,从而增加企业的财富。

二、社会资源整合

(一)整合内容

1.市场资源的整合。由于市场区分越来越细,全球各大企业开始合作构建商品和服务范围更广的联合电子市场,被称作市场间(Market to Market)电子商务市场,即各个市场横向合而为一。

新创企业在发展的过程中,依靠与企业外部上下游资源,企业外相关企业、相关业务资源的整合,可以增强自身竞争实力。在电子商务时代,这个规律仍然不变。并购的热潮以及协同商务、市场间电子商务等现象的出现让我们看到了企业在整合资源、节约成本、实现利润最大化的过程中所做的探索和尝试。新创企业应该利用这种时机与优势,最大化地利用企业内外部的市场资源,弥补自身的不足,开拓更大更广泛的市场,降低成本以增强企业的竞争力。

2.信息技术资源的整合。信息技术是大小企业之间的平衡器。有效利用信息技术资源能使新创企业充分利用后发优势,尽快缩短与行业内其他企业的差距。信息技术资源的整合包括选择和应用能使企业更强大和更具竞争力的信息技术。信息技术把小企业与大客户、潜在客户和供应商紧密地联系在一起。信息技术可以使小企业降低费用、更好地利用固定资产、节省时间和提高员工士气。客户、供应商和员工尊敬那些有良好系统和信息技术的企业,因为这些给企业塑造了一种良好的形象。

3.人力资源的整合。它是新经济时代的新理念,是在人力资源开发理论的基础上提出的新命题。人力资源整合包括测试、评估、调整、配置等一系列手段，是对现存的、已开发的人力资源进行结构性的优化、重组，以释放其最大能量。人力资源的整合通常具有群体性，其核心是整体规划、优化配置、有序组织、合理使用。这是一项极具科学性的系统工程，它通过制度和文化的整合、结构和体制的优化、知识和经验的共享来发挥整体合力，达到既定的目标。新创企业进行人力资源整合，应该具有新思路、新做法，从而构成一种全新的工作格局。

企业创业初期、早期以及发展阶段在人力资源上有很明显的特殊性，因此，必须培训一些经理人员，使之能够胜任多项任务，如一个人可以对所有与客户有关的部门负责，而另一个人对所有与运营有关的部门负责。创业者必须利用外部的合同服务、顾问部门、兼职和退休的职员；聘用最好的员工，并给予适当的报酬和良好的培训；运用与金钱无关的激励和业绩评估、授权和进行具体的沟通；利用信息技术来有效地整合人力资源。

(4)财务资源的整合。它是资源整合的关键环节，财务资源整合要理顺创业企业内部经济关系，加强内部财力资源的整合与共享。财务资源整合的目的在于既要合理合法地辨识企业中的各项财务资源，又要快速调动企业的财务资源，实现资源整合优势和协同优势。

创业者将销售预测和费用预算与关键利润和利润率的控制结合起来，将会构成整个公司强大的控制系统。例如，女士运动服装公司的管理者知道，如果公司出售给零售商400万美元的产品，每一款式能得到至少35%的利润，而且销售费用和管理费用不超过120万美元，那么公司将会得到至少20万美元的税前利润，并且适当地控制应收账款和存货将会产生稳定的现金流。公司的主要风险包括：是否有足够的存货、维持价格的能力、失去主要客户或销售人员及整体经济形势的恶化。公司总裁和部门经理每月要一起核查项目预算费用和实际费用，将实际销售量和发货量与总体预测量及大客户预测数量进行比较，对每一条产品线、每个大客户和公司的毛利与预测值进行比较。对于这些过程应该实时监控，如果有必要，就应该采取相应的纠错措施。

(二)资源整合途径

资源整合有多种实现方式：既可以以所属行业作为整合的主线，也可以以某一项业务流程作为整合的主线。

(1)以所属行业为整合主线。互联网给企业造成了一个有趣的冲突：是应该扩大规模，还是缩小范围？在电子商务模式中，交易量的增加并不意味着管理费用的增加，企业也许更愿意考虑开展大规模并购，以丰富自己的产品线，为现有的用户群提供更多增值服务，更是为了并购后充分利用彼此互补的资源。

房地产网站房网通(www.MLSChina.com)和263首都在线(www.263.net)合作共建房源栏目，房网通为263独家提供房屋租赁栏目内容。据合作双方介绍，263有效地整合了房网通的网站资源，成为自己网站中的特色栏目，强化了相关频道的内容和服务，减少了不必要的人力、物力支出，大幅度地提升了综合门户网站的专业化水平和综合服务功能，并且加强了综合网站服务内容的纵深性。另外，房网通将自己的内容融入大的门户网站的垂直频道，借助263的巨大流量，推动自身在网络房地产领域的发展。

(2)以业务为整合主线。真正的资源整合，应该是同时基于竞争与合作的互动整合。协作电子商务即是企业进行与外部资源整合的一种友谊性质的探索。下面是一个以运输业务为主线进行整合的案例。

众多巨头企业如安捷伦、可口可乐、通用面粉、凯洛格、Land O'Lakes等将试用一种基于互联网的独特的协作商业应用来降低物流成本。具体做法是：由Nistevo公司建立一个基于互联网的协作系统，该系统汇集了协作企业的调度和送货信息。协作企业之间达成协议，将遍布全国的装卸点连成一个"巡回送货网络"。举例来说，Land O'Lakes公司在俄亥俄州肯特市有一家工厂，装满黄油的卡车从那里出发，将黄油送往佛蒙特州柏林顿市，现在管理者从Nistevo获得巡回送货建议，即途中在费城为坎贝尔汤羹公司装货，在纽约为韦倍曼斯超市连锁店卸货，而在驶往另一个销售点的途中可能也会装货。这样的话，整个来回卡车都是满载而行，没有死区，而且只有一辆卡车，而不是四辆。设想一下这种合作场景：一旦成员公司的需求从一辆卡车混装产品发展到共享仓库场地以减少卡车停靠，最终发展到对不同顾客只需开一次性发票，这个协作项目将变得更加吸引人，同时也变得复杂。但对资源的整合将达到一种比较理想的程度。

【案例】

赵本山的发财路：品牌人才最重要

本山传媒如日中天，红红火火。能有如此景象，是"本山大叔"营销搞得好，懂得"整合"。

本山大叔在这方面是如何做的？

一、整合"人才"资源

赵本山非常清楚仅凭自己一人之能是很难将“东北二人转”文化产业发扬到一定的广度与高度的。与其孤军作战，不如将众多优秀的民间二人转艺人收集到旗下。在赵本山的众多弟子中，多数并非拜“本山大叔”为师之后才学习二人转的，而是未加入“本山大营”之前就在一定的“区域市场”小有名气了。如辽宁黑山的王小宝(现任辽宁民间艺术团副团长)，黑龙江嫩县的王小利，吉林蛟河的刘小光，辽宁开原的小沈阳，包括蔡维利、王小虎等，这些虎将拜入本山门下，为其增辉不少。

不断地进行人才整合，使得众徒能团结在“本山大叔”周围，实质上是壮大了“本山传媒”的核心力量，这是赵本山将艺术产业化的强大基石。

值得一提的是，为了更好地培养和挖掘优秀的艺术人才，壮大民间艺术的后备队伍，赵本山还于2003年5月与辽宁大学签订了联合办学协议，共同创办了“辽宁大学本山艺术学院”。经过几年的发展，本山艺术学院已成为东北地区艺术人才培养的重要基地，同时成为“本山传媒”重要的人才储备基地。

二、整合“品牌”资源

光靠“赵本山”这个主品牌是不行的，也很单一。所以“本山大叔”毫不吝惜地要推出自己的“子品牌”。他深知“只有品牌多了，本山传媒才能壮大”。把更多的“子品牌”整合在一起，是“本山大叔”最睿智的一面。从2005年让徒弟蔡维利、王小虎在春晚小品《功夫》中扮演“小忽悠”的双双登场，到陆续让小沈阳、王小利在央视春晚的高调亮相，意在推出一个又一个的子品牌。小沈阳的一夜火爆、王小利的迅速走红及旗下弟子的纷纷崭露头角，都充分显示出赵本山的“子品牌”战略是正确的。他们不仅为“本山大叔”增了光，更为“本山传媒”挣了钱，可谓两全其美，何不乐哉！

三、整合“媒介”资源

在“媒介”的资源整合上，“本山大叔”可谓资源广泛、招式娴熟。上到央视、辽宁卫视、黑龙江电视台，下到网络传媒、地方影剧院，那可叫一个“绝了”。媒体提供的广阔平台，是“本山传媒”艺人露脸的好机会，每年的节庆假日娱乐节目，辽宁卫视、黑龙江卫视能少得了赵本山的徒弟吗？

2006年，本山传媒与辽宁电视台合作推出了“刘老根大舞台”栏目。该栏目播出后，得到广大电视观众的一致好评，收视率更是稳居辽宁卫视栏目之首，成为辽宁电视台娱乐节目的龙头。现在辽宁卫视推出的“轻喜剧”多半是赵本山的徒弟担当主演。

四、整合“社会”资源

为了有力地推广东北二人转，赵本山不会满足于辽宁一个地方，必须大范围地跑马圈地，通过整合各地的社会资源，强强联合，实现双赢。于是“本山传媒”不仅在沈阳中街、沈阳工人会堂、沈阳沈铁建立了“刘老根大舞台”，还分别在北京、哈尔滨、长春、天津等地设立了“刘老根大舞台”剧场，整个东北三省及河北、北京一带几乎被“本山大叔”统统“占领”。特别是位于沈阳中街的“刘老根大舞台”旗舰剧场，一年四季都是一票难求，已成为沈阳市继“一宫两陵”(故宫、北陵、东陵)之后家喻户晓的文化景观。

现在“刘老根大舞台”不仅当选“国家文化产业示范基地”。2008年，赵本山还当选为曲艺类东北二人转国家级非物质文化遗产继承人。

资源的有效整合让“本山大叔”尝到了甜头。“本山传媒”的产业也开始集中了四大块：演出业、影视制作业、电视栏目业和艺术教育业。

电视剧《刘老根》《马大帅》《乡村爱情》等先后在央视一套播出后，连创央视当年电视剧收视率冠军，取得了良好的社会综合效益，其徒弟徒孙不仅有了露脸的平台，连赵本山也因此由“小品王”一跃而成为当代农村题材电视剧的“名导”。

在赵本山的英明领导下，在“本山大叔”的整合营销思维引领下，“本山传媒”有了自己培养的艺人，培养出来的艺人有自己表演的平台，使得资源共享，大家共赢。

第五章　走自己的路
——创业市场与创业模式准备

【案例导读】

张朝阳和他的搜狐网

在中国4.57亿的网民中，搜狐网早已家喻户晓。搜狐是中国最大的门户网站，和新浪网、网易网、腾讯网并称为“中国四大门户”。旗下搜狐新闻、焦点房地产、17173中文网络游戏、搜狗输入法及搜狗新闻、网页、音乐、地图、图片搜索、图行天下电子地图、手机搜狐网、ChinaRen校友录、搜狐无线、搜狐博客、以天龙八部和《骑士Online》为代表的网络游戏组成了庞大的搜狐网络帝国。

创业之初

1981年张朝阳从西安考入清华大学物理系。1986年大学毕业前夕他又取得了“李政道奖学金”，获得了去美国麻省理工学院(MIT)的留学资格，当时的张朝阳哪里知道这次持续了七年的留学生涯为搜狐的诞生奠定了基础。在这七年里，他获得了物理学博士学位，并从事了两年的博士后研究。1994年，张朝阳在MIT的实验室里被当时“互联网”的奇妙所震撼。

“那时我就觉得，当今时代有两大趋势：一是信息高速公路时代的到来，另一个是中国作为全球大国的崛起。”这两句英文被张朝阳写在了他的第一份创业计划书——“中国在线”的封面上。这份慷慨激昂的创业计划书就是搜狐的开始。

1996年7月，张朝阳拿着他的创业计划书开始了他的融资之旅。寻找投资的第一步是给自己定个价，张朝阳当时给自己的标价是200万美元，之后张朝阳频繁地往返于中国、纽约和波士顿之间，但除了那份创业计划书他没有任何实质性的产品。在美国大街上排队等公用电话亭给投资人打电话的时候有过，狼狈地被投资人赶出办公室的时候也有过。最终在麻省理工学院教授的引荐下，张朝阳见到了 MIT 媒体实验室主任、《数字化生存》的作者尼葛洛·庞蒂，得到了他宝贵的第一笔天使投资。

搜狐前身——爱特信

在张朝阳的印象中，1996 年最重要的事情，就是他在这一年的年底花了 2 万元人民币“攒”了一台服务器，并把这台服务器放到了北京电信（现在是北京网通）刚刚建成的主干网上——这是中国第一台商业服务器托管，也是中国的第一个商业网站。

至于这个网站开通后在上面放些什么内容，用张朝阳的话说，“用了之后一年的时间来探索”。开始张朝阳借鉴了美国的另一家互联网网站“热连线”的网络广告的商业模式。当时的“热连线”雇用了大量记者去采写新闻，他们写了大量高质量的短文章，图片新颖，报道方式也与当时的报纸杂志不同，特别适合数字化时代人们的阅读习惯，流量足够大的时候就加入广告以此盈利。但是张朝阳马上发现了一个重要问题，他没有钱雇用那么多记者，这条劳民伤财的路让张朝阳举步维艰。

张朝阳的公司已经发展到 12 个人，在现在看来似乎很可笑，可是在互联网刚刚兴起的中国，对幼小的搜狐来说无疑是一个巨大的进步。

那时候上爱特信的网民直接看到的就是超链接这个频道。后来用了“sohoo.cn.net”这个域名。张朝阳又开始借鉴雅虎的分类加导航模式，爱特信的名字终于从曾经用过的“搜乎”辗转变为后来的“搜狐”。

凭创业计划成功融资

1996 年拿到的第一笔投资 22 万美元（实际到账 17 万美元），到了 1997 年 9 月已经消耗大半，张朝阳又开始了长达半年之久的融资之旅。事实上，张朝阳从海外融资的行为在那个时代绝无仅有，在融资的那段日子里，张朝阳几乎每天晚上都会在那间办公室兼卧室的桌子上、地上，或坐、或躺、或趴着写他的创业计划书。

张朝阳认为，他那份完备的创业计划书在当时具有空前的前瞻性。例如，预言了一个商业网站应该是资讯和导航，也形容了门户的特征是信息的集合者而不是制造者，甚至还描述出了广告收入的曲线，以及对页面点击率与广告之间成长关系的算法、收入模式等。

但是在张朝阳写这份创业计划的时候，他还没有一笔网络广告收入，到了1997年11月，第一笔融资得来的钱几乎花光了。那时，他甚至到了把最早的两名员工叫到自己的办公室，问他们那个月的工资迟一个月发可不可以的地步，因为他那时首先要考虑的是交房租。

在罗伯特和尼葛罗庞蒂的引荐下，张朝阳自费去美国加州见那些亿万富豪。他先在加州的一个小旅馆住下，用绿卡租了辆车，然后用了两天时间不停地打电话与这几位可能改变他公司命运的人约定见面时间。

1997年9月11日令张朝阳终生难忘，他至今还在为自己在这一天表现出来的能力而骄傲——在这一天中他马不停蹄地见了四个风险投资人，并且有两个人答应为其投资。1997年年底，一个机会来了，北京电信想做一个像美国在线一样的169项目，需要找一家公司来设计门户和几十个网页。

最终张朝阳击败了包括亚信、ChinaBike在内的三家竞标者，拿到了这个项目。

1998年4月搜狐公司获得第二笔风险投资，投资者包括英特尔公司、道琼斯、晨兴公司、IDG等，共220多万美元。

在获得第二轮投资后，张朝阳明显感觉到了股东对收入要求的压力，他的工作重点开始转移到跑客户上，包括他最早的主顾——北京牛栏山酒厂的厂长，亦是最早请他设计制作网页的人。

“那个时候网页制作的收入大约有10万美元。”张朝阳回忆说，但在整个中国几乎没有人知道什么是网络广告，他只能在做网页的客户中试探着发展他的广告顾客。“您能不能试着投一个网络广告?”是他经常对这些网页客户说的一句话，接下来他就必须向这个客户解释什么叫网络广告。

后来网络广告成了搜狐最主要的盈利模式——到了1998年的时候，搜狐全年的广告收入已经达到了60万美元。搜狐网站和它开发的诸多运营模式，开始成为后来者的样本。在即将到来的互联网大潮中，当张朝阳成为新一代青年的偶像的时候，所有人都已开始相信——互联网将改变中国。

2000年7月搜狐公司在美国纳斯达克挂牌上市，发行规模为460万股，占其扩大后股本总数的15%。以每股13美元计算，搜狐此次共筹集资金5 980万美元。截至收盘时为止，搜狐股价为13美元，与发行价持平，成交量为2 562 800股。

与同年6月30日挂牌52分钟后即跌破发行价、“流血”上市的网易相比，当日搜狐的表现即使算不上差强人意也没有到让人痛哭流涕的地步。随后互联网泡沫破灭，股价大跌。2001年三四月间，搜狐股票率先跌破1美元。那时没人再看好搜狐，媒体和个别网站对搜狐和张朝阳的质疑像子弹一样打在张朝阳的脸上，因为1美元的搜狐有被纳斯达克摘牌的危险。2003年，搜狐终于迎来了温暖的春天，在巩固自身优势的基础上，发展短信、网络增值服务，股价看好。2007年，搜狐股价创历史新高，最高当日收盘价为63.05美元/股。

2010年，搜狐公司年度总收入为6.128亿美元，较2009年度增长19%。

第一节　左顾右盼——创业市场与创业机会

一、掌握时代发展趋势，顺势而为创业

孙子说："势者，因利而制权也。"意思是说，势就是根据情形是否有利而采取相应行动。趋势，就是事物发展变化的趋向与走势。掌握趋势，就是认识和把握社会未来发展的走向。社会发展趋势，"顺之者昌，逆之者亡"。富有眼光的创业者就应先掌握趋势，后采取行动。只有审时度势，顺势而为，市场机会才会越来越多，创业者才可以借助大势来助自己更快成功。因此，真正的创业家，首先是能掌握大趋势，并利用趋势成功的人，即所谓时势造英雄、识时务者为俊杰。对于每一个创业者来说，必须要学会成为认识和掌握大势的人。发现未来成长快、空间大的行业，选择竞争对手少的领域，就能获得更多的发展机会，取得更大的成功。

二、当今创业投资趋势与创业热点

美国大趋势研究学家费斯·伯克恩说："创造趋势的人必须认识未来。"创业者应该登高望远，放眼未来，才能把握未来的发展趋势，创造符合新潮流的产品。市场机会并不是一眼就可以发现的，一些普遍的市场变化规律可以给创业者以启发，但是潜在的市场发展机会需要创业者把握大势后再经过认真仔细地调查分析才能转化为商机。尽管当时也许会觉得不合时宜，但它未必在将来不会成为市场和消费的发展潮流。不要以为创业投资一定要符合当时人们的思维方式，也许"冷门""旁门"的投资更能赢得一个崭新的未来。

根据费斯·伯克恩未来趋势预测分析归纳总结出来的趋势汇总表，表6-1（未来消费趋势表）和表6-2（未来社会和经济生活变化趋势表）可以为创业者

初选创业项目提供思考与借鉴。

表 6-1　未来消费趋势表

序号	消费群体	消费特点	经营项目预测
1	SOHO 一族	喜欢在家办公、购物、理财,喜欢家具井然有序、安全、舒适,重视家庭生活	家庭美化装饰用品及装修、家政服务、家庭保安设施、办公用品和网络维护服务、网上培训、理财顾问、宠物饲养服务市场
2	冒险猎奇者	喜欢旅游、野外探险、猎奇	冒险体验、极地探险、漂流、异国情调的产品经营,富有冒险倾向的娱乐市场
3	另类个性者	追求素食、香薰、修炼、秘术健身,另类,追求天然营养	健康咨询服务、保健产品、生态市场、安全环保产品、品质超群产品、健身器材市场
4	多维消费者	消费多元化,中西结合、融汇古今,这类消费者已占 6%	提供商品信息、消费指南,重视物美价廉、具独特个性的商品,为多维生活方式提供便利
5	享受生活者	追求精致品位生活,注重生活质量,追求名贵奢侈独特产品	精心设计的优质服务,限量的奢侈品或者奢侈体验,服务极致的产品和服务
6	自由职业者	追求独立自由、返璞归真,不追求白领生活,崇尚自然	为企业家提供的服务,网络服务,信息与渠道服务,娱乐业服务
7	延长寿命、永葆青春者	健康长寿、永葆青春是生活目标,追求新的医疗手段	健康产品、瑜伽锻炼、保健用品、老年护理、体育用品、疗养用品、美容品与技术
8	社会环保者	关注环保、伦理、文化教育等社会问题,探求内幕	获取新闻渠道、私家侦探、生活、生态和环保方面的服务和产品,废物利用回收渠道
9	消费维权者	要求社会生产有诚信的安全产品,要求企业更有环保的意识	诚实守信的产品,质量过硬的产品,关于食品安全和环保类的咨询和服务

如果结合我国国情与社会生活实际,通过趋势分析,也能发现或寻找到市场创业的机会。

表 6-2　未来社会和经济生活变化趋势表

序号	社会现象	表现形式	消费需求倾向
1	独生子女增多	一个孩子的国策,使每个家庭只有一个孩子或少数子女	儿童用品成人化、奢侈化、个性化,儿童教育、服装、食品多样化
2	社会老龄化	退休人数增多,平均寿命延长	养老院,老年护理,居家养老用品,高级陪护与家政服务
3	非家庭生活方式更加丰富	单身贵族,丁克家庭,周末夫妻,未婚同居,学生宿舍,三代同堂,养老院集体生活	方便食品,便携家居,简单的生活方式,旅游用品,自助游,自驾游,派对、聚餐用品
4	家庭结构变化	大龄青年,独生子女,离婚率高,单亲家庭,失业青年,职业妇女	婚介服务,职业培养,心理咨询,职介中心
5	受教育水平提高	高学历无业人员增多,职场竞争更加激烈,创业者增多	在家办公,自由职业,短期劳务,便利交通,即时通信,技能培训,企业顾问,企业诊断,创业指导
6	部分收入提高	恩格尔系数降低	娱乐业、休闲业
7	高储蓄率和净资产提高	银行存款增多,家庭固定资产增多	轻型汽车,家庭娱乐用品,高科技通信用品,教育与信息市场,投资顾问,理财师
8	信息产业需求提高	信息庞杂,无纸化办公,大型展会增多	软件定制,信息管理,编程人员,会展服务,广告,传媒,出版市场
9	高科技产品增多	3G手机,网络通信,缩短了人与人之间的空间距离	简化、方便的高科技通信产品,便捷迅速的交通工具,新能源、新光源的需求
10	跨国企业,连锁企业增多	企业由集中经营转为零散分工合作,企业分布在不同的地区	统一管理的软件开发,网络视频会议,多方会话通信,物流业
11	强调个性化	不论是企业还是个人,都比以往更加追求个性和特色	个性化产品,个性化标志,小批量产品,彰显个性的装饰

在当前的经济形势下,人们较多关注的投资热点如下:

(1)生态绿色餐饮经济。由于环境污染和食品安全问题越来越令人担忧,人们对身体健康也越来越重视,对餐饮生活的要求也越来越高,绿色环保健康食品日益成为人们生活消费的主流。人们对低碳生活、绿色消费的追求,蕴含着巨大的商机,表现为绿色食品的生产与开发、净菜销售、药膳馆、天然饮食、野菜馆、素菜馆等。

(2)网络信息拇指经济。中国现有3亿多手机用户,每年还在持续增长。从黑白文字的短信,到图文并茂的彩信、彩绘、移动网址……拇指经济创造了一个又一个市场奇迹,年产值已高达300多亿元。如今,许多海外公司纷纷加入到我国移动通信市场进行风险投资,大大增加了我国网络信息技术领域的投资空间,市场前景十分广阔。创业者只要发现有适合自己的项目,成功的机会就会很多。创业机会有短信创作、手机音乐制作、手机游戏设计、彩信制作、网页制作等。

(3)汽车产业服务。汽车产业经济涵盖面广,商机无限。从汽车导购、维修、保养、美容、年检、保险、防盗、安全,到个性化装修、二手车交易等多个领域,都存在着创业的机会。随着家电下乡政策的推行,国家向汽车消费提供政策支持和优惠,我国汽车领域中的经济效能更加巨大,汽车行业带动国民消费和国民经济发展的作用越加明显,所影响和带动的产业链也越来越长。据业内人士介绍,汽车美容、车内装饰、汽车维修等方面的项目单项投资额达5万~25万元,非常适合初创业者进行项目投资。创业机会有汽车清洗与净化、汽车维修与保养、汽车防盗与安全、车内装修、汽车节能、二手车交易、停车服务等。

(4)旅游产业链经济。随着我国居民收入的增长和开放程度的加大,旅游已成为现代服务业中蓬勃发展的新兴产业。入境游、国内游、出境游三大市场全面发展,特别是节假日更是发展迅猛,旅游也逐渐成为许多地方的重要产业。旅游业的发展催生了诸多的商机,除了旅游用品销售、特色旅游服务、经营经济型酒店等方面外,也有旅游信息搜索与咨询、自助旅游等新的方式。旅游产业链的创业方向有旅游用品开发、旅游咨询服务、自助游俱乐部、旅游纪念品销售、旅游网站经营、经济型连锁酒店等。

(5)大学城学子经济。现在大学招生越来越多,在许多城市,一些大学聚集在一起产生了“大学城”经济。大学城内的几万或几十万名学生的衣食住行、吃喝玩乐、求职就业等各个方面都蕴藏着巨大的消费潜力。这也正是许多大学城商业繁荣、人气旺盛的重要原因所在。大学城类型经济的创业方向有书吧、茶吧、网吧、鲜花店、快餐店、服装服饰店、文化用品店、动漫娱乐室、风味小吃与旅馆服务、求职简历与毕业论文制作中心、手机与数码产品销售等。

(6)策划创新创意经济。创意经济涉及广告、建筑、艺术、工业设计、时装设计、电影、电视、音乐、出版、软件等诸多领域。最近几年来,在发达的北京、上海、广州、深圳等城市,创意产业迅速崛起,涌现出了一批颇具特色的创意产业基地。创意经济具有点石成金的神奇作用,对于本身没有太多资源的创业者来说,可通过独特的创意来获得各种资源,包括人才、资金、资讯等。许多在校学生有专业基础,有开放的思维和鲜明的个性,很适合这种创业方式。创意经济的创业方向有时装设计、广告设计、饰品设计、室内设计、工业设计、多媒体设计、市场策划、营销策划、艺术画廊、博客网站等。

(7)个性化经济。在当今生活多元化的时代,人们特别是青年人喜欢标新立异,突出个性,追求时尚、独特、新颖的商品,满足个性化的心理需求,这就给创业者提供了无限的商机。这类商品其本身价值并不是消费者的主要追求,消费者主要追求的是商品的设计、包装、花色、款式以及其他能给人心理与精神带来愉悦、快乐的方面。因此,其卖点不是产品本身,而是其产品的创意制作过程。创业机会表现为陶吧、银饰吧、十字绣小屋、纸艺店、家装陈列店、手工玩具店、毛绒编制吧、水晶花作坊、娱乐屋等。

(8)城市与社区宠物经济。随着人们生活水平的提高以及休息时间的增多,饲养宠物之风日盛。宠物以其对人真实、真诚、可爱和善通人性,已经进入到人们的精神领域,成为人们生活中不可缺少的家庭“成员”。据统计,北京人全部每年要花2 000多万元养护宠物,上海人每年用于宠物上的开支更高达6亿多元。随着宠物市场的不断扩大,宠物饲养、宠物服务、宠物医疗、宠物交友等正在形成宠物经济庞大的产业链。赚小猫小狗的钱,已成为新的创业亮点,主要表现在宠物医院、宠物美容、宠物托管、宠物服饰、宠物俱乐部、宠物网站等。

(9)经纪人经济。现代网络通讯的高度发达,带动了一些利用新的传媒、新移动通信、网络等方面来行使代理和中介的个人商业行为。这种经纪人职业已经逐渐被人们重视和开发,经纪人经济日益红火起来,商机也日益显露出来。主要表现在家庭办公经济吧、多方面职业经纪人代理、求职经纪人、创业经纪人、融资经纪人、品牌商标经纪人、认证经纪人、申报国家项目经纪人、中外合作经济人、猎头公司等。

第二节　眼里不能只有一粒米
——创业机会的识别

一、创业机会的识别与捕捉

(一)创业机会的主要特征

商业创意不同于商业机会,有想法、有点子固然重要,但并不是每个大胆的想法和新奇的点子都能转化为创业机会。许多创业者就是因为仅仅凭想法去创业而失败了。为此,创业者需要了解创业机会的特征并根据自身的资源进行选择。

创业机会是指一个创意可以在市场环境中行得通。这个创意提供的产品或服务一定能给某些人带来实际的好处和用处,他们不但肯买,而且愿意支付的价钱可以使创意者得到利润。创业研究的权威杰弗里·A.蒂蒙莫斯教授认为,好的商业机会有以下四个特征:第一,它很能吸引顾客。第二,它能在你的商业环境中行得通。第三,它必须在机会之窗存在期间被实施。机会之窗是指把商业想法推广到市场上去所花的时间。若竞争者也有了同样的思想,并已把产品推向市场,那么机会之窗也就关闭了。第四,你必须有资源(人、财、物、信息和时间)和技能才能开展业务。

(二)创业机会的识别方法

创业机会识别没有明确而统一的分类方法。大部分机会有迹可循,有些完全是在不经意间被开发出来的。所谓一不小心成了老板、一念之差身价千万。但讲求创业机会识别方法,对于创业机会识别的整个过程大有裨益。以下几种较为常见:

1.定性分析法

雷家骕等认为①,可以从下面五个方面来识别创业机会:(1)机会的原始市场规模。市场越大越好,但大市场可能会吸引强大而有力的竞争对手,因此小市场可能会更友善。(2)机会存在的时间跨度。一切机会都只存在于一段有限

① 雷家骕,冯婉玲.高新技术创业管理[M].北京:机械工业出版社,2001.

的时间之内，这段时间的长短差别很大，由商业性质决定。(3)预期特定机会的市场规模与时间增长的速度有关。一个机会可能带来的市场规模将随时间而发生变化，一个机会可能带来的风险和利润也会随时间变化，机会存在的某些时期可能比其他时期更有商业潜力。(4)好机会一般具有的五个特点：前景市场可明确界定；前景市场中前5－7年销售额稳步且快速增长；创业者能够获得利用机会所需的关键资源；创业者不被锁定在刚性的技术路线上；创业者可以用不同的方式创造额外的机会和利润。(5)机会对创业者自身的现实性；创业者是否拥有利用这一创业机会所需的资源，是否能“架桥”跨越“资源缺口”；对于可能遇到的竞争力量，至少要可以与之抗衡；存在可以占有的前景市场份额，甚至自己可以创造市场。

2.新眼光、新思维调查法

新眼光建立在不断获取信息、反复揣摩信息并最终产生直觉的基础之上。

古希腊哲学家苏格拉底曾断言：“最有希望的成功者，并不是才华最出众的人，而是那些最善于利用每一个时机发掘开拓的人。”有人自怨自艾，说机会偏爱他人，殊不知，自己疏于观察少于搜集，所以错过好多时机；要想成功，必须能够推陈出新，在沙粒中找出金子来。

3.通过问题分析发现机会

问题有外露和隐藏之别。创业者如果眼光独到，有洞察力，对事物敏感，并善于分析，就能发现更多的问题，从而发现较多的机会。

创业的根本目的是满足顾客需求，而顾客需求在没有满足前就是问题。发现创业机会的一个重要途径是善于去发现和体会自己和他人在需求方面的问题或生活中的难处。比如，上海有一位大学毕业生发现远在郊区的本校师生往返市区交通十分不便，创办了一家客运公司，就是把问题转化为创业机会的成功案例。

在现实生活中，几乎所有行业中的用户或消费者对厂家都有这样或那样不满意的地方，比如大到商品房、汽车，小到手机及生活用品等，消费者的投诉率都是很高的。消费者投诉率高说明厂商的产品或服务有很多地方不能令消费者满意，或者不能满足其消费的要求。认真调查和分析消费者的种种不满和抱怨，从另一个角度来看就是市场中缺少或缺失某些服务功能来满足社会消费者的需要，显示出市场的盲点或空白点。对这些问题的研究发现能成为又一条成功的创业之途。具体调查分析的方法是：首先列出人们在衣食住行、物质文化、精神文化及其他方面的消费需求；然后通过调查了解人们在这些项目中的哪些方面不满意,以及不满意的程度;再分析为什么会产生不满意,是产品质量、价格、个性化设计方面的原因,还是销售渠道、售后服务或者某些个性化的要求方面的原因等;最后,根据产生的原因和自身的实际能力与条件发现创业项目,开始创业的活动。

4.通过市场缝隙发现机会

市场缝隙即现有市场存在的盲点或盲区。如今,市场竞争越来越激烈,“缝隙”其实无处不在。只要善于发现缝隙市场,就能开拓新的商机。

怎么发现缝隙市场?有个简单的办法,就是在生活中去发现现有产品或者服务的缺陷。提供能改进缺陷的产品或者服务,就是抓住了一个缝隙市场。接下来,就要去调查这个缝隙市场的市场容量有多大,有哪些目标客户,有没有市场前景和发展潜力,等等。如天津大麻花,传统的大麻花个大,大到几斤重,一次吃不完,保存就成麻烦,扔掉又可惜,下顿接着吃怕有问题。于是,小包装应运而生。妈妈给婴儿买奶粉都会发现这样一种现象:大部分奶粉保质期为两个星期,好多宝宝都在母乳不足的情况下才补充奶粉,一袋奶粉在保质期内会因吃不完而浪费掉。小包装的奶粉几乎没有!这就是一个很大的缝隙。

总之,只要用心,能随时随地发现市场缝隙,随时随地都可以创新;只要用心,对市场始终保持着高度的敏感度,当消费者需求发生变化时,企业产品结构、包装、设计随之而变,快速对接新需求,也是创新。

5.从社会热点产业和热点现象中寻找创业机会

一定的社会发展阶段必然会产生一定的社会热点产业和社会热点现象。社会热点可分为社会时尚和社会趋势两个方面。创业者如果关注社会热点产业和社会热点发展趋势,就赶上了时代发展的大潮,掌握了创业的主动权。我国目前有许多具有发展趋势性特点的社会热点现象,例如环境污染产生的优良环境、低碳消费热、食品安全问题产业、绿色食品、保养品热,下岗失业产生的岗位技能培训就业热,网络时代产生的网络游戏热等。此外还有单亲家庭问题、城市扩大与农民转入城市问题、农民工子女教育与留守儿童问题、大学生就业难问题、疾病问题、出国留学与旅游问题等。这些热点问题因其热点都聚集了庞大的人群,有着极大的市场需求空间。根据他们的需求去确定创业项目就赢得了市场群体的支持和拥护,创业成功的机会自然就会多一些。

6.从新加入者的威胁分析中寻找创业机会

成为一个行业的新加入者自然会提高该行业的竞争水平,因而同行往往会为减少竞争的威胁而对新加入者设置一些障碍或要求。一是规模经济与技术要求。它迫使新加入者必须以较大的生产规模进入新的行业，并准备承受现有企业强烈的反击风险，迫使新加入者望而却步。比如现在的钢铁、造船、汽车等制造行业中，技术要求和行业标准要求都非常高。反之，在以商业、服务为代表的第三产业中，却没有那么高的行业严格要求，这对大学生创业者来说就容易得多。二是产品的差异化和资金的需求方面。创业之初创业者的资金都较为紧张，因而要寻找投资少、见效快、差异化程度较高、竞争不太激烈的行业或领域，使创业活动能站稳脚跟，再图未来发展。

7.通过创造获得机会

这种方法适合新技术领域。难点在于新技术需要高、精、尖的人才，也需要开拓新的市场，人力资源不到位，市场定位不准确，面临的风险就大一些。当然，如果能够成功，获得的利润和回报也会很大。

【案例】

美国的斯鲁特兄弟和他们的“水晶珍珠”褥袋

1997年，在芝加哥举行的宠物商品展上，在一个几乎没人注意的小展台前，有一个很好的实物示范——将三四杯水倒进碗里，在里面放入很少量的小球，结果，小球吸光了所有的水。

斯鲁特兄弟发现，这种田硅砂做成的神奇的小球具有很强的吸水功能，是做小猫褥袋最合适的材料。于是，他们同中国的一家硅胶企业签订了生产合同。这样，这种小球走上了生产线。

事实证明，斯鲁特兄弟是正确的。现在，美国的杂货店和大卖场里被称为“水晶珍珠”的完全透明的小球褥垫卖得很好。而且，兄弟俩还因此获得了全美宠物协会颁发的杰出技术进步奖和1999年度《小猫咪》杂志所颁发的奖励。[①]

8.通过他人获取创业机会

常言道，说者无心，听者有意。这话用到创业机会识别方法这一环节，说者可能是消费者对现有产品或服务的不满而随便出口的抱怨或建议，而听者则是创业的人，这个人或者已经是老板或者有创业的意愿。

以上只是提供几种发现创业机会的思路。其实，发现创业机会不是一件容易的事情，但也不是高不可攀的。创业者可以试着从以下几个途径来提高自己

---

① 资料来源：阿里巴巴：http://baike.china.alibaba.com/doc/history/list.html? did = 1581763。

发现机会的能力:(1)良好的市场调研习惯。发现创业机会的最根本一点是深入市场进行调研。通过调研,了解市场供求状况、变化的趋势,了解顾客需求、抱怨与不满,了解竞争对手的长处与不足。(2)多看、多听、多想。每个人的知识、经验、思维以及对市场的了解不可能做到面面俱到。多看、多听、多想能使我们广泛获取信息,及时从别人的知识、经验、想法中汲取有益的东西,从而增加发现机会的可能性和几率。(3)有独特的思维。成功的路上需要特立独行,也需要特立独行的勇气。顾虑太多,创业过程中的羁绊也多。机会往往是被少数人抓住的。我们要克服从众心理和传统习惯思维的束缚,做到自信,有独立见解,不为他人所左右,才能发现和抓住被别人忽视或遗忘的机会。

二、如何发现有价值的创业机会

1.看准所选项目或产品、服务的市场前景。只有市场前景好,才可能带来一定的利益。一个具有较大潜力的商业机会能够帮助创业者确定产品或服务并找到市场,且这项产品或服务能满足一个重要顾客群的需求。从某种角度来说,任何商品从产生、发展到消亡,始终都处于不断完善之中,潜力市场是永远存在的,问题在于我们能否看准它。

2.把握市场结构,选择适宜的进入时机。市场结构非常重要,它包括销售者的数目、规模、分销方式、进入和退出的环境、购买者的数量、成本环境、需求对价格变化的敏感度等因素。市场结构主要反映了创业者生产的产品或服务在市场竞争中的地位。细分的、不完善的市场或者新兴行业常常存在一些真空或不对称性,这对创业机会或潜力具有重大影响。此外,存在信息或知识鸿沟的市场和可以带来超额利润的竞争性市场也是有潜力的,而那些高度集中、完全竞争,以及存在对资本的要求,或者要赢得分销和营销优势需付出巨大成本的市场是不存在有较高潜力的商业机会的。

3.预测市场会不断增长。一个有价值的创业机会所定位的市场将是一个有一定规模并不断持续发展的有吸引力的成长型市场。那些处于成熟期或者衰退期的行业是典型的没有吸引力的行业,也是创业者不应该轻易进入的市场。创业者应该关注未来的热门和冷门行业。热门行业就是发展势头好、盈利空间大的行业,它具备以下几个特点:第一,新型的朝阳行业,发展迅猛,机会较多,如家政服务业;第二,行业内人才济济,竞争激烈,有利于提高自己的能力,如多媒体设计行业;第三,行业内工作环境优越,从业者收入水平相对较高,如广告行业、互联网行业;第四,行业的未来发展前景看好,如律师行业等。冷门行业则多为传统行业，随着科技的发展，预计这些行业市场前景不乐观，从业人员会不断减少，但随着经济发展阶段的不同，冷、热门行业也会发生转换。

三、理性把握创业机会的原则

理性创业也许说得容易做起来难，不过只要掌握以下几个原则，相信做起来也就不难了。

1.当自己对行业的理解和从业经验不足的时候，不要进入投资额太大的项目，小投资项目一样能成大事业，而小投资项目的好处是风险小，就算失败了还有东山再起的机会，要稳中求发展。

2.学会分析项目的可行性，没有一个项目是完美的，都有缺陷。问题在于它的缺陷到底有多大，消费者能不能接受，一个好产品的缺陷往往是消费者能够接受的。那些带有小小缺陷的产品对消费者本身的利益没什么冲突。

3.避免进入有大企业大资金进入的行业。新手创业者往往都是经验不足，抗风险能力弱，资金方面没有优势，"蚂蚁和大象"式的竞争成功的概率毕竟不大。从小做起，不要有"眼高手低"的毛病。

4.别急着赚钱，认真做事。创业者往往看到的是项目能赚多少钱，在短时间内创造多少财富。其实这样的愿望是好的，可赚钱并不是很简单的。一个没有任何经验和能力的人，要想在短时间内赚大钱，可能性不大，更别指望运气。实实在在地为别人做点事，就算不赚钱，也能心平气和地继续下去、不离不弃。

5.学会学习。真正会学习的人，能够在学习别人经验的同时，悟出其中成功的精髓，而不是认识几个字，看一遍文章就以为在学习。学习能力的高低是决定创业能否成功的关键。

6.有勇气有胆略，却能理性思考。创业需要勇气，没有勇气的人，也不会选择创业，创业是有勇气有胆略人的天下。而仅凭勇气和胆略是不够的，必须会理性地思考问题。当创业遇到困难的时候，往往会有很多的方法可以应对。也许正确的方法只有一个，在这个时候理性的思考就会显得非常重要。

四、创业市场机会的可能性分析

SWOT分析法是创业者进行市场机会评估的重要方法之一，这种方法通过评估企业的优势（Strengths）、劣势（Weaknesses）、竞争市场上的机会（Opportunities）和威胁（Threats），用以对创业市场机会进行深入全面的评估和选择分析。

第一，调查环境因素。运用各种调查研究的方法，对企业外部、内部环境因素进行调查分析。外部环境因素包括机会因素和威胁因素,它们是外部环境对企业的发展有着直接影响的有利或不利因素,属于客观因素方面。内部环境因素包括优势因素和弱势因素,它们是企业在其发展中自身存在的积极和消极因素,属于主动因素。

优势是企业组织机构的内部积极因素,包括有利的竞争态势、充足的财务资源、良好的企业形象、技术力量、规模经济、市场份额、成本优势、广告宣传等。

劣势是企业组织机构内部因素的消极作用,体现了企业自身的弱点和不足,表现为设备老化、管理混乱、缺少关键技术、研发水平落后、资金短缺、经营不善、产品积压、竞争力差等。

机会是企业组织的外部积极因素。表现为企业的新产品、新市场、新需求、竞争对手的失误、市场壁垒解除等。

威胁是企业组织外部因素中的消极方面。包括新的竞争对手出现、替代产品增多、市场环境恶化、行业改革变化、客户偏好改变、社会突发事件等。

第二,进行内外因素分析。将调查得到的各种因素根据轻重缓急或影响的程度排序,进行筛选,将那些对公司发展有直接的、重要的、大量的、迫切的、久远的影响因素有序排列在前面,而将那些次要的、间接的、不急的、短暂的影响因素排列在后面。

第三,进行抉择选择。根据各种影响因素的排列状况,制订相应的行动计划,其思路是:发挥优势因素,克服弱点;利用机会因素,化解威胁因素。考虑过去,立足现在,着眼未来,将排列与考虑的各种因素相互匹配组合,制订出创业前期可供选择的行动计划或行动方案,以保障创业的成功率。

例如,沃尔玛的SWOT分析:

优势——沃尔玛是著名的零售品牌,它以物美价廉、货物繁多和一站式购物而闻名于世。

劣势——店铺遍布全球,虽拥有领先的IT技术,但太大的跨度会导致控制力的下降。

机会——采取收购、合并或者战略联盟的方式与其他国际零售商合作,专注于欧洲或者大中华等特定市场。

威胁——成为所有竞争对手的追赶目标。

SWOT分析法的优点在于考虑问题全面,是一种条理清楚便于检验的系统思维方式。通过分析,创业者可以客观评价自身资源和市场机会的相关因素,如果自身优势与市场机会相一致则可以实施创业活动;如果不一致,即使市场环境再好也不应该去冒险创业。

第三节　他山之石
——国内外高校大学生主要创业模式

一、国外高校大学生常用创业模式

（一）“零成本”创业模式

没有资金，能够创业吗？当然可以，我们不妨介绍一种“零成本”创业的模式，可能对你有所启发。什么叫做“零成本”创业呢？所谓“零成本”，并不是说绝对不需要一点资金，只是形容所需要的资本很少而已。在数学上，当数字趋近于零时，可以被认为是零。

美国惠普公司（Hewlett－Packard Company）是世界上最大的计算机公司之一，在全世界170多个国家设立了分支机构，拥有15万名员工，2006年的营业收入达917亿美元，在美国500强企业中名列第11位。那么，休立特（Bill Hewlett）和帕卡德（David Packard）这两个年轻的发明家是怎样从白手起家而成为世界信息产业的巨擘的呢？早在1939年，创业的起因是休立特的一篇硕士论文《制造和评价——一个可变频率振荡器》。导师弗雷德·特曼（Frederick Terman）支持他们，并借给他们538美元，被称为“天使基金”（Angel Capital）的“种子钱”。他们在帕洛阿尔托市爱迪生大街367号一间车库里开始了发明创造。应该说，是“天使基金”成就了惠普，而从未停止的创新和变革精神则创建了惠普今天的伟业。

“天使”在西方文学中常常被寓意为神的使者，用“天使基金”来形容对创业的资助，无疑具有非常美好的含义。也许是受了这个创意的启发，我国有些地方也设立了“天使基金”，支持大学毕业生的创业活动。例如，上海市专门设立了大学生创业“天使基金”，在全市设立5－6个受理点。凡是从事创业的大学毕业生，如果他们提出的技术开发项目通过了专家的论证，可以获得5万～30万元的资助。创业就像科学实验一样，争取成功但也允许失败，因此即使在创业中遭受到失败，也无须过于气馁。

面对大学毕业生日益严峻的就业形势，2006年，人事部人才流动中心、北京市高等学校毕业生就业指导中心倡导举办了"零成本"创业活动。参加这次活动的有来自国内20多所高校的学生代表。这是首次由政府部门、高校、社会企业和相关专家组成的"四位一体"平台，旨在为大学毕业生提供免费服务。此次活动的中心是围绕着由大学毕业生发起的"我能行"创业计划大赛，大学毕业生们展示自己的创业设想、创业项目，通过评选优秀的项目，为他们提供融资与合作的机会，从而实现他们"零成本"创业的计划。

"零成本"创业是一个十分广泛的概念，每个人都可以应用这种创业的形式，无须为没有资金而苦恼。例如，"点子"公司、顾问与咨询公司、代理公司、翻译公司等，都无须大量的创业资金。俗话说："千里之行，始于足下。"每一个有志于创业的大学毕业生，如果要想成就一番大业，那就应该眼睛向下，不妨从最细小的工作做起。通过不断积累方可获得最终的成功。

（二）风险创业模式

顾名思义，所谓风险，是指可能发生的危险，或者存在的潜在危险。而风险创业是指从事蕴藏着较大失败危险的高新技术开发产业，以期成功后取得高资本收益的一种创业模式。一般来说，风险创业包括风险创业者和风险投资者两个方面。他们是相辅相成和相互制约的关系，二者缺一样也不可能从事风险创业。当风险投资者把资金投入创业公司以后，他与创业者就处于风险同担和利益均沾的境地，形势逼迫他们不得不朝着一个共同目标前进。

VC是风险投资 Venture Capital Investment 的缩写，这是从字面上直译过来的。也有人认为，把它翻译为创业投资更合乎本意，而且还消除了对风险投资的误解，如把风险投资家看成是见义勇为的"勇士"，那么创业者就是高风险和高收益的实践者。

在美国风险投资成功经验的影响下，欧洲、亚洲许多国家的风险投资公司也日益蓬勃地发展起来了。美国高新技术产业蓬勃发展，在很大程度上与风险投资有着密切的关系。留美学者李彦宏是利用风险投资获得巨大成功的创业者，他的创业经验对人们颇有启示作用。相对于众多的著名大学里的计算机博士来说，李彦宏仅仅获得了布法罗纽约州立大学的计算机硕士学位，他却是计算机搜索引擎技术领域的权威专家。

对李彦宏来说，做搜索引擎根本不存在技术问题，因为搜索方式和技术平台本是他的原创成果。问题是所需要的100万美元启动资金从哪里来？他想尽了一切办法，找了所有能够找的人，仍然凑不到100万美金。在一筹莫展的情况下，还是他的夫人提醒了他："找风险投资商！"

说起来容易，可是做起来难！经过他们精心地挑选，最终选定了两家风险投资商，一是 Peninsula Capital（半岛基金），二是 Integrity Partners（诚信合伙人公司）。风险投资商都是玩钱的高手，他们看重技术但更看重人，与其说是投资项目，倒不如说要投资“人”。经过艰难的历时 5 天的谈判，他们了解到李彦宏是世界搜索引擎领域里排名前三的权威，同时也认可中文搜索引擎在中国的巨大市场，所以同意投入 120 万美元（李彦宏要求的是 100 万美元），占百度的 25% 的股份。后来又投入了 1 000 万美元。

2000 年 1 月 3 日，李彦宏开始了百度的创业之路。经过 6 年的拼搏，他们终于获得了巨大的成功，百度不仅是世界上最大最好的中文搜索网站，而且百度公司的股票也于 2005 年 8 月 5 日在美国纳斯达克股票交易所挂牌上市。瞬间，奇迹出现了，3 个小时之内，股价涨到了每股 122.54 美元，涨幅达到了 353.85%，打破了美国股市有史以来的纪录。随着股票的增值，李彦宏的个人财富超过了 9 亿美元，同时还造就了 8 位亿万富翁和 300 位百万富翁。

除了科学家和技术专家们以自己的研究成果利用风险投资来创业外，初出茅庐的大学毕业生们能否借用风险投资模式进行创业呢？回答应当是肯定的。问题的关键不在于资历的高低，而最重要的是你是否掌握了具有竞争力的新产品，并具有驾驭风险投资的能力。

无论是什么样的人，只要具备了这两个创业所必需的素质，那么都是可以利用风险投资进行创业的。下面再说一个利用风险投资创业成功的例子：

以邱虹云为首的清华大学几个学生发明了超大屏幕多媒体投影仪，并注册了视美乐公司。初生牛犊不怕虎，他们获得了 5 250 万元风险投资，因而一夜成名。对于他们发明的新产品，专家们感到震惊。在研制产品核心部件光学透镜时他们曾遇到困难，虽然采用了多种国外技术但仍然没有成功。被老师和同学们称作“爱迪生”的邱虹云，不相信他们的产品就此画上句号。于是，他一次又一次地反复试验，常常是通宵达旦，经过 45 个通宵的攻坚，终于获得了成功。经过半年的努力，他们的产品已经通过了中间试验，并开始批量生产。他们对未来充满信心。邱虹云决心一个季度研发一种新产品，每半年到一年推出一种产业化的新产品。有了这样的目标，具有这样不断创新、开拓的精神，相信他们一定能够创造出更多的奇迹！

既然是风险创业，当然就有失败的风险。无论是初次涉世的大学生，还是富有创业经验的人；无论是在中国，还是在外国，风险创业失败者都不乏其人。因此，我们对待风险创业要抱着平静的心态，既不能一味地追捧，也不能在遭到失败时轻易放弃。特别是在我国,风险创业的历史还不长,机制还不完善;对待大学生风险创业要采取更宽容的态度,使广大的风险创业者“从游泳中学会游泳”,以便让我国的风险创业越来越成熟。

(三)科技创业模式

一提起科技创业,人们自然而然地就想起了大学生创业计划大赛。1998年9月,清华大学大学生科协创办了首届创业计划大赛,在全国引起了很大的反响。紧接着,共青团中央、全国学联和中国科协联合发起举办了“挑战杯”中国大学生创业计划大赛,之后每两年举办一次。为了顺利地进行征稿和比赛,组建了大赛组织委员会,并委托某一大学作为承办单位。

从某种意义上说,大学生的创业计划竞赛已成为新技术的源泉,是美国经济发展的驱动力。例如,像Yahoo、Netscape、Excite等公司就是在斯坦福大学创业园里诞生的。目前,大学生创业计划竞赛已经风靡全球,并且成立了世界大学生创业联盟,举办全球大学生创业大赛(The Global Student Entrepreneur Awards)。

除了大学生从事科技创业以外,一切拥有科学研究和技术开发能力的知识分子、科学爱好者、科技发明爱好者和技术革新者,都可以从事技术创业。在技术创业方面,王永民是当之无愧的典范,他在30年里获得了无数的技术发明。例如,他发明了“五笔字型”汉字输入法(王码);提出了“形码设计三原理”;首创汉字字根周期表;发明了25键4码高效汉字输入法;继而发明了98王码、阅读声译器、名片管理器、98规范王码、6键6码和9键6码成品软件等。他不仅解决了汉字电脑输入这个世界难题,为祖国争得了巨大的荣誉,而且也创造了巨大的财富,这是值得每一个决心走技术创业道路的人学习的。

(四)孵化器创业模式

企业孵化器(Business Incubator或Innovation Center)作为创业的一种模式,现在已经风靡全世界,成为培育新技术企业的一种有效途径。20世纪50年代,企业孵化器诞生于美国,第一个提出企业孵化器概念的是约瑟夫·曼库索(Joseph Mancuso),第一个企业孵化器于1959年在美国纽约北部的Batavia县创立,取名为贝特维亚工业中心。是什么原因激发曼库索提出企业孵化器的灵感呢?当时,美国纽约北部最大的企业Massey Fergusongs公司倒闭,大量工人失业,当地失业率竟高达20%。倡导者曼库索本是一个私人房地产开发商,他购买了这家破产公司的大楼,准备重新启动这个企业,但他发现旧的经营方式难以取得成效。于是,他突发奇想,把大楼分成若干个单元,分别租给不同的企业,并为这些企业提供融资、技术咨询服务，使这些企业逐渐成长。曼库索对于这个创意，一时没有想到合适的名字，后来他从一家经营养鸡业的公司受到启发，把他的经营理念称为孵化器。于是，世界上第一个企业孵化器就诞生在这个贫困地区。

橡子创业园（Acorn Campus）是硅谷另一家顶级的创业孵化器，是由被称为“创业之神”的陈五福于2001年创办的。这家孵化器是专业从事初期创业风险投资与管理的机构，迄今已经孵化出了10多家高科技公司，包括纳斯达克的Cas－Cadecep通信公司。橡子创业园是美国风险投资成功的典范，2003年，已经进入上海浦东软件园，初步投资8000万美元，上海方面初期投资6000万元人民币，主要是孵化软件、光通信器件、集成电路设计等项目。

孵化器在推动高新技术产业的发展、孵化和培育中小科技企业、培植新的经济增长点方面发挥了巨大的作用，引起了各级政府的重视。

联合国开发署官员路斯坦·拉卡卡先生于1987年把孵化器这个新的概念介绍到中国，于是我国第一个企业孵化器——武汉东湖创业者服务中心于这一年6月在一处被废弃的部队营房里诞生了。20多年来，我国企业孵化器获得了迅速的发展。截至2005年年底，我国企业孵化器已有534家，孵化场地达2 000万平方米，孵化器从业人员达72万人，在孵企业40 639家，已累计孵化成功的企业有15 931家，其中2005年“毕业”的企业就有3 319家。目前，我国企业孵化器的数量仅次于美国，居世界第二位，孵化场地面积和在孵企业数量都居世界第一位。即使最初向中国介绍孵化器概念的拉卡卡先生也未曾料到，在短短的20年的时间内，中国孵化器获得了如此巨大的成就，他以“特别突出”的词句表示惊叹。这正如评论家们所指出的：“中国孵化群起步晚，但走得快！”

作为创业人员，怎样才能有效地利用孵化器进行创业呢？首先要正确地选择孵化器的类型，要判断什么样的孵化器有利于自己创业。从我国目前情况来看，孵化器可分为综合性科技企业孵化器、专业技术孵化器、大学科技园、海外留学生创业园、国际企业孵化器、专利技术孵化器、行业技术孵化器和孵化器网络等。只有正确地选择了适合自己的孵化器，才能达到成功创业的目的。

其次是要充分地利用孵化器的条件和政策。一般来说，一个成功的孵化器离不开五大因素：共享空间、共享服务、孵化企业、孵化器管理人员和扶植企业的优惠政策。企业孵化器发展到今天，已经拥有了丰富的科学内容，在实践中形成了大批的孵化器专家。因此，要想利用企业孵化器创业，既要认真学习有关孵化器的知识，又要向孵化器专家咨询，以便更加有效地利用孵化器创业。

二、我国高校大学生创业模式

我国高校大学生创业常受资金少、经验少、社会关系匮乏等诸多因素的困扰。这些因素通常使很多创业者裹足不前。其实他们忽略了一个最关键的问题:创业的模式方法有很多,准确判断自身优势和劣势,选择最适合自己的创业方式,是创业成功的关键。那么,小企业创业都有哪些模式呢?

(一)一边打工一边创业的模式

一边打工一边创业。这种方式一般是利用自己的专业经验和自身的工作资源在上班时间外进行创业尝试并增加收入。好处是没有任何风险,但应该处理好本职工作与创业的关系。

可能有人认为此方法欠妥,有对公司不忠的嫌疑,但只要掌握一个法律尺度,该方法还是非常可行的,利用闲暇时间去开拓自己的事业并且增加收入也无可厚非,在此建议:(1)应该知道自己发展的主次,在企业工作除了养家糊口外,也是为了提高个人能力,因此重心是完成好本职工作,推进个人和职业发展。(2)把握好尺度,客户不能是你所就职企业的竞争对手;不要占用任何上班时间,那个时间属于为你提供薪水的公司;不泄露公司的任何商业秘密。保持自己的职业操守和信用对将来个人发展有不可估量的作用。

(二)收购现有企业的模式

收购现有企业是目前常见的创业方式之一,但是在购买他人既有企业之前,收购人必须先评估收购企业的风险及优缺点。收购现有企业的优点是该企业具备基础,在所有资源包括商誉、产品、客户、广告促销等方面具备一定的条件,可变因素较易掌控,因此更能节省创业者的时间及开办成本。此模式创业难度低、可借鉴度较高。

1.接手转卖小生意

在诸多关于小生意的报道中,大多数文章介绍的都是如何“做”各种小生意。但是,有一些人的小生意主要不是“做”的,而是“卖”的,即通过对小生意的买进卖出实现赢利和资本积累。

以低价买进经营状况差强人意的企业,或是企业主因为其他原因准备转让的企业,经过对企业进行整合、调整,使其经营状况得以改善后,再以更高的价格售出。购买现有企业是一种节省创业时间和成本的好方法。

2.“零转让”

据了解,目前很多小企业收购采用“零转让”的方式,即收购者以“零转让”

的形式接手一家负债累累、濒临倒闭的企业，即企业的动产、不动产以及全部债务一齐转让给收购者。如果在收购前对企业的债务进行了深入的了解，也不失为一种创业的好办法。

创业遇到的最大问题恐怕就是资金问题了。谁都知道，创业必须要有足够的资金，没有足够的资金是无法创业的。可是，当你拿出全部积蓄不够，向亲友借钱亲友没有多余的钱，向银行贷款又没有抵押品的时候怎么办？办法总比困难多，天无绝人之路，只要开动脑筋，善于学习，广开思路，就会找到许多巧妙而非常有效的筹资方法，实现自己的创业梦想。收购现有企业同时也可以解决创业资金问题。

在经营活动中，经常会出现一些亏损企业，这些亏损企业你可以接手，然后作为抵押物向银行贷款变现而获得创业资金。当然，这种筹资方法的风险比较大，获得创业资金的代价是要先承担一大笔债务。但是，创业本身就是风险与机遇并存的，如果有足够的胆识和能力，那么，这种融资的办法将能帮助你在更短的时间内更快地走向成功。

3.收购现有企业的创业秘诀

天下没有免费的午餐，收购现有企业也可能带来一些负面的影响，如负债高、资金缺乏、商誉不佳、设备陈旧、商品无销售利润等。这些都是可能并影响整个企业运作的问题。因此，在收购现有企业之前，最好彻底了解以上的负面因素，仔细评估，才不会导致全盘皆输的局面。

另外，还可以选择性地收购现有企业的某一部分，如客户名单、商誉，而不收购其陈旧设备、机器或库存产品等，以减少资金负担。

(三)依靠其他企业进行创业的模式

依附创业包括争取经销权、做指定供应商、寄生或共生、内部创业、特许经营、网络创业、直销、寿险营销等诸多子模式，是创业诸模式中内容最丰富的一种类型。下面将对部分子模式作出解读。

1.争取经销权——做代理商

做代理商创业难度低、可借鉴度较高。一般来说，企业的经营可以分为内销和外销，而这种经销权或代理权可以靠争取而来。例如，如果创业者熟悉法国某种品牌的香水，不妨直接与该厂商联系，以取得中国市场的代理权，再内销到国内市场。或者，鉴于人们消费水平已逐渐提升，如创业者熟悉当地市场现状，可以争取国外某品牌时装的经销权，将该高级时装销售到国内市场。

代理商是生产商的经营延伸，凡影响大一点的商品都有它的代理商。做代理商虽然是为他人作嫁衣，但与此同时也是在为自己积累经验。做代理商可以借厂家有形的商品，为自己完成资本的原始积累。与此同时，还能学习营销知识，建立渠道网络，可谓一举两得。寻找那些品牌信誉好或者发展潜力大的产品做其代理，是一桩本小利大、事半功倍的买卖。初始创业者在规模上可考虑只开一家门店，从一个县或者一个地级市做起。

不过，“傍大腕”却不能过分依赖大腕。做代理商最大的危险是被厂家“卸磨杀驴”。不仅是中小企业，就是一些已颇具规模的企业，一旦深陷到只有靠“傍”过日子时，亦是十分危险的。大树底下好乘凉，是说艳阳高照的时候，一旦刮风闪电，站在大树底下就十分危险，随时可能遭电击，或者大风吹折了树将你压死。

所以，小企业之于大企业、代理商之于生产商，只能依附而不能依靠。依附是庇荫，借着大树遮风挡雨，健康成长；依靠则是藤缠于树，离开了树木，自身便立足不稳。创业者开始创业的时候，难免有一段时间要将自己托付于人，但要尽快度过这一时期，不能沉迷其中，将自己的命运始终交给别人掌握。

小企业之于大企业、创业企业之于成熟企业，最理想的状态是既有经营上的联系，又有资本纽带关系，但不是被人控股，不是挂靠或下属关系。小企业在依托大企业的时候，它仍旧保持独立，需要拥有较大的经营自主权，有可能的话，尽量同时依托于多家大企业或成熟企业，则可以收到“东方不亮西方亮”之效果，大大提高企业的生命值。

(1)没有项目，从经销开始。韩智星的公司开在中关村，主营业务是3个国际知名品牌投影仪的中国区域代理，兼营软件开发，也承接多媒体教室、会议室工程。目前，公司有15名员工，每月营业额在200万元左右。现在的办公地点是他买下的一处房产，花费了150万元。从创业到现在的规模，韩智星在创业路上努力拼搏了6年。

(2)创业秘诀。要成为一个成功的经销商，首先要了解经销商盈利模式的形成。

①经营方向从“渠道运营”向“服务运营”转变。经销商和制造商相互制衡，经销商最好的出路，就是将经营方向从“渠道运营”向“服务运营”转变。“二道贩子”转型后的核心产品再也不只是换了空间的有形产品，更多地是建立在有形产品之上的“改良服务”。更多的优秀经销商将利用自身与用户终端及当地社会资源“亲密接触”的优势，以“服务提供商”的身份连接着厂家和用户，通过对服务型产品的研发、推广，获得自己的核心竞争力。这是一块最有增值可能

的业务群。例如，几年前对待空调的售后安装，经销商认为费时费力所以推给厂家，自己只卖不装；厂家是地广人少覆盖不过来，就只能委托给社会第三方。而安装一台空调的回报，现在某种程序上大于销售两三台空调，商家再也不把它推之门外了，并且知道通过介入上门服务还可以产生连带销售和品牌辐射效应。

②深度分销。对经销商来说，深度分销是一个全新的营销管理技术。以白酒为例，它的消费者在季节特性上和啤酒类似，都属于季节性差异明显的产品；但是在具体的消费动机和消费场所方面又有所不同。国内大部分啤酒品牌的成功，就在于实施深度分销战略。而对于白酒这样特殊的季节性以及即时性的产品，深度分销的操作手法又有其特殊性。白酒的深度分销离不开精细的管理和分销商、网络成员的全力支持。深度分销的核心是各方面的利益，重点是建立扁平化的品牌沟通渠道。只有在经销商、分销商、网络成员之间相互渗透、相互支持，在物流、现金流、信息流顺畅流通的基础上分享利润，提高产品销量，深度分销才能体现出强大的力量。

③定位自己，明确方向。加强对新商业形态的网络建设和网络管理。超市、大卖场已经形成当前零售业的重要销售通路。加强占有这一新兴的商业形态对经销商来说意义重大，主要体现在超市终端对市场的影响力上。调查研究显示，超市、大卖场以及连锁超市的快速消费品销售已经占据大众消费的60%以上。因此，经销商必须在新商业形态的拓展和网络建设上形成一套完整的管理模式，以规范的管理和完善的终端维护来完成对新市场的占有，从而实现产品覆盖、产品生动化表现的最佳效果。

④通过资本运营形成盈利模式。最近一种新的经销商盈利模式正在逐步形成，它的核心是通过资本运营，如某公司推出一种新的厂商合作关系，在昆明等地已试验成功。由厂家派销售主管为经销商做职业经理人，一切管理和运营均由职业经理人负责。经销商是董事方，只提供资金，每月检查一两次工作，提出一些意见，坐收盈利。百龙模式、宝洁的全程助销、康师傅的“渠道精耕”等，也是经销商通过资本运营形成盈利的一种模式。

2.做指定供应商——配套与贴牌生产

此模式创业难度较高、可借鉴度较低。做指定供应商是依附创业的又一种典型形态，但要争取到做指定供应商的难度要大于做代理。只是做代理是做下游帮助厂家卖产品，做供应商是做上游为厂家提供特定部件，向整机厂卖自己的产品。

全球经济一体化时代,社会分工会越来越细,一件商品的生产和营销往往被细分为众多的环节,由此给配套生产者提供了机会。大的、复杂的整机如汽车、摩托车、家用电器固然有众多的配套厂家,就连小型的商品如桌椅、香烟、白酒、望远镜等,也有许多是分工合作的产物,如山东的白酒很多就是采用四川的原浆,当年的秦池为此还掀起了一场偌大的风波。这些配套厂家就像众星捧月般地拱卫着上游厂家。不要小瞧配套这一角色,虽然它的起点低、利润薄,但投资也少(很多项目往往只需要数十万元投资即能操作),因此恰恰适合于资金不足、经验缺乏的创业者。只要和上游厂家搞好关系,勤恳工作,保证质量,那么就可以借助这个平台,在不太长的时间内完成你的创业过渡期和危险期。

替品牌厂家贴牌加工生产是一种较为新型的合作关系。品牌厂商为了降低生产成本,或者为了腾出手来开辟新的经营领域,往往会将热销中的商品托付给信得过的加工厂商生产。贴牌生产目前不仅在跨国公司之间流行,一些国内驰名品牌或是区域性品牌也提供贴牌生产。这就是那句话:一流的企业卖品牌,二流的企业卖技术,三流的企业卖产品。当然,还有超一流的企业,他们卖的是标准。在这样一个品牌争先时代,一个品牌的建立需要大量人力、物力的投入。但品牌一旦建立,即可以产生所谓的品牌效应,品牌本身就可以用来赚钱。加工商进行贴牌生产,要的就是品牌的声誉和消费者的认同。贴牌也分两种:一种是贴牌后自产自销,称为借销,需要交付贴牌费,一般只在区域市场销售;另一种就是产品生产出来后,交给原品牌所有者销售,叫做代工。前者风险大于后者,投入也大于后者,但贴牌资格比较容易取得,一般仅限于国内品牌,国际性大品牌很少采用此方式。创业者可酌情选择。

3.加盟连锁企业的模式

现在有很多小的饰品店、冷饮店等加盟费用不高,选对了店铺和产品还是很赚钱的。加盟连锁一定要看准,并且早点介入成功的可能性会比较大。例如,加盟有实力的房产中介公司,自己只需要租个门面,有简单的电话、桌椅等设备就可以开展业务了。房源信息来自售房户、出租户在中介公司的免费登记,也可以在小区的信箱内投递一些征求房源的信息,接下来就会有求购、求租的客户上门,中介可以提供信息并带领客户看房。双方成交时,通常出租户和租房者各支付月租金的30%作为佣金,一笔月租2000元的项目,如中介介绍成功就可以获得600元,效益非常可观,操作也很简单。

在此建议:(1)选择行业门槛低但回报高的产业,如房产中介;(2)选择新兴产品,一旦竞争产品增多,营业额下降时,立即转向,如小饰品店等;(3)整个投资不宜过多，找利润高、投入少的小产品项目加盟，没有经验的人切忌加盟大的连锁项目，千万不要相信“加盟企业无经验一样经营”“全程营销辅导”等谎言。

（四）新兴的网络创业

此模式创业难度较低、可借鉴度较高。互联网改变了人们的生活，同时也提供了全新的创业方式。网络创业不同于传统创业，无须白手起家，可以利用现成的网络资源。目前，网络创业主要有两种形式：网上开店，在网上注册成立网络商店；网上加盟，以某个电子商务网站门店的形式经营，利用母体网站的货源和销售渠道。

【案例】

“布衣”如何创造“神话”

在淘宝网上，有一家专门卖休闲、运动服装的小店——“布衣神话”，这家小店开张11个月，目前一个月的销售额有10万元左右。在网络背后经营这个“神话”的小老板，是浙江经济职业技术学院物流管理专业的毕业生徐虎和沈斌。他们凭借踏实苦干的精神，创造了属于他们的“神话”：从4 000元起步，不到一年半时间累计盈利60多万元。

1.创业之初生意惨淡

徐虎和沈斌是同班同学，他们发现开网店卖外贸服装有着不小的市场，就决定自主创业，各拿出2 000元作为网店的启动资金。2008年4月，他们的网店——“布衣神话”开张了。

两人都学物流管理专业，学的知识正好可以用于开网店的实践。但创业之初，他们并不顺利：花1 000多元在杭州四季青服装市场进了一批衣服，拍了照片放在网上，但一个月下来只卖出去几件。好在开网店之前两人就有“交学费”的心理准备，果断放弃了这批积压的衣服，去寻找新的货品。首战失利，徐虎说：“当时也有朋友开网店，他们都干得不错，我相信我们也能做得很好。”

2.自主创业第一桶金

徐虎和沈斌意识到，光是价格便宜不行，衣服的质量才是顾客最看重的。他们一个一个市场、一个一个工厂找过去，“地毯式”搜寻价廉物美的货源。去年5月，他们从宁波进了80套Kappa运动套装，很顺利卖掉了，一次就赚了8 000元。这可是一个漂亮的翻身仗，“布衣神话”掘得了第一桶金。

尝到一点甜头之后，他们瞄准了宁波。去年暑假，徐虎和沈斌来到宁波，租了一套房子，一边拓展货源，一边绞尽脑汁扩大网店宣传。2个月的暑假结束，“布衣神话”已经有了不少稳定的货源和顾客群。徐虎说，网店的生意就是从那时候开始打开局面的。开学后，他们把宁波的“仓库”移到杭州，学业之余兼顾网店生意。

3.一步步踏踏实实

两个人的创业团队分工明确，徐虎负责销售，店铺的设计、管理工作由沈斌完成，开拓、采购货源的工作则由两人合力完成。网店的生意越来越好，他们寻找货源的目光也越放越远，江苏、上海、山东的服装市场都留下了他们的足迹。太远的地方，因为要上课没有时间去实地调查，他们就让供货商把衣服样品快递过来，满意了再发货。

仅一年左右，“布衣神话”就从一个名不见经传的网上小店，发展成为皇冠信用级别的店铺，月销售额迅速突破了10万元大关。

做生意诚信实在，让顾客放心购买，是这两位大学生的创业心得。徐虎说：“网店的回头客很多，一个人一次买七八件是常事。”点击“布衣神话”，每件服装都有多张细节图，从领口到裤脚，从走线到商标，还有店主的专业介绍和评价。

徐虎和沈斌在大学毕业之际，他们就把开网店作为自己目前的职业。他们不仅解决了自己的就业问题，还为两位同学提供了工作岗位。徐虎说：“未来跟以前一样，我们会一步步踏踏实实去做。”

(五)工作室创业的模式

工作室创业的好处是手续简便，到工商局登记就可以了，有些工作室实际无须办理任何手续，也没有办公场地的费用支出，在家“生产”即可。

在此建议：(1)个人要有较强的专业技能，因为性价比是创业者在市场中胜出的关键，价格再便宜，产品让人不满意也不可能维持经营；(2)刚开始必须通过各种关系主动开展业务，同一些有需求的客户挂上钩你才能将自己的产品卖出去。

三、适合在校大学生的创业项目

(一)借助学校品牌的项目

1.各类教育与培训。比如医学、心理学、教育学等专业的学生，便可借助所在大学的品牌优势和专业师资资源，开展各种培训项目。

2.成熟的技术转让。理、工、农、医类院校，都有一些技术课题和成熟的技术项目。大学生可以把这件事做起来，为技术寻找市场，实现转化。

3.各种专业的咨询。经济管理等专业的大学生，可成立企业咨询组织，邀请业内权威专家组成“专家顾问组”，提供咨询服务。

(二)利用优势的服务项目

1.家教服务中心。可以挑选能够胜任的同学，组成团队。另外，通过与重点中学、小学的老师合作，选择既有优势又有市场需求的家教科目。

2.成人考试补习。可以与本校的成教学院或其他相关部门合作，以其名义独立运作。

3.会议礼仪服务。成立一家大学的礼仪服务队，既可以与专业的礼仪公司合作，也可以直接面向各类大型会议。

4.速记训练经营。许多场合，如研讨会、新闻发布会、各种论坛等，都需要速记。针对速记市场，可以训练专业的速记人才以提供相应的服务。

(三)可以独立运作的专业项目

1.各种专业外包服务。有些研发或服务项目，可以外包开发，适合专业人才或小团队独立自主地去做。互联网又为这种方式提供了可行且便利的条件。这种业务外包和分包的模式，为大学生创业项目选择提供了一个新途径。

2.图书制作前期工作。比如选题策划、文字录入、版式设计、包装设计、校对等，都适合具有该方面特长的大学生来做。

3.各类平面设计工作。比如广告、宣传画、书的封面、商标等创意设计类项目。这类项目特别适合具有艺术设计特长者。

4.各种专项代理业务。专利申请代理、技术产权代理及各类注册代理。比如，商标注册、域名注册。

(四)利于对外合作的项目

1.婚礼化妆司仪。婚礼经济是长盛不衰的，又往往与双休日捆绑在一起，服务内容又是分门别类的。不限于化妆和司仪，任何一个单项，都可以独立打造自己有特色、有创意的服务内容。

2.服装鞋帽设计。设计是这类企业的生命，服装鞋帽的生命力在于推出新款式。设计出新款后，做成样品，让大鞋商订货，再拿订单委托鞋厂加工。

3.各类信息服务。不论哪类信息，只要够专业、够翔实、够深度就会有许多人需要，大到行业、小到名录都有商业价值。

4.主题假日学校。凡是对中小学生的德、智、体发展有益的事情都可以办主题鲜明的假日学校。做好这件事，选题很重要，借助有影响力、有公信力的资源，亦可以与旅游公司联手举办相关活动。

(五)小型多样的经营项目

1.手工制造。有位大学女生,把剪纸做得很专、很透、很有规模,销到了许多国家,还搞起了专业培训。

2.特色专柜。在黄山有个幽静的山谷,那里的农民自己采摘并炒制野山茶。北京有位大学生,在一家大茶庄开了个一米的专柜,专门经营这种野山茶。

3.网络维护。许多企业、事业单位为了节约成本,使用兼职的网络维护员。许多大学生有网络维护的技术专长,不妨成立项目组,同时为几家做兼职维护服务。

4.体育用品。山东的一个大学生搞了个“体育文化工作室”,直接从厂家购进运动服装和体育用品,在本校和周边几个学校经营。

四、无铺创业形式的选择

传统的店铺经营模式,需要租店面、雇店员、装修店面、添置设备等,首期投资较大,再加上每月需要支付的房租及水电费用,创业成本较高。而无铺创业可使创业者投入相对较低的资金就可开业,降低了创业门槛,缓解了经济压力。此外,无铺创业的运营成本较低,使商品或服务价格更具竞争力,从而使创业者获得更大的利润空间。那么,哪些领域适合无铺创业呢?

无铺创业适合那些依靠专业技能而不依赖货物流通的行业。要是搞餐饮、服装等行业,恐怕没有个门面是不行的。

无铺创业者要有客源,必须有主动出击的攻势,不像有铺者那样可以坐等生意上门,没有比较良好的人脉连接能力的人恐无法胜任。

适合无铺创业的主要形式有以下四种:

1.网上开店

这是最常见的无铺创业形式,创业者在网上销售商品,虽需要支付一定的网上注册费,但大大低于有形店铺的租金。网上开店对创业者专业背景的要求不高,但需要其有一定的进货渠道和营销能力。目前,网上开店主要有直销和代销两种方式,经营商品以礼品、艺术品、化妆品、电子产品、二手用品为主。

2.私人顾问

创业者凭借一技之长,成为顾客的私人顾问,提供上门服务。这种创业方式在欧美国家非常流行,在国内,随着人们生活水平的日益提高,对私人服务的需求正不断看涨。私人顾问主要有以下几大服务方向。

私人美容顾问。利用婚庆、宴会、派对等商机,为顾客提供一对一的美容服务,包括皮肤保养、服饰搭配、形象设计、时尚资讯等。

私人健康顾问。如私人心理顾问、私人牙医、私人减肥顾问、私人食疗顾问等。随着人们健康意识的增强，私人保健服务领域蕴藏着巨大商机。

私人理财顾问。针对顾客的资产结构、收入状况及投资需求，度身定制理财方案或提供投资组合专业建议。调查显示，在北京、上海、广州等大城市，70%以上的职业人士有理财服务需求。

私人法律顾问。为顾客购房置业、经商投资或子女出国留学等提供咨询服务。据了解，该项服务收费较高，一般按年支付，价格多在1 000元至1万元不等。

3.个人工作室

个人工作室一般有三种类型：

创意类，以创意设想或才艺展示为主，如撰稿、音乐创作、摄影、绘画等。

技术类，主要提供技术服务，如软件设计、网页设计、系统维护、翻译等。

咨询类，提供企划、公关等咨询服务。

4.钟点公司

最近几年，国内的钟点工市场渐成气候，需求行情不断看涨，这为钟点公司提供了宽广的发展空间。有意涉足这一领域的创业者可关注以下三个方向：

钟点秘书公司，主要为小型企业、个人提供整理文档、接听电话等服务。

钟点清洁公司，主要为企业或家庭提供清洁服务。

钟点家政公司，主要为家庭提供保姆、厨师、园丁钟点服务。

【小链接】

中国十大公益性创业组织和项目

1.YBC：中国青年创业国际计划(Youth Business China)

主办单位：共青团中央、全国青联、劳动和社会保障部、中华全国工商业联合会等7家机构。

成立时间：2003年11月。

目标宗旨：帮助青年创业的教育性公益项目。

官方网址：http://www.ybc.org.cn/

项目介绍：通过动员社会各界特别是工商界的资源，为创业青年提供导师辅导以及资金、技术、网络支持，帮助青年成功创业……

具体措施：资金资助、创业导师、网上展会、公共论坛等。

目标人群:中国有创业愿望的青年。

2. KAB:创业教育(Know About Business)

主办单位:共青团中央、全国青联、国际劳工组织等机构。

成立时间:2005 年 8 月。

目标宗旨:推进中国创业教育发展。

官方网址:http://www.kab.org.cn/node/kab.htm。

项目介绍:国际劳工组织为培养大中学生的创业意识和创业能力而专门开发的课程体系,与 SIYB 项目共同构成完整的创业培训体系……

具体措施:大学生 KAB 创业课程、大学生 KAB 创业俱乐部等。

目标人群:中国大中院校。

3. AAMA 亚杰商会:未来科技领袖摇篮计划

主办单位:AAMA(亚杰商会)中国分会。

成立时间:1979 年。

目标宗旨:成就未来科技商业界领袖阶层。

官方网址:http://www.aamachina.com.cn。

项目介绍:摇篮计划充分整合科技商业界资深人士的经验和资源,由他们担任导师,以一对一辅导的方式,帮助创业家,增大未来成功的可能性……

具体措施:摇篮计划、创业导师、创业论坛等。

目标人群:创业家,25 – 40 岁;高科技公司 CEO;在北京办公。

4. BCF 北京光华慈善基金会:创业教育

主办单位:北京光华慈善基金会、美国国家创业指导基金会。

成立时间:2005 年 4 月。

目标宗旨:授人以渔,普及创业教育,创造积极人生。

官方网址:http://www.bcf.org.cn/index.asp。

项目介绍:BCF 与政府机构和非营利组织积极合作,共同培养创业教育师资,从而为职校学生、贫困地区的大中学生和成年人开展创业教育……

具体措施:青少年创业教育、大学生创业传递、成年人创业培训、创业教师培养等。

目标人群:大学生和青少年;服务的成年人主要包括劳改劳教人员、复员军人、下岗失业人员、进城务工人员、贫困妇女等群体。

5. SOE:中国青年创业探索(Spirit Of Enterprise)

主办单位:SOE、上海映绿公益事业发展中心。

成立时间:2008 年。

目标宗旨:关注企业精神、鼓励创业。

官方网址:http://www.soe.org.cn/index.php。

项目介绍:通过对创业事迹和企业家精神的寻访,以及对于相关信息的公开传播,让社会了解创业和尊重创业者……

具体措施:采访创业者并编辑成书、传播企业家精神等。

目标人群:自主创业的中小企业主,特别是青年人。

6. 中国光华科技基金会:光华创新工程

主办单位:中国光华科技基金会。

成立时间:1993 年。

目标宗旨:推动科技创新、支持科技创业。

官方网址:http://www.ghstf.org/

项目介绍:通过"光华创新工程",促进中国青少年的科技创业活动,同时关注设计、创意行业的创新、创业……

具体措施:YESplan 中国青年创业支持计划、创业基金、创业导师、创业大讲堂等。

目标人群:中国青少年。

7. SYB(Start Your Business,又名 SIYB):创业培训

主办单位:人力资源和社会保障部、国际劳工组织。

成立时间:2001 年。

目标宗旨:教你创业,助你兴业,帮你就业。

官方网址:http://www.siyb.com.cn/index.html。

项目介绍:SIYB 创业培训致力于推动微小企业发展、创造就业岗位、减少贫困,探索将创业培训与小额担保贷款相结合促进创业的有效途径……

具体措施:SYB 创业培训课程、公众讲座等。

目标人群:有创业意愿并具备一定创业条件的人员,特别是下岗失业人员和社会弱势群体。

8. JA(Junior Achievement) China 国际青年成就计划

主办单位:国际青年成就中国部。

成立时间:1993 年。

目标宗旨:培养中国青少年的创造力和领导力。

官方网址:http://www.jachina.org/cn/index.html。

项目介绍:JA与工商界和教育界合作,在中国的大、中、小学开展经济和商业课程,培养具有品格、创造力和领导力的国际型人才……

具体措施:针对不同学生群体的商业、创业、理财教育课程等。

目标人群:中国的大学生、中学生、小学生。

9. NPI(Non-Profit Incubator):公益组织孵化器OR公益创投

主办单位:NPI组织、南都基金会、上海浦东非营利组织发展中心。

成立时间:2006年1月。

目标宗旨:助力社会创新,培育公益创业人才。

官方网址:http://www.npi.org.cn/index.php。

项目介绍:NPI探索中国特色的公益创投模式,对被孵化机构提供包括场地设备、能力建设、注册协助、小额补贴等公益组织创业期最需要的帮助……

具体措施:公益组织孵化器、公益性项目的创业导师等。

目标人群:有志于在公益领域进行创业的人群。

10. NPP公益创投(Non-Profit Partners Venture Philanthropy)

主办单位:NPP、中国红十字基金会。

成立时间:2007年12月。

目标宗旨:促进公益性创业项目发展。

官方网址:http://www.nppcn.com/。

项目介绍:NPP公益创投基金所筹集的资金,致力于扶植公益事业发展,包括建设公益产业信息平台、制定行业公信力标准、资助模范公益组织……

具体措施:资金资助、产业信息平台等。

目标人群:有志于在公益领域进行创业的人群。

第三篇

谋定而后动——实践篇

第六章　创办企业——良工善搭台

第一节　企业的法律形式

【案例导读】

大学生自主创业之企业法律形式选择

大学生团队创业可选择的企业法律形式包括一般有限责任公司、合伙企业,其中一般有限责任公司创业者承担有限责任,出资方式灵活且对知识产权比例无限制,公司治理结构健全,因此适合拥有资金、掌握专利技术的大学生,还要拥有管理、经营、财会等多方面专长的人才加入,特别适合由导师引领创业;合伙企业创业者以各合伙人财产承担无限责任但也可以成为有限合伙人,可以劳务出资,无须缴纳法人所得税,大学生创业者只需缴纳个人所得税即可,因此适合创业资金缺乏、无专利技术但勤劳肯干的大学生创业团队,这类合伙企业经过发展可以在资金充足、技术完备后转为一般有限责任公司。大学生个人创业可选择的企业法律形式包括一人有限责任公司、个人独资企业,其中一人有限责任公司创业者承担有限责任,但对于出资额度、缴纳期限、财会审核制度、经营管理规范都较为严格,特别是如发生个人财产与公司财产混同,会产生大学生个人对公司债务承担无限连带责任的法律后果,因此适合资金雄厚、个人经营管理、财会能力较强的个人大学生创业者;个人独资企业创业者以个人财产承担无限连带责任，对于创办者的资金要求不高，企业经营方式灵活，创业者可聘任有管理经验的专门人员经营管理，企业无须缴纳法人所得税，大学生创业者只需缴纳个人所得税即可，因此适合资金较少、缺乏一定经营管理经验的个人大学生创业者。[①]

企业是从事生产、流通、服务等经济活动，以生产或服务满足社会需要，实行自主经营、独立核算、依法设立的一种营利性的经济组织。标准不同，企业的类型不同。

按照所有制形式，企业分为国有企业、集体企业和私有企业。这是我国传统的分类方法。

根据生产规模，企业分为大型企业、中型企业和小型企业。

根据企业所从事的行业，企业可分为工业企业、商业企业、邮电企业、交通运输企业、地质勘探企业、建筑安装企业等。

根据涉外因素的有无，又可将企业分为内资企业、外商投资企业和外国企业等。

根据企业的法律形态，可将企业分为公司企业、合伙企业和个人独资企业。这是国际划分企业类型的最主要标准，目前我国也讲求以此标准来建立新的企业立法体系。该体系的主要参考标准是企业投资人的出资方式和责任形式。

一、个人独资企业

个人独资企业，简称独资企业，是由创业者一个自然人全额出资，独自经营、独担风险并独享经营成果的一种创业组织形态。作为一种古老的企业形式，独资企业至今仍广泛运用于商业经营中，其典型特征是个人出资、个人经营、自负盈亏和独担风险。

根据《独资企业法》第8条的规定，设立独资企业须具备以下五个方面的条件：

（一）投资人为一个自然人

个人独资企业的投资人必须是一个人，而且只能是一个自然人。此处所称的自然人只能是具有中华人民共和国国籍的自然人，不包括外国的自然人，所以外商独资企业不适用于《独资企业法》，而适用于《外资企业法》。

① 资料来源：许晓辉《大学生自主创业的企业法律形式选择》，《高等农业教育》2009年第6期。

(二)有合法的企业名称

如前所述,独资企业享有名称权和商号权。独资企业的名称应当与其责任形式及经营范畴相符合。企业的名称应遵守企业名称登记管理规定。企业只准使用一个名称,在登记主管机关辖区内不得与已登记注册的同行业企业名称相同或者近似。独资企业的名称中不得使用“有限”“有限责任”字样。

(三)有投资人申报的出资

一定的资本是所有企业得以存在的物质基础,独资企业也不例外。但由于独资企业的出资人承担的是无限责任,而并不是仅以出资额为限承担责任,因此《独资企业法》不要求个人独资企业有最低注册资本金,仅要求投资人有自己申报的出资即可。这一规定方便独资企业的设立,有利于独资企业的发展。

(四)有固定的生产经营场所和必要的生产经营条件

这是个人独资企业存续与经营的基本物质条件,必备不可。至于经营场所与经营条件的规模与数量等原则,需要根据各企业不同情况来确定。

(五)有必要的从业人员

这种企业形式的优势在于创业者在创设企业前后的自由度和灵活性。手续简单,只需向工商部门登记即可;经营灵活,无须受第三方因素制约;收益独享,不存在他人分摊。劣势也是显而易见的,所有责任由创业者个人承担,一旦经营失败,有可能倾家荡产。

二、合伙企业

合伙企业,是指两个或两个以上的合伙人订立合伙协议,共同出资、合伙经营、共享收益、共担风险的经营性组织。创业者可采取货币、实物、土地使用权、知识产权或其他财务权利出资,甚至可以用劳务出资。合伙人大多志趣相投、优势互补。

合伙企业的鲜明特征表现在以下方面:

(一)财产共有

所投入财产由合伙人统一管理和使用,非经其他人同意,任何一个合伙人不得将合伙财产移为他用。财产只为提供财产的合伙人共有,若有合伙人只以劳务加入,那么他只能分享企业经营带来的利润而无权切割合伙财产这块“蛋糕”。

(二)有福同享,有难同当

企业经营所得的利益属于所有合伙人,亏损也要合伙人共同承担。具体损益比例则按照合伙协议中的规定来执行。如果没有详细规定，则按照出资比例分摊；出资比例等同或大致相当，则平均分摊。以劳务抵作资本的合伙人，一般不分摊损失。

（三）责任连带

合伙分为普通合伙和有限合伙。如果是普通合伙，合伙人对企业的债务要承担无限连带责任，即当合伙企业破产时，尽管一方已经按照约定分摊了自己的债务，但在另外几方没有能力偿还所应承担债务的前提下，仍旧有义务为其他合伙人偿还债务；有限合伙由普通合伙人与有限合伙人组成，普通合伙人负责经营管理并对合伙债务承担无限连带责任。有限合伙人不执行合伙事务，仅以其出资额为限对合伙债务承担有限责任。

与独资企业相比，合伙企业的优势在于：资金来源广泛，容易吸引到贷款或风险投资；合伙人优势互补，比单独管理和决策要减少许多风险。弊端也很明显，合伙连带责任将每个合伙人紧紧地捆绑在一起，导致家庭财产存在一定的风险。此外，根据我国法律规定，合伙人不能自由转让自己所拥有的财产份额，产权转让必须经过全体合伙人同意。这对于创业者来说，无疑是一种羁绊。

三、公司企业

公司制企业又叫股份制企业，是指由两个以上投资人（自然人或法人）依法出资组建，有独立法人财产，自主经营、自负盈亏的法人企业。我国现行《公司法》（2005）规定，公司制企业的主要形式为有限责任公司和股份有限公司。根据《民法通则》第 36 条，两类公司均为法人，投资者可受到有限责任保护。

其中，有限责任公司是指由 2 个以上 50 个以下的创业者共同出资设立，创业者以其出资额为限对公司承担责任，公司以其全部资产对公司承担责任的法人组织。与个人独资企业和合伙企业相比，有限责任公司的创业阵容和企业规模明显强大。这种法律形式的企业能够有限分散创业风险，使每位创业者在资源优化组合的前提下获得最大回报。相形之下，公司企业也存在一些天生的缺陷，如要双重纳税（公司所得税和个人所得税）、不能公开发行股票、资产运作受限制等。

股份公司（Stock Corporation）是指公司资本为股份所组成的公司，股东以其认购的股份为限对公司承担责任的企业法人。设立股份有限公司，应当有 2 人以上 200 人以下为发起人，注册资本的最低限额为人民币 500 万元。由于所有股份公司均须是负担有限责任的有限公司（但并非所有有限公司都是股份公司)，所以一般合称“股份有限公司”。股份有限公司的股东对公司债务负有限责任，股份可以转让但不能退出，账目必须向社会公开，公司设立和解散时程序严谨，手续繁杂。

表 7－1　有限责任公司和股份有限公司的区别

区别点	有限责任公司	股份有限公司
出资形式	人合和资合的统一	单一的资金
股份比例额度	按协议确定出资比例，不必将资产分为等额股份	必须将股份等额
股东数额	2～50 人	2～200 人
股份表现形式	出资证明	股票
股份转让程序	出资证明转让须经过半数股东同意，其他股东有优先购买权	股票可以自由转让
设立门槛	程序可以简化	法定程序严格
募股集资形式	封闭，只能在出资者范围内进行，财务无须向社会公开	开放，设立、募集和财务均要向社会公开

表 7－2　企业法律形式的比较①

项目	有限责任公司	合伙企业	个人独资企业
法律依据	《公司法》(2006 年 1 月 1 日实施)	《合伙企业法》(2007 年 6 月 1 日实施)	《个人独资企业法》(2000 年 1 月 1 日实施)
法律基础	公司章程	合伙协议	章程或协议
法律地位	企业法人营利性组织	非法人营利性组织	非法人经营主体
责任形式	有限责任	无限连带责任	无限责任
投资者	无特别要求，法人、自然人均可	完全行为能力自然人(法律禁止的除外)	完全行为能力自然人(法律禁止的除外)
注册资本	最低 3 万元	协议约定	投资者申报

① 张硕民. 创业企业法律形式的选择[J]. 中国人才，2007(14).

(续表)

项目	有限责任公司	合伙企业	个人独资企业
出资	法定:货币、实物、工业产权、非专利技术、土地使用权	约定:货币、实物、土地使用权、知识产权或其他财产权利、劳务	投资者申报
出资评估	必须委托评估机构	可协商确定或评估	投资者决定
章程或协议生效条件	公司成立	合伙人签章	无
财产性质	法人财产权	合伙人共同所有	投资者个人所有
财产管理使用	公司机关	全体合伙人	投资者
出资转让	股东过半数同意	一致同意	可继承
经营主体	股东不一定参与经营	合伙人共同经营	投资者及其委托人
事务决定权	股东会	全体合伙人或约定	投资者个人
事务执行权	公司机关	合伙人利益同等	投资或委托人
利亏分担	投资比例	约定、未约定的均分	投资者个人
解散程序	注销并公告	注销	注销
解散后义务	无	5年内承担责任	5年内承担责任

第二节　企业的名称

一、从品牌定位高度思考企业名称系统

企业名称系统主要包括企业名称、产品商标名称、企业域名等。

单从可区别性和符号的角度看命名并不难,可随意起一个,只要与众不同即可。但由于企业是一个经济组织,需要内聚员工的力量,外树企业的形象,将企业名称系统变为有价值的无形资产,因此,创业者就要从品牌建设的战略高度,系统地思考企业名称系统的设计问题,从命名开始就把企业的"胎"坐正。

(一)传统字号法

多使用一些吉利的字词,寓含着投资人美好的希望。常用"福""顺""发"

"隆""兴""瑞""泰""祥""仁""和""盛""丰"等字,如"瑞蚨祥绸布店""同仁堂药店""同升和鞋帽店"等。此外,使用名山大川、江河湖泊、名胜古迹的名称作企业名称的字号也属此法,常用的如"泰山""昆仑""长江""西湖""长城"等。

(二)简称法

即使用所属部门名称的简称作为企业名称的字号,用以表明本企业的隶属关系。现在使用"中""华"开头的字号,多属此法,如中国国际信托公司的直属企业多使用"中信"字号;铁道部所属企业多使用"中铁"字号;有"华电"作名号的企业多是华北电力管理局的下属企业。此外,也有从两个以上的投资人的企业名称字号中分别选择一个字组成一个新字号,或者直接采用控股的投资人企业名称的字号作名号的。

(三)字号与商标一致法

即使企业已经注册的或准备申请注册的文字商标作为企业名称的字号。此方法好处在于字号和商标相同,能够充分利用客户所能付出的有限的注意力,无论在日常商业活动,还是在广告宣传活动中,往往能起到事半功倍的效果。如四通集团公司、健力宝集团公司名称中的"四通""健力宝"同时是企业产品的商标。

(四)译名法

即使用的字号源于外文单词,是由外文单词直译或意译而来。外商投资企业申请企业名称注册时多用此法,常见的如"壳牌""菲利浦""西门子"等。申请使用译名最成功的例子应为美国可口可乐公司,将"Coca Cola"译为"可口可乐"本是音译,但在中国文字的选择上巧妙地迎合了中国的文化,拉近了与老百姓的距离,容易让人产生一种认同感。

(五)谐趣法

即起名不依传统和常规,追求新奇和个性,或幽默风趣,或以怪异取胜,给人留下深刻印象。"狗不理"应该说是这种方法的代表作。

(六)围绕历史重大事件或时代热门话题起名

如"北京南巡实业公司",表明了投资人对邓小平同志南方谈话的支持;又如"后1997餐厅"表明了投资人对香港1997年回归祖国后的前途充满信心。①

为所创建的企业命名、核名,是企业登记注册时必要的法律程序。为企业

① 资料来源:挖贝网:http://www.3158.cn/news/20110419/10/96-381502273-1.shtml.

的产品或服务注册品牌商标，是企业产品销售时必要的法律程序。

二、企业名称系统设计与管理

企业名称系统设计管理的内容涉及对企业名称、产品商标名称、企业域名等的命名、文化内涵、形象设计、申请、使用管理等一系列活动，目的是“内塑文化，外塑品牌”，为企业未来发展奠定基础。

(一)企业名称

1.企业名称结构

完整的企业名称结构为：行政区划＋字号(或商号)＋行业(或经营特点)＋组织形式。例如：辽阳市小金黄油脂有限责任公司。

2.国家对企业名称的管理规定

(1)行政区划要求。一般情况下，企业名称必须冠以所在地市或县行政区划名称。

冠以省级行政区划的企业名称其注册资本金应不低于500万元人民币。

只有经国家工商行政管理局核准的全国性公司、国务院或其授权的机关批准的大型进出口企业和大型企业集团，才可以申请在企业名称中使用“中国”“中华”，或者冠以“国际”二字。历史悠久、字号驰名的企业，外商投资企业可以不冠以企业所在地行政区划的名称。

(2)核准注册要求。为保护企业名称的专用权，国家在《企业名称登记管理规定》和《企业名称登记管理实施办法》中规定，公司必须依法在工商行政管理机关登记注册企业的名称，经核准登记注册后方可使用。任何一个企业名称，只要在工商行政管理部门注册，在规定的范围内就享有专用权，任何其他单位和个人都无权使用、更改。

(3)唯一性要求。任何企业的名称都应是唯一的、不可扩展的，一家企业只允许用一个名称。

(4)可区别性要求。在行政区划内，不得与已登记注册的同行业企业名称相同或者近似。

例如，因辽阳市小金黄油脂有限责任公司已经注册，故辽阳市的油脂行业不准再以“小金黄”(或“小黄金”等相近名称)来注册公司，但在辽阳市其他行业仍可用小金黄命名注册公司(只要没人注册)，或沈阳市油脂行业仍可用小金黄命名注册公司(只要沈阳市没人注册小金黄油脂公司)。

建议创业者为企业多起一些备用名字，并对命名进行网上搜索，确认唯一性后再到工商部门注册，以防止因重名或近似名而无法登记。

(5)社会性要求。登记主管机关有权纠正已登记注册的不适宜的企业名称，上级登记主管机关有权纠正下级登记主管机关已登记注册的不适宜的企业名称。对已登记注册的不适宜的企业名称，任何单位和个人可以要求主管机关予以纠正。

(6)更改性要求。任何一个企业名称，到工商行政管理部门申请，由工商行政管理部门批准后，都可以更改或取消。企业名称核准登记注册后，如无特殊原因，在一年内不得申请变更。企业名称可以随企业或企业的一部分转让，但只能转让给一户企业。企业名称的转让方与受让方应当签订书面合同或者协议，并报原登记主管机关核准。企业名称转让后，转让方不得继续使用已转让的企业名称。

3.企业命名原则

企业名称设计的基本原则一是“名正”，二是“言顺”。

“名正”是指企业名称要合法，符合国家企业名称的管理规定并履行相应的手续；“言顺”是指企业名称做到易读、易写、简洁、明快。

4.企业命名常用方法

表7-3对企业命名技巧和常用命名方法做了归纳。[①]

表7-3　企业命名技巧和常用方法一览表

<table>
<tr><th>命名法</th><th colspan="3">特点</th><th>示例</th></tr>
<tr><td>一段命名法</td><td colspan="3">姓氏</td><td>王记</td></tr>
<tr><td>二段命名法</td><td colspan="3">姓氏+行业</td><td>李氏车行/王小二饭店</td></tr>
<tr><td>三段命名法</td><td colspan="3">地名+序号+行业</td><td>上海第一毛纺厂</td></tr>
<tr><td>四段命名法</td><td colspan="3">行政区划+字号+行业+组织形式</td><td>北京义利食品有限公司</td></tr>
<tr><td rowspan="2">专用字命名法</td><td rowspan="2">某行业习惯编好用字</td><td>药店</td><td>堂、房</td><td>同仁堂/金象大药房</td></tr>
<tr><td>眼镜店</td><td>明、光、亮丽</td><td>大光明/丽字眼镜店</td></tr>
<tr><td>吉利命名法</td><td colspan="3">用字图吉利，读音讨口彩</td><td>兴、隆、鑫、茂、发、旺</td></tr>
<tr><td>特征命名法</td><td colspan="3">反映经营特征或主营业务</td><td>万里鞋店/百草堂药店</td></tr>
<tr><td>规模命名法</td><td colspan="3">暗示企业规模</td><td>环宇大厦/小不点饭店</td></tr>
</table>

① 葛建新.创业学[M].北京:清华大学出版社,2004.

（续表）

命名法	特点	示例
幽默命名法	用幽默词汇、民间口语化用字作为店名	大脚鞋店/傻子瓜子店
历史命名法	突出历史悠久或著名历史事件	孔府家酒
人名命名法	借用名人效应	希尔顿饭店/丰田汽车/李宁体育用品
几何形命名法	形象化，易被大众接受，中性	双环/三菱/四方/五星/六边
英文缩写命名法	企业名称英文缩略词直接作为企业名称使用	IBM（国际商业机器公司） NEC（日本电气株式会社）
借古命名法	如借助中国四大名著《红楼梦》的影响	红楼梦酒厂
典故命名法	如“全聚德”由“德聚全”转变而来的故事	全聚德饭庄
范围命名法	经营项目	钟表店、西服店
对象命名法	服务对象	儿童商店/妇女用品商店
时间命名法	服务时间	日夜加油站/当天取修理店
价格命名法	暗示价格幅度	十元店、一元店
联想命名法	诱发消费者自由联想	“△□○”建筑公司（房顶、窗户、人脸）
企业文化命名法	对内教化员工，对外树立品牌	如一米业（表示品质始终如一）

（二）产品品牌或商标名称

1.国家对商标注册的管理规定

商标是由产品或商标名称、文字、图形及其组合而构成的用于区别商品和服务的标记。

我国在商标管理中采取的是注册原册和申请在先原则。自然人、法人或者其他组织对其生产、制造、加工、拣选或经销的商品或者提供的服务需要取得商标专用权的，应当依法向国家工商行政管理总局商标局（以下简称商标局）提出商标注册申请。

申请注册商品商标或服务商标有两条途径：一是委托国家认可的商标代理机构办理；二是申请人直接到商标局的商标注册大厅办理。

2.申请前查询

目前一件商标从申请到核准注册大约需要2年时间。如果商标注册申请被驳回，一是损失商标注册费，二是重新申请注册商标还需要大约2年时间，而且再次申请能否被核准注册仍然处于未知状态。因此，申请人在申请注册商标前最好进行商标查询，了解在先权利情况，根据查询结果作出判断后再提交申请书。商标查询步骤如下：

(1)登录中国商标网 http://sbj.saic.gov.cn/点击商标查询。

(2)选择商标近似查询，填写国际分类号。点击商品分类帮助，按其定义选择分类号即可。商标注册用商品和服务国际分类共有45个类别，商品34个类别、服务11个类别。

(3)根据提示填写查询方式、查询类型、查询内容，点击自动查询，即可查询出商标是否已被注册。同一种或者类似商品，不得用与他人注册商标相同或者近似的标志；对于音同字不同的商标，要区别情况：如果两个商标都有自己独特的含义，被判近似的可能不大；如果两个商标都是无含义词，则可能被判近似。另外，字形如果近似，很可能被判近似。

3.商标注册申请文件

以法人或其他组织名义申请商标注册的，应提交以下申请书件：

(1)加盖申请人公章的商标注册申请书。

(2)商标图样6张(申请书背面贴1张，交5张)，要求图样清晰、规格为长和宽均不小于5厘米并不大于10厘米。若指定颜色，贴着色图样1张，交着色图样5张，附黑白图样1张。

(3)直接到商标注册大厅办理的，提交申请人营业执照复印件，并出示营业执照副本原件；如不能出示营业执照副本原件，申请人营业执照复印件须加盖申请人印章。委托商标代理机构办理的，提交申请人营业执照复印件、经办人身份证复印件。

(4)委托商标代理机构办理的，提交商标代理委托书。

(5)如申请注册的商标是人物肖像，应附送经过公证的肖像权人同意将此肖像作为商标注册的声明文件。

以自然人申请商标注册的，应提交以下申请书件：

(1)申请人签名的商标注册申请书。

(2)同上(2)。

(3)直接到商标注册大厅办理的，提交申请人本人身份证或护照的复印件，经办人出示身份证或护照的原件，提交复印件；委托商标代理机构办理的，提交商标代理委托书和申请人的身份证复印件。

(4)同上(4)。

(5)同上(5)。

4.商标注册规费的交纳

在一类10个商品名称或服务项目之内,每件商标注册申请规费为1000元,10个以上(不含10个),每超过一项,另加收100元。

委托商标代理机构办理的,申请人应向商标代理机构交纳商标注册规费和代理费,商标局收取的商标注册规费从该商标代理机构的预付款中扣除。

5.产品品牌命名思考

创业者在为产品品牌命名或注册商标时应思考以下问题:

(1)品牌名称与企业名称是否相同。海尔、IBM等企业的名称同时也是产品品牌(商标)的名称。而宝洁公司的名称与其旗下的产品品牌(商标)的名称就不一致,如飘柔、潘婷、海飞丝等。

产品品牌名称与企业名称相同,具有“一荣俱荣,一损俱损”的捆绑效果。即一个产品建立了品牌形象,很容易推广和移植到企业所有产品中;而一旦一个产品做砸了,会殃及整个企业的品牌效果。产品品牌名称与企业名称不一致则刚好相反。

(2)是单一品牌还是多品牌。如果企业只有一个产品,那么只能选择单一品牌名称进行商标注册。如果企业有多个产品,或未来将开发多个产品,就要考虑企业是实施单品牌战略还是实施多品牌战略。

多品牌战略的品牌命名方法有两种:一是横向并列式,如宝洁公司旗下注册了飘柔、潘婷、海飞丝等诸多品牌名称;二是纵向扩展式,如雪铁龙品牌下的富康、塞纳、爱丽舍、世嘉、毕加索等。

(3)品牌名称是否言志。“言志”即用品牌名称来表达企业的志向。例如“如一”牌大米向顾客表达产品品质始终如一的企业文化;日本“不二”公司及其“不二”品牌表达企业要做行业中产品质量与技术创新的老大。品牌言志的好处是有利于用品牌外树形象、内塑文化,难点是不容易拿捏恰当,要防止把自己的价值观强加于人,引起顾客的反感。如果产品进入的是国际市场,更要防止品牌言志所带来的文化冲突。

(4)品牌名称与品牌推广的一体化。“人民大会堂——往事如烟”是人民大会堂牌香烟的广告词;“一品黄山——天高云淡”是黄山牌香烟的广告词。从品牌推广角度看,这些广告词的妙处是将产品品牌名称变为广告词中不易被察觉的一部分，用中性或社会文化性的语言，推广了有害健康、难于宣传的香烟品牌。

由此，创业者要从品牌推广的角度思考品牌命名，即从产品定位、广告词、宣传方式与载体等方面思考品牌名称。应先有“人民大会堂——往事如烟”的广告词，后有“人民大会堂”的品牌名称，而不是相反。

5. 品牌命名常用方法

对品牌命名技巧和常用命名方法归纳[①]如表 7－4 所示。

表 7－4　品牌命名常用方法一览表

<table>
<tr><th>品牌命名法</th><th colspan="3">特点</th><th>示例</th></tr>
<tr><td>地名命名法</td><td colspan="3">产地、销地、朝拜圣地、纪念地</td><td>茅台酒</td></tr>
<tr><td>象声命名法</td><td colspan="3">模拟某种声音</td><td>柯达，模拟相机快门的“咔嗒”声；娃哈哈，叠字叹词，小孩笑声</td></tr>
<tr><td rowspan="6">翻译命名法</td><td rowspan="2">音译法</td><td>外译中</td><td>将外文名称的外文发音译为相类似的中文名称</td><td>摩托罗拉（Motorola）
麦当劳（Mcdonald）</td></tr>
<tr><td>中译外</td><td>将中文名称的中文发音译为相类似的外文名称</td><td>长虹（Changhong）</td></tr>
<tr><td rowspan="2">意译法</td><td>外译中</td><td>将外文原意译为相类似的中文名称</td><td>微软（Microsoft）
网景（Netscape）</td></tr>
<tr><td>中译外</td><td>将中文原意译为相类似的外文名称</td><td>太阳神（Apollo）
凤凰（Phoenix）</td></tr>
<tr><td rowspan="2">结合法</td><td>外译中</td><td>将外文发音与外文原意译为相类似的中文名称</td><td>宝马（BMW）
奔驰（Benz）</td></tr>
<tr><td>中译外</td><td>将中文发音与中文原意译为相类似的外文名称</td><td>海尔（Haier）</td></tr>
<tr><td>品牌汉化法</td><td colspan="3">外国产品取中国名称</td><td>可口可乐、雪碧、高露洁</td></tr>
<tr><td>品牌洋化法</td><td colspan="3">中国产品取外国名称</td><td>爱丽舍汽车</td></tr>
<tr><td>植物命名法</td><td colspan="3">取某种植物名称，多用中草药</td><td>樱花牌抽油烟机、两面针牙膏</td></tr>
<tr><td>角色命名法</td><td colspan="3">强化生产经营者的角色形象定位</td><td>阿香婆辣酱、康师傅方便面</td></tr>
<tr><td>股份命名法</td><td colspan="3">按厂家股份结构命名</td><td>福田电视</td></tr>
</table>

① 葛建新. 创业学[M]. 北京：清华大学出版社，2004.

（续表）

品牌命名法	特点	示例
传说命名法	故事	狗不理包子、都一处烧麦
创词命名法	造一个无任何意义适用全球的词	索尼（SONY）、埃克森（EXXON）
双关命名法	中国意大利合资	中意冰箱
数字命名法	易记	555牌香烟、101生发剂、999胃泰
情感命名法	好奇	佛跳墙
迎合命名法	投人所好	美加净香波
谐音命名法	产品名称谐音是吉利的、赞美的	"美林阁"，暗喻上海方言"蛮灵的"
绰号命名法	既有产品名，又有别名，即绰号	松下彩电，也叫"画王"

第三节　创业地址

【案例】

哈慈：几番搬迁终黯然离去

广州五羊新城作为广州20世纪80年代初的高档住宅区，在90年代吸引了一大批国内外知名的大企业进驻，但是现在依然坚守在五羊新城的大企业已没有几家。国内最早的保健品上市公司哈慈公司的广东分公司，当年就落户在了五羊新城。但作为哈慈公司主打全国最重要市场的广东分公司，由于位置欠佳而经营每况愈下，最后撤离了广州。

据哈慈公司当年的分公司负责人介绍说，1996年哈慈刚进入广东市场，一开始将分公司设在了新河浦。新河浦是广州旧时代的高档住宅区，整个新河浦幽静而缺乏活力，更要命的是新河浦没有一趟公交车经过，停车也很不方便，很多道路是单行线。到了1998年，新到任的分公司经理看到这么大的市场，哈慈的业绩却不是很理想，决定将公司迁移。于是，该公司从新河浦迁到了五羊新城的深华大厦。原本指望公司搬迁可以带旺公司生意，谁料到五羊新城的交通依然不便利。该负责人回忆说："我们租了两套两居室的房子作为分公司办公室，因为当时五羊新城的房子都是商住楼，大部分都是香港业主的住宅楼，几乎没有专业的办公写字楼。客户到了这样的办公室，一点大公司的感觉都没有，反倒感觉像个家。公司所在楼盘的物业管理也完全是按照住宅来管理，给公司带来诸多不便。关键是五羊新城依然缺乏商业气息，到了2000年，我们的生意越做越差，我们又一次搬家到了人民路。"

哈慈广东分公司就是这样几次三番地搬家，而频繁的搬迁又给客户造成不可信任的感觉，市场业绩大幅下降，于是，公司在2001年从广州市场全线撤离。

后来该公司负责人分析说，五羊新城是个住宅区，根本不适合公司办公，因为这里太缺乏商业味道了。①

三番五次的搬迁使哈慈公司流失了客户、缩减了市场，最终全线撤离羊城。从中我们不难发现，哈慈败在了选址上。

在选择好了创业项目之后，接下来就是选址的问题。有人持传统观点，认为酒香不怕巷子深，只要货真价实、顾客至上，企业开在哪里都一样，开在偏僻的角落还能大大减少启动资金。现实生活中的确有一些店铺偏安都市一隅也能顾客盈门，但多限于亲朋好友或回头客，销路稳定却没有多大的提升空间。有人讲求心理安慰，为此专门找人看风水，求得想象中的满足。且不论这种做法有无科学性，仅从经济学视角看，企业选址的确不能盲目为之，它需要专业的、长远的眼光。专家的看法是，选址的好坏决定了创业的成败。尽管有些偏激，却反映了选址对于企业的重要。

一、选址的意义

对选址问题的研究由来已久，人类祖先对居住的洞穴的选择问题以及始于中国古代的对风水问题的研究，其本质都是选址问题。德国经济学家 Weber 是第一个研究制造活动选址问题的学者。20世纪八九十年代，特别是随着经济全球化的发展，全球范围内的选址开始受到人们的重视。全球化的一个重要特征是制造活动从集中式到分布式的转变，人们面对的不再是一个单一工厂的选址，而是为由不同零部件厂、装配厂以及市场构成的制造网络选址的问题。与单一的选址问题相比，网络选址能更有效地利用不同地方乃至世界各地的资源

① 资料来源：李梅萍《店铺选址：人流量不是唯一的标准》，《创富指南》2009年第12期。

与能力优势。

企业选址即确定在何处建构企业生产设施。它关系企业建设的速度、成本及企业的生产管理和经济效益。尤其是服务设施选址,直接关系到营业额的多少。目前,跨国公司的大量崛起使得企业选址的范围已经不再局限于某个国家或地区,而是已经扩展到了全球范围。一个著名的房地产经纪人被问及决定财产的三个重要因素时说:“这很简单,区位,区位,区位。”著名咨询公司麦肯锡甚至提出,企业选址是决定公司战略成败的因素之一。

(一)选址与成本、竞争力的关系

不同的地址会影响产品和服务的成本,最终会影响价格和市场竞争力。比如,饮食快餐店落脚在人流量大的街头更能增加销量,生产设施服务接近原材料和市场会降低运输成本,便民服务店若远离大型社区会门前冷落,高科技企业如果建在了经济不发达、消息闭塞的小镇知名度就很难提高。

(二)选址决定企业的发展

一般情况下,企业的选址要与其生产能力相适应,而生产能力往往在设计之初就已经确定,因此,选址失误会直接影响企业的健康发展。张家港浦项不锈钢有限公司建厂之初的规模比现在小得多,但设计方案中为发展壮大预留了一定的空间,所以在原址基础上的扩展得以顺利进行。如果没有做到发展空间预留,就意味着重新选址建立分厂,同时也意味着生产、管理成本的增加,更意味着该企业发展壮大这一门槛的抬高。

(三)选址影响到企业的成败

建大中型企业是一种巨大的投资行为。厂房一旦建立、设施一旦到位,发现地址不妥后,移址必定会耗时、耗力、耗资、耗元气,强行维持注定会因成本高、效益差、员工队伍不稳等因素导致创业失败。从这个角度来看,选址不当,会无法补救。因此,选址绝不能草率、盲目,一定要深入调查、综合分析。

【案例】

肯德基的选址

肯德基在进入某个城市之前,在选址方面,要做细致科学的调查研究。通常,要做的第一件事,就是通过有关部门或专业调查公司收集这个地区的资料,然后,根据这些资料开始划分商圈。商圈规划采取记分的方法。比如,某个地区有一个大型商场,商场每年营业额在1000万元的加1分,5000万元算5分;有一条公交线路加多少分,有一条地铁线路加多少分。通过细致的打分,把商圈划分成几大类。以北京为例,有市级商业型、区级商业型、定点消费型、社区型、社区商务两用型、旅游型等。在商业圈的选择上,肯德基既考虑餐馆自身的市场定位,也会考虑商圈的稳定度和成熟度。肯德基的原则是一定要等到商圈成熟稳定后才进入。确定商圈之后,还要考察这个商圈内最主要的聚客点在哪里。如北京的前门,是个热闹的商业区,但不可能前门的任何位置都是聚客点。肯德基的目标是:力争在最聚客的地方开店。

确定地点后,还有下一步:在这个区域内,人的流动线路是怎样的,人从地铁出来后往哪个方向走等,都要派人实地掐表测量。之后,将采集到的数据输入专用的计算机软件,就可以测算出在此开店的前景以及投资额最多是多少。①

(四)选址影响职工的积极性

哈慈的失败已经证明了这一点。搬来搬去让职工找不到一种归属感和安全感,以至于工作懈怠、人才流失。同时让客户产生一种不信任感。另外,水土决定风情和习惯,不同地方的风习、风貌、环境、生活、教育等不尽相同,如果选择了教育培训这一创业项目,就要在高校林立、教育资源丰富、教育需求大、教育市场前景广阔的大中型城市选址。

二、影响选址的因素

(一)外部因素

1.自然因素

自然因素包括土地资源、气候条件、水资源和物产资源。以气候条件为例,气候会直接影响职工的健康和工作效率。当气温在15~22摄氏度时,人的工作效率最高。气温过高或过低,都会影响工作效率。因此,气候条件是企业在选址时应考虑的重要因素。

2.社会因素

影响选址的社会因素很多,如居民的生活习惯、当地风俗、文化教育水平、宗教信仰、生活水平等。地域不同、民族不同,生活习惯、宗教信仰、文化水平、教育程度等相应存在差异。在选址时,企业要充分考虑这些影响因素,防止忽略某个方面给企业今后的发展带来不利影响。

3.经济因素

① 资料来源:品牌世家 http://biz.ppsj.com.cn/2010-12-8/303642848.html.

经济因素一般体现在经济水平、市场状况、消费水平、行业竞争、交通运输、劳动力、能源等方面。道理显而易见：经济水平越高，消费水平也越高，高端消费行业适合在这样的地区扎根；同行间的竞争力过于激烈，胜出的可能性就不大；原材料和产品的进厂和出厂、员工上下班是否方便，决定了企业在生产前后环节的顺利程度；有的企业输入运输量大，有的企业输出运输量大，原材料供应地和消费者市场就成了重要的定因；劳动力的疏密、受教育程度的高低，必然会影响企业的人力资源成本和职工的整体素质；能源供应充足与否跟企业正常运转息息相关。

4.政治因素

地域或国家政局是否稳定、政府是否有为、法制是否健全、治安是否良好、赋税是否公正是影响企业选址的政治因素。政治局面稳定是发展经济的前提，也是企业发展的前提；社会动荡、治安很差，投资在这样的政治环境建厂必然要冒很大的风险。再者，即便政局稳定，也有可能法律多变，如此资本权益就得不到保障。因此，企业在决定投资之前，一定要充分了解当地有关法律法规，包括环境保护和税收政策等方面的法规。

（二）内部因素

1.企业的性质

企业是属于制造业还是服务业决定了选址决策依据的差异。制造业企业选址要考虑成本的最小化。零售类和专业服务类企业看中收入的最大化，仓储设施服务类的企业关注成本及产品配送速度。

2.企业战略目标

每个企业都有一定的战略目标。不同的战略考虑也是影响企业选址的内部因素。是要扩大再生产还是要开辟新的市场，是要在竞争中夺冠还是实施人才战略等，选址是摆在企业面前的问题。

3.项目和产品

创业项目及企业提供的产品或服务的差别决定了选址一定要慎重对待。如生产加工类项目需要大量的原材料，选址时原材料产生的近便是考虑的主因；能耗型项目必然依赖能源充足地而建；知识型、技术型项目的前景和科技中心地带、经济中心地带直接相连；手工类项目则应在劳动力供应充足的地区建设。

表 7－5　制造业与服务业选址影响因素的差异性

制造业	服务业
关注成本	关注收入
运输模式与成本	服务对象的统计数据，如年龄、收入、受教育程度
能源的可得性与成本	人口区域规划
劳动力成本及可得性、技能水平	交通的便利性与方式
硬件建设成本	接近顾客的程度

总之，种种内因和外因的繁杂存在影响着企业的选址。选址运作的成功往往是将各种因素综合分析的结果。为达到理想的效果，选址也需要一定的策略和技巧。

三、选址策略与技巧

(一)选址原则

1.经济原则

无论哪一家企业，在选址时都会希望以最小的投入获得最大的回报。因为选址关系启动资金、初期建设费用、投产后的运营费用和经营一段时间后的收益，所以选址的基本原则是经济原则。但不能以经济为唯一目的，必须将各种影响因素综合分析，才能真正实现这一实用性的意愿。

2.长远发展原则

企业选址应该有长远的眼光、全局意识和战略意识。布局是否合理，市场前景是否宽广，新能源、新材料、新技术能否便利取得等，都是选址时要考虑的要点。

3.人才原则

作为最宝贵的企业资源，企业在选址时要考虑是否有利于招贤纳士并能留住人才。尤其是高端产业项目，需要该领域的专业人才甚至是复合型人才，如果偏离大中城市，就很难招募到合适的人才，因为他们是高智商、高收入、高压力的群体，他们在奉献才智之余需要在繁华都市里寻找属于他们的放松方式。另外，高端企业由于技术先进，只有在大中城市才能拥有更多的消费群体，如此能形成广泛的宣传效应和良好的经济效益。

4.便利原则

以驻足城市为例。一个城市会有若干商圈，如北京的王府井、中关村、CBD，它们并存于城市的中心，依商圈选址会有相应的地利人和；但如果想开服务性的店铺，社区和城乡服务部是不错的选择，因为社区或城乡接合部住户多、人流量大。有数据测算，下班后的 2～3 小时内，沿街店铺会出现一个明显稳定的消费高峰，因此，选址时要考虑是否近便，是否有利于顾客的消费并有利于招徕顾客。

(二)相关技巧

不同行业有不同的选址技巧：

1.餐饮业选址

在生活水平逐步提高的今天，人们对饮食的标准也逐步提高，不仅要可口味美，还要悦目赏心。这就决定了餐饮业只要开得有特色，且就餐环境怡人、服务上乘，就能开得有声有色。但是，究竟要把握哪些选址技巧呢？具体要考虑以下几个方面：(1)了解是否有固定消费群体。有消费才有市场。(2)了解周边居民的消费习惯和消费水平。消费习惯和水平决定了店铺的特色和档次。(3)了解周围环境。以干净卫生及基础设施配套齐全为宜。

2.文化娱乐业选址

相对于餐饮业，文化娱乐行业满足的是人们的精神需求和心灵的慰藉。学习、工作和生活中的种种压力使得现代人喜欢去文化娱乐场所放松身心。本着这一功能，文化娱乐场所的选址应该注意以下几点：(1)与人群聚集地保持适当距离。可以闹中取静，但太近则影响人们休息，太远则有舟车劳顿之苦。(2)停车场所要宽敞便利。(3)周边环境要清爽、优雅，能怡情悦性。

3.加工业选址

加工行业种类很多，如农副产品加工、蔬菜食品加工、电子机械类产品加工、服饰附件加工、空港物流加工等。综合起来，加工业选址应把握以下技巧：(1)看资源是否丰富、是否便于就地取材；(2)弄清楚劳动力是否密集以及劳动力的技术知识水平是否满足所需；(3)要了解当地居民的消费水平和消费习惯。

4.教育培训业选址

教育培训行业自身的育人特性决定了选址方面的与众不同。为了选址成功，最好远离公共娱乐场所、农贸市场、传染病医院、看守所等不利于学生或学员安全和身心的场所；为了生源稳定，大型社区、写字楼林立区、学校聚集区是不错的选择。有一点必须注意，交通需便利，停车场所要近便。

5.制造业选址

制造业需要大量的原料来源和转运仓储，所以要靠近原料基地，且地域宽广，便于运输；此外，尽量远离居民区，以地广人稀的郊区为宜，这样有利于保护环境和居民健康。

第四节　企业登记注册

根据《中华人民共和国公司法》的规定,设立公司,应当依法向公司登记机关申请设立登记。依法设立的公司,由公司登记机关发给公司营业执照。公司营业执照应当载明公司的名称、住所、注册资本、实收资本、经营范围、法定代表人姓名等事项。在我国,企业法人登记和营业登记是结合在一起的,对企业法人不另作营业登记。

一、注册登记必备

到工商行政管理部门注册成为企业法人的开业者要符合以下必备条件:

(一)国家规定的开业条件

根据《工商企业登记管理条例实施细则》规定,工商企业申请登记时,应符合下列基本条件:(1)有固定的生产经营场所和必要的设施;(2)有固定的人员;(3)有必要的资金;(4)常年生产经营或季节性生产经营在3个月以上;(5)有明确的生产经营范围并符合国家有关政策法令。

(二)确定企业的法律形式

注册申请人在注册登记前,首先要确定所成立企业的法律形式,可供选择的法律形式有:(1)个人独资企业;(2)合伙企业;(3)有限责任公司;(4)一人有限责任公司;(5)股份有限公司。

(三)备齐相关的法律文件

企业法律形式不同,文件不同。以有限责任公司为例,注册登记需要备齐的主要文件包括:

(1)公司法定代表人签署的《公司设立登记申请书》(可在工商登记处领取)。

(2)如果是委托代理人申请设立登记,须提交股东签署的《指定代表或者共同委托代理人的证明》(股东为自然人的由本人签字,法人股东加盖公章)及指定代表或委托代理人的身份证复印件(本人签字),应标明具体委托事项、被委托人的权限、委托期限。

(3)股东签署的《公司发起人协议书》(股东为自然人的由本人签字,法人股东加盖公章)。

(4)股东签署的《公司章程》(一式两份,股东为自然人的由本人签字,法人股东加盖公章)。

(5)股东的法人资格证明或者自然人身份证明。股东为企业法人的,提交营业执照副本复印件;股东为事业法人的,提交事业法人登记证书复印件;股东为社团法人的,提交社团法人登记证复印件;股东是民办非企业单位的,提交民办非企业单位证书复印件;股东是自然人的,提交身份证复印件。

(6)依法设立的验资机构出具的验资证明。

(7)股东首次出资是非货币财产的,提交已办理财产权转移手续的证明文件。

(8)董事、监事和经理的任职文件及身份证明复印件。

(9)法定代表人任职文件及身份证明复印件。

(10)依据《公司法》和公司章程的规定和程序,提交股东签署的法定代表书面决定(股东为自然人的由本人签字,法人股东加盖公章)、董事会决议(由董事签字)或其他相关材料。

(11)住所使用证明。有房产提交产权证复印件;租赁房屋提交租赁协议复印件以及出租方的房产证复印件;未取得房产证的,提交房地产管理部门的证明或者购房合同及房屋销售许可证复印件;出租方为宾馆、饭店的,提交宾馆、饭店的营业执照复印件。

(12)《企业名称预先核准通知书》。

(13)法律、行政法规和国务院规定设立一人有限责任公司必须报经批准的,提交有关的批准文件或者许可证书复印件。

(14)公司申请登记的经营范围中有法律、行政法规和国务院规定必须在登记前报经批准的项目,提交有关的批准文件或者许可证书复印件或许可证明。

二、注册登记流程

(一)新建企业工商登记流程图

新建企业工商登记流程图详见图 7-1。

(二)注册登记步骤(以城市工商行政管理办事大厅为例)

1.核名称

选定名称后登录工商网上或到工商核名窗口提交预核准企业名称,通过后

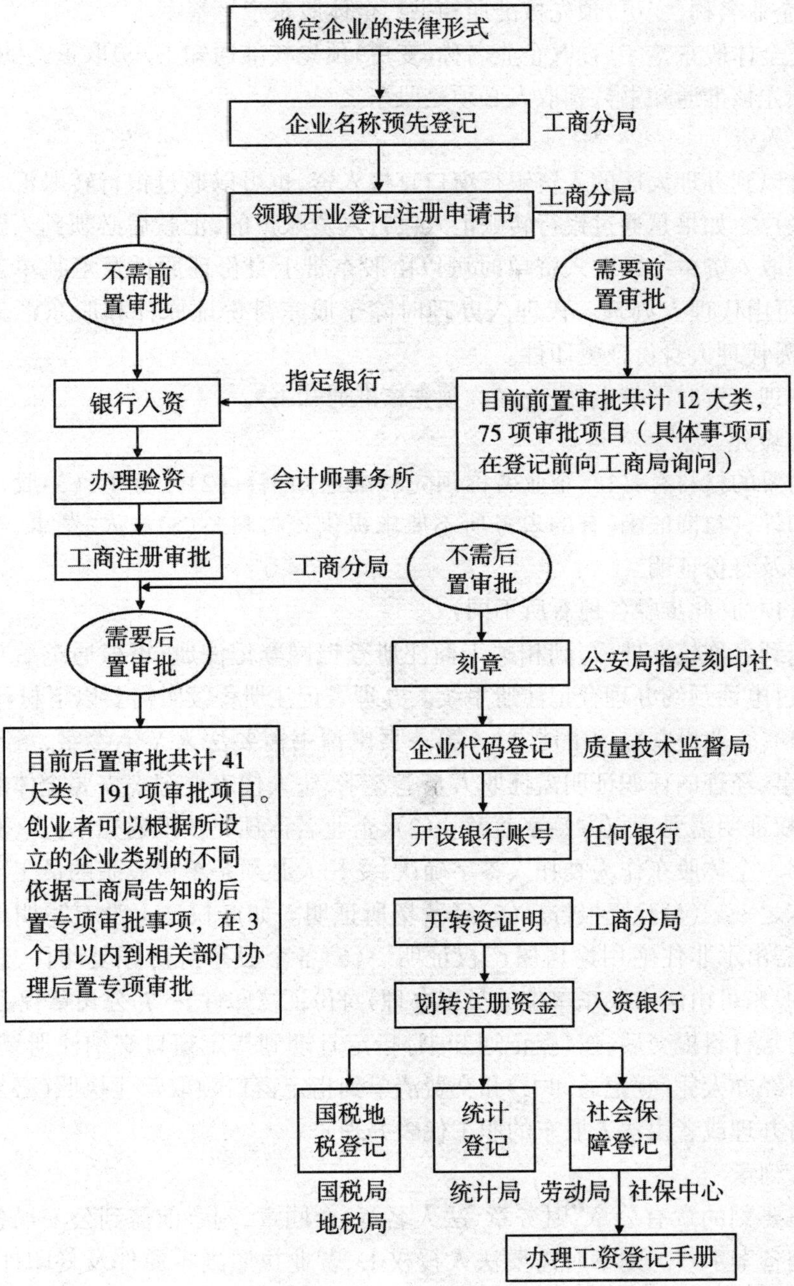

图 7－1　新建企业工商登记流程图

打印《企业名称(变更)预先核准通知书》,全体股东亲笔签字。

凭全体股东签字后的《企业名称(变更)预先核准通知书》领取正式的《企业名称预先核准通知书》,领取人必须是股东之一。

2.入资

可以到办理大厅的入资银行窗口直接入资,也可以通过银行转账汇入银行入资账户。如果是通过银行转账汇入银行入资账户的,汇款后必须到入资银行窗口领取入资单。领取入资单时可以由股东带上身份证原件及汇款单亲自办理,也可由代理人办理。代理人办理时除了股东身份证原件和股东汇款单之外,另需代理人身份证复印件。

办理入资时需带上《企业名称预先核准通知书》。

3.验资

需要的材料有:(1)《企业名称预先核准通知书》;(2)入资单;(3)股东身份证复印件;(4)询证函(有的事务所不要求提供该材料);(5)法人、董事、经理人员名单及身份证明。

4.预约(此步骤各地有所不同)

取到名称核准件后,到相关工商注册登记网登记注册,审核通过后打印材料,通过电话预约办理登记注册手续。办理登记注册手续时需要以下材料:

(1)《企业设立登记申请书》。第一页申请书需要法人亲笔签字,董事会成员、监事、经理的任职证明需任职人亲笔签字,法人代表登记表需要全体股东签字,产权证明需要产权方签字盖章。(2)《企业名称预先核准通知书》。(3)指定委托书。全体股东作为委托人签字确认,受托人必须是单位股东的员工或自然人股东之一。(4)验资报告。(5)经营场所证明。如产权证上没有写明办公用途的,需出示非住宅用途房屋产权证明。(6)各个股东身份证复印件,经办人(法人股东可由法人股东单位的员工办理)身份证复印件。(7)公司章程。

通常材料提交后,按《登记通知书》指定日期到指定窗口交纳注册登记费,然后由经办人凭《登记通知书》和交费清单到指定窗口领取营业执照(必须由股东亲自办理或者由法人股东的职工代表办理)。

5.刻章

需要刻的章有公章、财务章、法人名章、合同章,刻章前需到公安局备案窗口办理备案手续。刻章时需要法人授权书、营业执照副本原件及复印件一份、法人身份证复印件一份。

6.办理组织机构代码证

所需材料有:(1)营业执照原件及复印件一份;(2)法人身份证复印件一份,非法人办理的需要经办人身份证复印件一份;(3)公章;(4)工本费。

7.办理税务登记证

先办理地税,再办理国税。取到组织机构代码证书后,到地税局网站点击注册(进入注册登记界面,按系统要求填写企业注册信息,其中表内的用户标识和用户密码最好填写组织机构代码或熟悉易记的数字),用刚注册的用户名和密码在本界面登录,填写税务登记信息,保存后退出。

到税务登记窗口领取《税务登记表》《印花税纳税申报表》《房屋、土地情况登记表》,填写完毕后,连同以下材料交到税务登记窗口办理登记手续:(1)营业执照副本原件及复印件;(2)组织机构代码证副本原件及复印件;(3)法人身份证复印件;(4)房屋租赁协议复印件;(5)公司章程复印件;(6)公章、法人名章(税务登记表法人签字时要用)、股东身份证复印件(《税务登记表》填写股东信息时要用)。

提交登记材料受理后,到缴纳印花税和税务登记证工本费窗口缴费,然后领取税务登记证,现场取到税务登记证后到国税登记窗口办理登记手续,所需材料同上所述。

8.银行开户

从申请办理到取到开户许可证书大概需要8~10个工作日。需要准备以下材料:(1)营业执照正本原件及复印件两份;(2)税务登记证正本原件及复印件两份;(3)组织机构代码证原件及复印件两份;(4)公章、财务章、法人名章;(5)法人身份证复印件两份;(6)经办人身份证复印件一份;(7)支票购买人两寸近照两张、身份证复印件一份。

9.划资

需要准备以下材料:(1)工商局开具的划资单;(2)入资银行入资时开具的股东账户入资信息的白色卡片;(3)开户银行许可证原件及复印件;(4)营业执照副本原件;(5)公章。

10.税务所报到

领取税务登记证时地税和国税窗口都会给企业一张《报到单》,按照《报到单》上写明的时间和地点到税务所报到。报到时需要带公章、《报到单》、税务登记证副本原件及复印件、营业执照副本原件及复印件,国税报到还需带上企业银行开户许可证副本原件及复印件。

国、地税报到时,同时办理网上纳税申报手续,地税次月开始报税,国税看报到时窗口给出的报税通知。

11.工商所报到

领到执照后需到所属的工商所报到,时间不限。

通常财务上一般在取得税务登记证的当月或次月开始建立财务账,税务上在取得税务登记证的次月开始申报相关税种。

三、创业者实践——企业注册一览表

根据以上介绍,大学生创业者可以利用表7-6对企业登记事宜进行准备。

表7-6 企业登记准备一览表

<table>
<tr><td colspan="9">企业的法律形式</td></tr>
<tr><td colspan="2">a.个人独资企业</td><td colspan="2">b.合伙企业</td><td colspan="2">c.有限责任公司</td><td colspan="2">d.一人有限公司</td><td>e.有限责任公司</td></tr>
<tr><td colspan="9">企业名称系统</td></tr>
<tr><td colspan="2">企业首选名称</td><td colspan="7"></td></tr>
<tr><td colspan="2">企业备选名称</td><td colspan="2">1.</td><td colspan="2">2.</td><td colspan="2">3.</td><td>4.</td></tr>
<tr><td colspan="2">企业经营场所</td><td colspan="4"></td><td colspan="2">邮政编码</td><td></td></tr>
<tr><td colspan="2">企业邮寄地址</td><td colspan="4"></td><td colspan="2">邮政编码</td><td></td></tr>
<tr><td colspan="9">企业经营范围</td></tr>
<tr><td colspan="9"></td></tr>
<tr><td colspan="2">企业经营期限</td><td colspan="7">自 年 月 日 至 年 月 日</td></tr>
<tr><td colspan="9">企业法定代表人</td></tr>
<tr><td>姓名</td><td colspan="2"></td><td colspan="2">担任职务</td><td></td><td colspan="2">联系电话</td><td></td></tr>
<tr><td colspan="9">公司股东(发起人)名录</td></tr>
<tr><td>股东名称或姓名</td><td>证件名称及号码</td><td>认缴出资额(万元)</td><td>出资方式</td><td>持股比例(%)</td><td>实缴出资额(万元)</td><td>出资时间</td><td>出资方式</td><td>余额交付期限</td></tr>
<tr><td></td><td></td><td></td><td></td><td></td><td></td><td></td><td></td><td></td></tr>
<tr><td></td><td></td><td></td><td></td><td></td><td></td><td></td><td></td><td></td></tr>
<tr><td colspan="9">注册资金</td></tr>
<tr><td colspan="2">企业注册资本</td><td colspan="3">(万元)</td><td colspan="3">主管部门/出资人</td><td></td></tr>
<tr><td colspan="2">企业实收资本</td><td colspan="3">(万元)</td><td colspan="3">出资方式</td><td></td></tr>
</table>

（续表）

文件准备	
合伙企业基本文件	有限责任公司基本文件
(1)全体合伙人签署的设立登记申请书 (2)企业名称预先核准通知书 (3)全体合伙人的身份证明 (4)全体合伙人指定的委托代理人的委托书 (5)合伙人的书面协议 (6)出资权属证明 (7)经营场所证明	(1)企业设立登记申请书 (2)名称预先核准通知书 (3)指定委托书 (4)验资报告 (5)经营场所证明 (6)各股东身份证复印件,经办人身份证复印件 (7)公司章程

【链接】

新《公司法》关于公司注册规定变化

1.降低公司注册资本的数额要求

新《公司法》取消了按照公司经营内容区分最低注册资本数额的规定,将有限责任公司的注册资本最低限额降至3万元人民币,并规定股份有限公司注册资本的最低限额降低为500万元。注册资本允许公司在2年内分期缴足,但首次出资额不得低于注册资本的20%。投资公司可以在5年内缴足。

2.增加了一人有限责任公司形式

由于增加了一人有限责任公司形式,有限公司设立的法定人数不再是具有两人以上限制,只规定由50个以下股东出资设立即可。一人有限责任公司仍然属于有限责任公司的范畴,因此,《公司法》对有限责任公司的一般规定都适用于一人有限责任公司。同时,针对一人有限责任公司的特殊性,新《公司法》对一人有限责任公司也作了一些特别规定。

(1)一个自然人或者一个法人可以设立一人有限责任公司。

(2)注册资本最低限额为人民币10万元,而一般有限责任公司则为3万元。

(3)一人有限责任公司股东应当一次足额缴纳公司章程规定的出资额,而一般有限责任公司的股东可以分期缴纳出资。

(4)一个自然人只能投资设立一个一人有限责任公司。该一人有限责任公司不能投资设立新的一人有限责任公司。

(5)一人有限责任公司应当在公司登记中注明自然人独资或者法人独资。

(6)一人有限责任公司的股东不能证明公司财产独立于股东自己的财产，应当对公司债务承担连带责任。

3.放宽出资方式

原《公司法》仅规定公司可以货币、实物、工业产权、非专利技术、土地使用权出资。为放宽出资方式，同时避免增加过多的交易风险，新《公司法》采取列举和概括相结合的方法，规定股东可以用货币出资，也可以把实物、知识产权、土地使用权等以用货币估价并可以依法转让的非货币资产作价出资。

4.提高非货币资产的出资比例

原《公司法》规定，无形资产的出资比例不得高于公司注册资本的20%，而新《公司法》规定货币出资金额不得低于公司注册资本的30%，即非货币资产(包括无形资产)最高出资比例不得高于注册资本的70%。

依照《公司法》规定，公司的注册资本必须经法定的验资机构出具验资证明。验资机构出具的验资证明是公司注册资本数额的合法证明，依照国家有关法律、行政法规规定，能够出具验资证明的法定验资机构是会计师事务所和审计事务所。

第七章　做个好编剧——企业发展愿景

【案例导读】

抓住欢乐商机的流动彩印店

2004年,在中国台湾地区的许多风景名胜游览区,无论是本地人还是外来的观光客都会被一台流动彩印车所吸引。这台创意十足的流动彩印车可以很快捷地为游客提供冲印照片的服务,此外,该流动彩印车还可以将游客喜欢的照片图像印在一些纪念品和T恤上。

开创全台湾第一家流动彩印店"百达彩色世界"的老板是36岁的周正章和32岁的周正文兄弟俩。哥哥周正章原是一个汽车维修工,弟弟周正文则是一个摄影发烧友。近几年,台湾正处于经济转型期,而旅游业一直是台湾经济的一大支柱产业。周氏两兄弟敏锐地发现传统的彩色冲印行业存在许多弊端,在事事讲求快节奏的当今,有许多彩色冲印店也未能做到立等可取,而且也鲜有能将顾客喜爱的照片和图案印在顾客喜欢的物品上的先例。

经过一番筹划之后,全台湾第一家流动彩印店诞生了。"百达彩色世界"流动彩印店是由一台厢型车改装的。车内主要的设备有两台电脑、数码相机、专业扫描仪、专业印刷机及打印机各两台。其他与印刷相关的配件一应俱全,俨然一个小型专业冲印部,总投资为50万台币。兄弟俩原本是抱着尝试的心态,不想流动彩印店大受欢迎,周日和节假日是他们赚钱的大好时光。生意好的时候日收入台币10 000－15 000元,平日和喜宴以及夜市人多的场合日收入也有台币5 000－10 000元。如果做到15 000元台币的生意额,成本约需4 000元台币。如此估计,兄弟俩每月的纯利润为13万－15万元台币,利润相当丰厚,投资50万台币不用半年就能收回成本。

除了周日及节假日之外,平日里“百达彩色世界”也主动与学校、社团、企业等广泛联系,推销业务。他们可以为学生印制高品质的班服、校服、各类运动队的队服。只要一个电话他们就马上过去,要拍照或用Logo合成图案转印到服装上都可以很快完成,不需像以往要等待数天,方便快捷。“百达彩色世界”很快就在校园学生中打开知名度,此举又成了他们的利润新的增长点。兄弟俩雄心勃勃,制定了周详的发展大计,哥哥周正章负责市场营销,弟弟周正文负责研究开发新的产品线。并不断新增“百达彩色世界”的流动彩印车在台湾各地投入运营,连锁加盟是兄弟俩今后快速扩张的首选策略。

成功秘诀:

1.即时性很强,不浪费时间。

2.个性化、商品多元化。

3.高清晰度、画质佳、印刷品质大突破。

4.追着消费人潮跑,机动又灵活。

5.投资少、见效快。

温馨提示:

技术含量不高,容易仿效。要取得各旅游景点的配合支持不容易,成本可能因此提高。

第一节 蓝图——企业发展战略

一、企业愿景

企业愿景是指企业的长期愿望及未来状况。组织发展的蓝图体现组织永恒的追求。

企业是什么?企业将是什么?企业应该是什么?这三个问题集中起来体现了一个企业的愿景,即企业愿景需要回答以下三个问题:企业要到哪里去?未来是什么样的?目标是什么?

愿景是一个企业的梦想。当亨利·福特在一百年前说他的愿景是“使每一个人都拥有一辆汽车”时,有人认为他有神经病。但现在,他的梦想已经基本实现了。这种梦想通常会使人感到不可思议,但又会不由自主地被它的力量所感染。因此,如果愿景是一种被人立即就能把握实现的目标,那它充其量只能说是一个战略目标,而不是愿景。

愿景的力量在于它是处于可实现而又不可实现的模糊状态,它既是宏伟的又是激动人心的。所以,有人说愿景不可能实现时,可以反问他:假如愿景是那么轻易就可以实现的话,那愿景又怎么会激动人心呢?

【链接】

世界优秀企业的愿景

优秀企业成长的背后,总有一股经久不衰的推动力——企业愿景,激励着这些企业不断向前:

苹果公司——让每人拥有一台计算机

腾讯公司——成为最受尊敬的互联网企业

索尼公司——成为最知名的企业,改变日本产品在世界上的劣质形象

AT&T 公司——建立全球电话服务网

华为公司——丰富人们的沟通和生活

迪斯尼公司——成为全球的超级娱乐公司

戴尔公司——在市场份额、股东回报和客户满意度三个方面成为世界领先的基于开放标准的计算机公司

联想公司——高科技的联想、服务的联想、国际化的联想

二、企业发展战略

1993 年国内的房地产业很火,当时有很多人都劝海尔改行,在房地产界发展。海尔的舵手张瑞敏回忆说:“当时思想上稍微守不住防线,企业决策就错了,海尔也就不可能是今天的海尔了。做事情不能争一日之短长。我做事情是有目标的,不达目的我是不会走神的,俗话说‘将军赶路不追小兔’。”作为一个企业领导者,要做的最主要的事情就是把方向、定战略、抓大事,使企业运营向着未来愿景的目标前进。企业的发展战略是要解决企业走对方向、走正确的路以及如何走的问题。

企业的发展战略是关于企业作为整体该如何运作的根本指导思想,是对处于动态变化的内外部环境之中企业的当前及未来将如何行动的一种总体表述。

企业战略所要回答的核心问题是企业存在的理由是什么，也就是企业为什么能够从外部得到回报并生存下去。

企业存在的理由是企业战略的核心问题。制定企业发展战略首先要回答三个问题：企业的业务是什么？企业的业务应该是什么？为什么？这事实上是在回答企业核心业务、新兴业务、种子业务三层面业务的问题。因此，企业战略最重要的是方向。这个方向长远看是愿景，短期看是战略目标。

企业的愿景是战略与文化的交叉，并且体现于战略，而企业的发展战略则服务于愿景。愿景制定之后，战略将围绕愿景制定阶段战略指标体系、年度经营计划等，因此可以说，战略就是愿景的澄清、梳理和具体化的过程。战略目标是为了实现愿景的阶段性指标或任务。

一般来说，企业发展战略制定的步骤如下：

(1)进行企业内外部环境分析。要分析明晰以下问题：企业的现实市场需求及潜在市场需求，现实竞争对手及潜在竞争对手，现实生产资源及潜在生产资源，现实自身优势及潜在自身优势，现实核心问题及潜在核心问题等。

(2)提出企业发展战略草案。企业发展战略草案不需要很具体、很系统、很严谨，但要把核心内容阐述得淋漓尽致。

(3)征求有关方面的意见。就战略草案征求有关方面的意见，特别是业内人士和战略专家的意见。鉴于企业内部能力有限，也可委托咨询机构研究企业发展战略。采取这种方式，一定要选好咨询机构。采取这种方式，在咨询机构提交研究报告之后，除了内部充分讨论，也需要再适当征求外部有关方面的意见。

(4)决策和确立企业的战略。为了企业的整体利益和长远利益，在决策企业发展战略时要充分发扬民主，广泛听取各部门意见，尤其是不同意见。企业发展战略应该由企业领导集体决策。

在判断是与非、做与不做的政策导向时，要充分考虑长远利益与短期利益的协调，不能为了暂时的现象或者短期的利益而迷失了前进的方向。

【链接】

“世界隐形冠军”的成功之道

“世界隐型冠军”之父、哈佛商学院教授赫尔曼·西蒙先生认为“隐形冠军”就是一些名不见经传却在某个窄小的行业里做到顶峰的中小企业。它们有无可动摇的行业地位、稳定的员工队伍、高度的创新精神和丰厚的利润回报。西蒙认为，世界隐形冠军的成功之道在于：

首先，他们奋斗的目标就是在自己的领域成为全球领袖，不作他想，并孜孜不倦地追逐这一梦想。

第二，隐形冠军公司把市场定义看作他们战略的一部分。通过自己观察顾客的需求和相关的技术，把他们各自的市场定义得很窄。他们是高度专注的公司，强调深度而不是广度。

第三，隐形冠军们把自己在产品和专有技术方面的独到造诣与全球化营销结合起来。通过自己的子公司来服务全球的目标市场，不把客户关系交给第三方。

第四，隐形冠军们都非常贴近客户，尤其是顶级客户。他们不是单靠技术或者市场取胜，而是通过技术与市场共同驱动取胜。

第五，隐形冠军公司无论产品还是生产流程都是高度创新的。他们的创新活动是全球导向的，是持续不断的。

第六，隐形冠军们在产品质量和服务方面创造战略竞争优势。他们总是和最强大的对手“亲密接触”。为了保持企业的活力，他们会主动出击，会不惜一切代价维护行业地位。

第七，隐形冠军们倚仗的是他们自己的力量。他们不相信什么战略联盟，也不像其他公司那样热衷于业务外包。他们认为他们的竞争优势就在于有些事情只有他们才做得了。

第八，隐形冠军们有着非常强大的企业文化，与之相联系的是卓越的员工认同感与积极性。企业领导非常杰出，而且一般都掌舵几十年，对新员工的挑选非常苛刻。

中国指甲钳大王梁伯强就是中国的隐形冠军。他进入指甲钳市场之前自费全球调研，立志成为世界指甲钳冠军；重金聘请业内技术精英，设立高标准的测检中心和研发中心，搜罗大量国内国际技术参数，找准目标竞争对手，经过细心分析逐项对比，把实质性的差距逐个攻破；主动出击，勇于与竞争对手短兵相接，把丰厚的利益留给经销商，把委屈留给自己；通过软性封杀，誓死维护行业领导地位：努力争夺行业第一品牌，创立中国指甲钳研发制造中心，制定行业标准，占领行业的制高点，提高竞争门槛，不断为企业建立防火墙。

第二节　独家利器——产品定位与研发

任何企业都要有自己的产品，产品在很大程度上决定了企业的盈利模式。大学生创业的目标，也是通过围绕产品展开的一系列流程而实现的。

一、产品含义

1.整体产品的概念

20世纪90年代，有营销学者提出完善产品的整体概念：核心利益、基本产品、期望产品、扩展产品、潜在产品。

核心利益又称核心产品，指消费者购买产品时追求的实际利益，即真正想买到的东西。如小张购买一个包，他买包的真正目的是要一个能容纳随身物品的容器。又比如宾馆服务这种产品，其核心产品是提供一个包括床、沙发在内可供睡眠的安全空间。

基本产品又称形式产品，指产品的实体和外观、品牌名称和包装。比如小张所买的包以及包的外形。

期望产品又称附加产品，指购买产品所获得的附加利益，如相关的服务、品牌价值等。如果小张购买了一个名牌包，那么名牌所带来的高贵印象就是一种附加产品。

扩展产品可以分为两种：基于产品结构、功能等方面的有形延伸和基于集成服务的无形延伸。后者的目的在于为客户提供一整套服务以满足其需求，而不仅仅提供一个产品实体。扩展产品一般由物理产品、相应的附件以及增值服务共同构成。以电冰箱产品为例，其核心产品主要是由制冷功能及电路控制系统构成；形式产品主要是由箱体与造型设计以及外壳材料等组成；扩展产品是指送货上门、安装、保修及售后服务等内容。

潜在产品则是指此种产品最终可能的增加和改变，是企业努力寻求的满足顾客并使自己与其他竞争者区别开来的创新产品。

产品的创新可以在各个层面上展开。美国学者西奥多·莱维特说:“新的竞争不是发生在各个公司的工厂生产什么产品,而是发生在其产品能够提供何种附加利益(如包装、服务、广告、顾客咨询、融资、送货、仓储及具有其他价值的形式)。”由于技术的进步,加上企业研发新产品的能力以及学习和模仿的能力提高,当代企业的竞争更多地发生在形式产品和附加产品的层面上。

产品含义的延伸和扩展经历了如下的过程,见图 8-1。

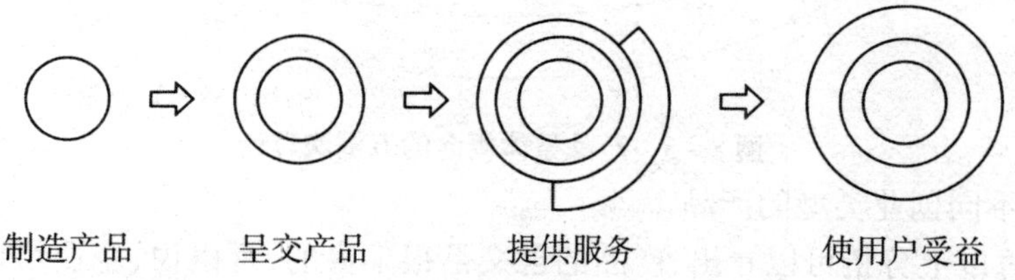

图 8-1　产品含义的扩展过程

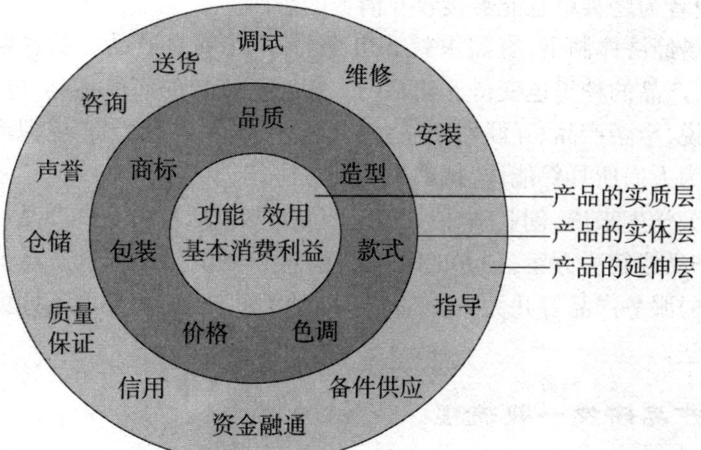

图 8-2　产品整体概念的三层次理论

经过扩展后,产品整体概念的三层次理论,可由图 8-2 表示:产品整体概念还有一种五层次理论,如图 8-3 所示:

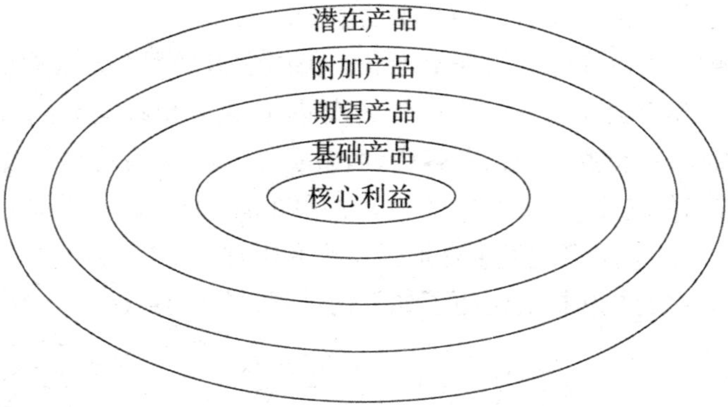

图 8-3　产品整体概念的五层次理论

2.不同创业类型的产品

通过以上分析可以看出,产品的含义是很丰富的,可以说,企业可以用来出售或增加商品价格以用来盈利的东西都可以算作产品,其实质就是由企业提供的、让消费者为之买单且能够接收并消费的东西。

在市场经济体制下,有需求就有市场,有市场就有产品。随着新兴行业的层出不穷,产品的种类也变得五花八门。相对于传统的产品家具、电器、日用消费品等来说,金融产品、互联网产品、付费服务、解决方案产品、虚拟产品等新的名词开始为人们所耳熟能详,越来越受到关注。

对于大学生来说,创业领域涉及的产品主要包括:(1)实体产品;(2)虚拟产品:技术产品或解决方案;(3)知识产品:信息和知识;(4)创意产品:点子、咨询报告等;(5)服务产品等几大类。对于不同种类的产品,应采取不同的定位策略和研发方法。

二、产品研发一般流程

对于不同企业来说,产品尽管有不同的类型,但其研发流程有一定的共性和规律可循。通常来说,产品研发的一般流程有如下几个步骤:

1.提出目标,收集构想

这个阶段主要是寻求产品构思,并不是每个企业都把这个阶段作为流程的正式阶段,但它是产品创新过程的一个必经的阶段。因为,任何一个可产品化的构思都是从无数个构思中筛选而来的,这个阶段的过程管理往往是非常开放的,它们可以来自客户、合作伙伴、售后、市场、制造以及研发的信息或想法,这些来自各个渠道的信息就构成了产品的最原始概念。

2.筛选和可行性分析

这个阶段的焦点是分析市场机会和战略可行性，主要通过快速收集一些市场和技术信息，使用较低的成本和较短的时间对技术、市场、财务、制造、知识产权等方面的可行性进行分析，并且评估市场的规模、市场的潜力以及可能的市场接受度，并开始塑造产品概念。这个阶段一般只有少数几个人参与项目，通常包括一个项目发起人和其他几个助手。

3.制订具体开发计划

这个阶段是产品开发工作的准备阶段，主要任务是新产品定义，包括目标市场的定义、产品构思的定义、产品定位战略以及竞争优势的说明，需要明确产品的功能规格以及产品价值的描述等内容，决定产品开发的可行性。该阶段需要对第二阶段的估计进行严格的调研，并完成后续阶段的计划制订，当然，这个阶段并不需要详细的产品设计。一旦这个阶段结束，需要对这一产品的资源、时间表和资金作出估算。这一阶段涉及的活动比前一阶段要多很多，并且要求多方面的资源和信息投入。这一阶段最好是由一个跨职能的团队来共同完成。

4.产品实体开发

这一阶段的重点是按照既定的方案进行产品的实体开发，大部分具体的设计工作和开发活动都在这一阶段进行，而不再分析产品的机会和可行性。同时，这一阶段还需要着手测试、生产、市场营销以及支援体系等方面的工作，包括生产工艺的开发、计划产品的发布以及客户服务体系的建设。另外，市场分析以及客户反馈工作也在同时进行中，还需要持续更新的财务分析报告，以及知识产权方面的问题也需要获得解决。

5.测试和验收

这一阶段的活动包括企业内部的产品测试以及用户测试，甚至包括产品的小批量试生产以及市场的试销等。当然，这个阶段仍旧需要更新财务分析报告，这一阶段的标志是成功地通过产品测试，完成市场推广计划，以及建立可行的生产和支持体系。

6.正式投产

这个阶段主要是实施营销启动计划与生产计划，让产品形成量产，并需要有适当的资源进行产品的早期支持。这一阶段结束后，项目小组的职责将会逐步转移给企业的各职能部门，由他们对产品进行持续的支持。

研究开发有竞争力的产品，是企业具备市场竞争力的重要因素。企业产品的研发方式一般可分为：(1)自行研发；(2)委托科研机构进行研发；(3)技术引进，如购买专利等；(4)仿制，即在法律许可的范围内或获得允许的前提下模仿现有的产品。从产品的开发思路来讲，可以从多功能化、简化、小型化、节能化、现有产品的配套等角度来考虑研发产品。

三、产品生产与包装

产品的生产是使产品得以面世的核心环节。在创业企业中，要对产品的生产进行有效管理：通过生产组织工作，按照企业目标要求，设置技术上可行、经济上合算、物质技术条件和环境条件允许的生产系统；通过生产计划工作，制定生产系统优化运行的方案；通过生产控制工作，及时有效地调节企业生产过程内外的各种关系，使生产系统的运行符合既定生产计划的要求，实现预期生产的品种、质量、产量、出产期限和生产成本的目标。生产管理的目的在于投入少、产出多，取得最佳经济效益。

包装是指产品的包容器或外包装物，主要分销售包装和运输包装。在对产品进行包装设计时需要考虑的因素包括：是否能够有效保护产品，是否便于运输存放，是否方便开启，是否有必要的标识(提示、说明、警告等)，和产品的性质是否一致，是否有吸引力，在同类产品中是否突出，是否美观等。

四、质量控制

产品质量是企业发展的生命线，是增强企业竞争力的支柱关键之一，是经济效益的基础。以质量开拓市场，以质量引领市场，已成为现代企业获取竞争力的行为准则。无论是在强手如林的国际市场，抑或在竞争激烈的国内市场，没有质量上的优势，企业就难以在市场竞争中求得生存和发展。因此提高质量意识，坚持质量第一，严格质量管理与控制，稳定和提高产品质量，更好地满足社会和市场需求，是企业生存与发展的迫切需求。

创业者必须把好自身质量关，自觉接受监督，在产品质量以及包装上多下功夫，使产品能够真正经受住消费者的检验。一般来说，产品不应当存在有危及人身财产安全的不合理危险。因此，如果国家、行业对其保障人体健康、人身财产安全作出了相应的规定与标准的，应当符合相应标准。另外，产品应当具备其应具备的性能，并且必须在产品或包装上注明产品标准、产品说明、实物样品等。

【链接】

提高产品设计质量的方法

1.抓源头,切实做好与产品设计有关的评审,满足国家相关产品质量的要求。

(1)了解用户如何使用产品,即实际使用时要求产品达到的指标,含产品工作性能以及电器接口、机械接口、热接口等要求,以避免设计、检验指标与用户实际使用情况出现偏差。

(2)要让用户了解自己产品的特性,与用户充分沟通,优化产品指标,既要考虑实际应达到的工作性能,同时要兼顾产品的可靠性、安全性及寿命等。

2.严格执行"设计和开发"程序,对于产品的交付进度有特殊要求的,方式可灵活多样。例如:充分借鉴成熟产品的设计思想,针对不同之处进行重点的策划评审、验证等。

3.注重对设计人员进行新知识培训,且要一贯坚持,方式可灵活多样。例如派设计人员到专业院校学习、请专业人士到承制单位授课、委托相关专业单位对承制单位设计人员实地培训等。

4.对于生产定型,即使用户没有强制要求,各承制单位也应该致力于产品的完善,尤其是对那些批量生产暴露出问题的产品。同时应将相关信息反馈给用户,共同寻求解决方案(有可能涉及技术指标的微调),避免带问题生产、留下质量隐患。

五、新创企业商业模式的定位设计

根据以上知识,请利用表 8-1 全部或部分栏目的提示,从商业模式设计的角度,对新创企业的业务进行定位。

表 8-1 新创企业业务定位表

定义企业业务	
按产品类型定义	填写或选择
做什么产品	A.有形产品　B.服务产品　C.无形产品　D.其他
做什么有形产品	A.消费用品　B.生产用品
做什么消费用品	A.方便品(无须做购买比较的产品)　B.选购品(须做购买比较的产品)

（续表）

定义企业业务	
按产品类型定义	填写或选择
做什么方便品	A.日用品（如牙膏、肥皂等）　B.冲动品（如糖果、杂志等） C.急用品（如药品、丧葬品等）　D.其他
做什么选购品	A.同质选购品（如手机功能相似而价格差异很大） B.异质选购品（如时装、家具等在特色和服务上的区别重于价格的产品） C.特殊品（如小汽车、摄影器材等具有个体特征或品牌标记的产品） D.非渴求品（如墓地、血糖仪等消费者未曾听说或不想购买的产品） E.其他
做什么生产用品	A.原辅料　B.半成品或零部件　C.建筑物与固定设备 D.轻型设备或工具　E.其他
做什么服务产品	A.按服务程序划分 (1)伴随有形产品的服务（如汽车、计算机的售后服务等） (2)有形产品与服务相结合的产品（如餐馆等） (3)主要服务伴随附加服务或有形产品（如浴池的足疗服务或销售睡衣） (4)纯粹服务产品（如咨询、中介服务等） (5)其他 B.按服务形式划分 (1)以设备为基础的服务产品（如客货运输、自动售货机、洗衣店等） (2)以人为基础的服务产品（如学校、保洁公司、会计师事务所等） (3)客户参与的服务产品（如学校、健身房等） (4)顾客不参与的服务产品（如维修店、洗衣店等） (5)满足个人需要的服务产品（如美容院、餐馆等） (6)为企业服务的产品（如为企业服务的杀虫公司、网络维护公司等） (7)其他
做什么无形产品	A.体验性产品（如拓展性训练、到部队当兵一周体验、野营训练等） B.事件性产品（如组织音乐会、体育赛事、巡游表演、专题会议等） C.人物性产品（如围绕名人组织的讲演、著书、作品展演等） D.地点性产品（如组织旅游项目与本地旅游向导等） E.信息性产品（如高考信息和报考指导、彩铃设计等） F.财产性产品（如房屋、股票、证券、版权、基金等的交易和管理等） G.其他

（续表）

定义企业业务	
按产品层次定义	填写或选择
针对上述产品定位，集中做产品的什么层次	A.做产品的核心利益（核心利益指产品为目标顾客提供的基本利益或服务，如提供“休息与睡眠”是旅馆产品的核心利益） B.做一般产品（一般产品指将目标顾客核心利益转化为产品的基本形式。如旅馆应包括床、浴室、毛巾、桌子、衣橱、厕所等） C.做期望产品（期望产品指目标顾客对产品默认的一组属性和条件，如旅馆的期望标准是：干净的床单、新的毛巾、洗漱用品、互联网设施、没有异性和安静的房间、适度的价格等） D.做扩大产品（扩大产品指在期望产品之外增加的利益与服务，如旅馆在入住者的床头柜上放上一块包装精巧的巧克力和旅馆经理签发的感谢信及价格折扣等意外惊喜） E.其他
按客户群定义	填写或选择
客户群需要为他们提供什么	A.整体解决方案　B.相关信息　C.专有技术　D.应用软件 E.决策支持　F.培训　G.其他
按价值链定义	填写或选择
在行业价值链的哪些环节经营	A.定标准　B.做品牌　C.卖技术　D.做产品　E.做供应 F.做仓储物流　G.做批发商　H.做零售商　I.做其他
按关键资源定义	填写或选择
已有的资源或能力，擅长做什么	A.特许加盟　B.品牌授权　C.标准推广　D.直销　E.制造 F.仓储物流　G.其他
锁定目标顾客	
产品的目标顾客是谁	A.政府　B.企业　C.公众　D.其他
顾客期待什么	A.功能期待　B.质量期待　C.方便期待　D.价格期待 E.形象期待　F.其他
锁定产品与服务	
市场所属的生命周期	A.种子市场阶段　B.市场具体化阶段　C.市场扩展化阶段 D.市场独立化阶段　E.市场再结合阶段
为目标顾客提供什么产品，价值何在？	
这些产品需要哪些合作伙伴？	
新创企业商业模式定位综述：（用一句话描述企业定位，如PE公司的定位是：“为大众提供廉价、快捷的民航服务。”）	

第三节　新创企业的盈利模式

一、诠释盈利模式

(一)盈利模式的概念

盈利模式指企业的利润来源及方式,即企业的收入结构与成本结构。从哪里获得收入?谁可以分担投资或支付成本?同行的企业因定位和业务系统不同,企业的收入结构与成本结构即盈利模式也不同。即使定位和业务系统相同的企业,盈利模式也可以千姿百态。良好的盈利模式不仅能够为企业带来收益,更能为企业编制一张稳定共赢的价值网。

(二)传统盈利模式存在的问题

传统盈利模式是:企业生产出产品或提供服务—把它卖掉—扣除成本—获得利润。传统盈利模式的主要问题是:第一,收入来源比较单一,主要是依赖主营业务的直接销售获得收入,并且由自己支付成本,承担费用;第二,由于同行企业的产品、服务、定位、业务系统、组织结构、投资模式、成本结构以及营销方式等的同质化,使得盈利模式基本无差异;第三,随着行业内企业普遍扩大规模和产能,竞争不断加剧,在争夺顾客的多轮价格战中,必将导致企业的主业利润越来越薄,甚至亏本,净资产收益率和投资价值递减,其经营活动有可能会变得越来越困难。例如,我国家电制造行业经过多轮激烈的竞争,剩下几家规模较大的品牌家电企业,其主业利润率、净资产收益率普遍低下,公司股票价值低于账面净资产价值。

(三)现代盈利模式的特点

电视台为直接顾客提供免费的电视节目,收入主要是向广告顾客(第三方顾客)收取广告费,显然电视台的现代盈利模式不同于电影公司"提供产品、收取费用"的传统盈利模式。

与传统企业提供什么样的产品和服务,就针对这种产品和服务向客户收费的盈利模式相比,现代盈利模式往往可以产生多种收入来源和多种成本支出来源,甚至经常出现企业提供的产品和服务不收费并且是永远不收费,吸引海量顾客以产生"聚众价值"的现象,其成本费用则由其他利益相关者支付。例如,大众使用互联网上的搜索引擎不需支付费用，但被搜索到的产品和服务的提供商（第三方顾客）却需要支付费用。同样的业务系统盈利模式也可能不一样，例如网络游戏就有收费、免费和向玩家付费三种方式。

二、盈利模式设计选择

（一）盈利模式结构

以成本支付和收入来源作为两个维度，横坐标表示收入来源分别来自直接顾客、直接顾客和第三方顾客、第三方顾客；纵坐标表示成本来源，即成本由谁支付，可分为企业自己承担、企业和第三方伙伴承担、第三方伙伴承担、零可变成本。这样就产生了12个盈利模式，如表8－2所示。

表8－2　可选择的盈利模式

收入来源 / 支出来源	直接顾客	直接顾客和第三方顾客	第三方顾客
企业	盈利模式 a_{11}	盈利模式 a_{12}	盈利模式 a_{13}
企业和第三方伙伴	盈利模式 a_{21}	盈利模式 a_{22}	盈利模式 a_{23}
第三方伙伴	盈利模式 a_{31}	盈利模式 a_{32}	盈利模式 a_{33}
零可变成本	盈利模式 a_{41}	盈利模式 a_{42}	盈利模式 a_{43}

（二）值得关注的现代盈利模式

传统盈利模式的成本结构往往和收入结构一一对应，而现代盈利模式中的成本结构和收入结构则不一定完全对应。值得关注的现代盈利模式有：

1.注意力盈利模式

以媒体、网络行业为代表的注意力盈利模式（也称为眼球经济）的特点是，免费为大众提供有特色产品，吸引人们的注意力（眼球），聚集人气，再向第三方顾客收取费用（如广告费等）获得盈利。a_{i3}（$i=1,2,3,4$）属于此类盈利模式。例如，湖南卫视的超女、江苏卫视的非诚勿扰等节目，创造了电视娱乐新的注意力盈利模式。随着互联网的兴起，注意力盈利模式更为普遍，并且有了新的变化，出现了平台式盈利模式。因此，在互联网领域创业者如果将利润寄托于直接销售产品（功能）几乎无法生存，因为在这个行业里功能几乎都是免费的。例如，Google是做搜索的、360是做软件杀毒的，但它的搜索服务、杀毒服务等功能是免费的，其主要收入来自第三方投放的广告（即出售使用者的注意力）。

2.“刀架＋刀片”盈利模式

剃须刀生产商吉列公司利用剃须刀架与刀片的捆绑推动销售，构建了一种全新的盈利模式。该模式的实质是通过业务关联性，发现市场需求更大的衍生业务或延伸业务，低价甚至免费销售主业产品（剃须刀架）。表面上，随着企业规模的扩大，主营业务利润率微薄甚至亏本，但实际上是以降低主业增长缓慢的盈利，换取延伸业务（刀片）的巨大盈利，并由此构建利用相对低廉的主业产品或服务价格将竞争对手拒之门外的有效竞争壁垒，从而锁定客户，扩大市场份额，再利用市场规模更大的"刀片"业务获得稳定增长的收益，使企业的盈利得以持续增长，净资产收益率和投资价值递增，真可谓大智若愚。

[案例 8 - 1]2000 年，柯达（中国）公司推出"9.9 万当老板"建店行动计划，使得欲建柯达快速冲印店的中小投资者趋之若鹜。很快，柯达在中国市场上就开设了超过 7000 家彩扩店。其实，柯达冲印设备利润微薄，而后续的巨量相纸和冲印套药供应业务所带来的丰厚利润，则让柯达乐开了花。

[案例 8 - 2]U - Haul、Ryder、Hertz - Penske和Budget等公司是美国家用卡车出租行业的老对手，长期以来，这几家公司的客户定位、业务系统、关键资源和能力，以及盈利模式均无差异，都是依靠卡车这一主营业务获得单一的租金收入。从 20 世纪 90 年代开始，U - Haul公司发现和发掘了以前未被开发的利润来源，即卡车租赁后的相关服务业务，包括出售包装箱和保险、出租拖车和仓库。顾客只有在租赁了卡车之后才需要这些附加产品和服务。在租赁卡车时，顾客总是要货比三家，竭尽全力地寻找性价比最优的卡车租赁。而卡车租赁后续的附加业务和服务竞争不充分，顾客一旦签订了卡车租赁协议，就很少会再比来比去，因为顾客已经被他所签约的卡车租赁公司锁定。U - Haul公司据此延伸了业务范围，改变了盈利模式。U - Haul公司在对手还未来得及作出反应之前，就在关键地段抢先占据了最便宜的仓库，从而获得了相当可观的成本优势。同时，将其卡车日租费维持在一个低于同行的价格水平，借此招徕更多的顾客，以出售更多的高利润附加业务。U - Haul实际上是该行业获利最丰的公司，营业利润率 10%，而该行业的营业利润率平均不到 3%。行业排名第二的Ryder公司不得不于 1996 年将车队卖给了投资商，放弃了家用卡车出租业务。

上述两种盈利模式都超越了传统盈利模式"做什么就靠什么赚钱"的方式，而把主营业务变成"锁定客户"的基础或平台，根据产业链利润及价值分布特点，发现市场规模更大的关联业务市场，通过向客户、供应商以及合作伙伴提供增值服务，主业与延伸业务相互之间协同运作，获取后续业务收入或者多样化的收入。此时，主营业务或者单个盈利点可能盈利较少，甚至不盈利，但在整个盈利模式中，依托主营业务建立起来的组合盈利却为企业带来不菲的利润。

在多样性与关联性的盈利模式竞争背景下，依赖主业专业化经营的单一收入盈利模式的企业将处于竞争劣势地位，因为对于盈利来源多样化的企业来说，某个收益来源(如剃须刀架)对企业的利润增长可能轻如鸿毛，而对于单一盈利来源的企业来说，则是唯一来源，可谓重如泰山。

第八章　做个好导演——企业经营

第一节　粮草先行——创业融资

一、创业融资渠道

【案例导读】

“借鸡生蛋”的洛维格

洛维格是美国有名的大富翁，他采用的抵押式贷款法开美国银行界贷款方式的先河。当时，运油比运输普通货物赚钱，而买普通货船又比油轮便宜。洛维格就想买一条货船，改装成油轮，从事石油运输。但当他向大通银行申请贷款时，银行职员告诉他说：“贷款可以，但你必须保证将来能够还本付息。”洛维格当然满口答应。但银行不管他的信誓旦旦，坚持要他提供贷款抵押。

洛维格只有一条破烂不堪但勉强能航行的老式油轮，其价值连新式货轮的一半也没有，根本不可能指望用它作抵押。但洛维格没有放弃，他想：如果将这条轮船租借给一家信誉好的石油公司，用它的租借费用偿还银行的本息数目，这样银行因为石油公司的关系，也许会给我贷款。

他找到大通银行，试探性地问：“我现在有一条船，正在为西方石油公司租用，如果把这条船先过到银行门下，你们直接跟石油公司收取租金，以此来偿还我每月贷款的本息,如何?”

这种银行贷款的担保方式在当时的银行还是新鲜事,经过一番争论,大通银行决定给洛维格一次机会。虽然洛维格谈不上有多少财富,缺乏足够的信用,但是西方石油公司却是响当当的牌子。

洛维格借用石油公司的牌子,提高了自己的信用等级,很快借到一笔巨款。不久,他将这笔钱换作了一艘货轮。洛维格将其改造成油轮,航行于中东和美国之间。之后,他又用这条船做抵押,买了另一条船,循环往复,财源滚滚而来。

除此之外,他还发明了一种“双保险贷款”方式,也为当时的银行家所采纳。

洛维格首先选定一艘还没有造好的货轮或油轮,然后向可能的顾主推销这条船,当顾主决定承租这条船后,他拿着与顾主的承租契约到银行申请贷款。在这种情况下,船未下水之前,银行只能收取很少的本息,甚至是一文钱也不能收,而一旦船造好后,租金就归银行所有,若干年后,洛维格把贷款还清,还可以把船开走。这样他没有花一分钱,就成为正式的船主了。

洛维格就是靠这种别出心裁的想法,实现了自己的发财梦想,最后发展为美国数一数二的大财主。[①]

任何创业项目都需要资金,企业对资金的需求始终贯穿于企业的发展过程中,并伴随着企业的发展壮大起着重要的作用。对于创业者而言,企业初创期能否获得资金直接决定了企业能否存续。创业者如何能在最短的时间内获得所需资本,把握市场机会,迅速将好的创意转化为产品或服务,这是绝大多数投资者所面临的难题。

成功的融资已经成为创业成功的必要条件,很少有创业者能够完全依靠自身的积累来发展扩张企业。如果企业不能迅速发展,那么等待它的只有灭亡,就如同逆水行舟,不进则退。融资带给创业者的不仅仅是财务上的支持,更重要的是,它是一家新创企业走向成熟的重要推动力量。

(一)个人积蓄

个人积蓄也称自我融资。

对创业者来说,资金永远是稀缺资源,依靠自有资金起步永远是最稳妥的办法。成功创业者大都有执着坚韧的创业精神,一旦发现有价值的创业机会,他们会放弃常人羡慕的“铁饭碗”,还会注入自己的积蓄甚至是全部家底而不去考虑失败后怎样维持基本的生活用度。这样的决绝态度其实在无形中形成了

---

① 资料来源:闯业人:http://cy-ren.com/thread-14314-1-1.html.

一种鼓舞:创业团队因此获得凝聚力,员工拥有了千金难买的精神动力。这也是不少企业初期面临困境时员工不离不弃、甘心付出的一个原因。

除非是一个家底殷实的创业者,选择创业之前在职场打拼有相当可观的积蓄,能够在创业时提供无忧的保障。但这样的创业者毕竟占少数。大部分人并不阔绰,积蓄仅能维持初期基本的开销。所以,个人积蓄只能是创业融资短效的途径,对创新企业的作用十分有限。

(二)借款

初创企业早期,除了创业者本人的原有资金,向家庭和朋友借款就是最为常见的资金来源。由于他们与创业者之间的亲情关系,也由于他们易于接触,彼此了解有助于克服不熟悉的投资者所面临的不确定性,这些都是基于对创业者本人的了解,所以他们是最可能进行投资的人。家庭和朋友有时会直接为新创业项目提供少量的权益资金或借款,部分地满足创业者的资金需求,有时也会通过担保等方式来帮助创业者获得所需的资金。

尽管从家人或朋友那里获得资金较为容易,但和其他资金来源一样,这种融资既有好处,也有缺陷。所以创业者应当全面考虑投资的正面和负面影响及其风险性,以公事公办的态度将家人或朋友的借款与其他投资者的资金同等对待,任何贷款都要明确规定利率及本息的偿还计划,对所有融资的细节都需达成协议,如资金的用途、资金的数额和期限、企业破产的处理措施等,并最后形成一份所有相关条款的正规协议。创业者还要注意,每一个家庭成员或朋友的注资都应建立在自愿的基础上,不应是强迫或误导的结果,在接受他们的资金之前,创业者应仔细考虑公司破产可能带来的艰难局面。

(三)贷款

很多人常说:“银行经常喜欢锦上添花,不喜欢雪中送炭。”对创业者来说更是如此。所以新创企业千万不要在银行身上浪费时间。银行的贷款只会在它需要你的时候才会出现,而不是在你需要它的时候。但在某些情况下也有例外,就是在创业者拿得出抵押物或者能够获得贷款担保的情况下,银行还是很乐意将钱借给新创企业的。所以你需要尽量与银行建立起良好的关系。公司的未来发展在很大程度上可能会依赖于是否获得银行有效的财务支持。

适合创业者的银行贷款形式主要有抵押贷款和担保贷款两种,一般情况下,缺乏经营历史从而也缺乏信用积累的创业者难以获得银行的信用贷款。

1.常用的银行贷款方式

(1)商业抵押贷款。它是指借款人以其所拥有的财产作抵押,作为获得银行贷款的担保。在抵押期间借款人可以继续使用其用于抵押的财产。当借款人不按合同约定按时还款时,贷款人有权依照有关法规将该财产折价或者拍卖,变卖后,用所得钱款优先得到偿还。适合于创业者的贷款有不动产抵押贷款、动产抵押贷款、无形资产抵押贷款等。

不动产抵押贷款:创业者可以土地、房屋等不动产作抵押,向银行获取贷款。

动产抵押贷款:创业者可以股票、国债、企业债券等或银行承认的有价证券,以及金银珠宝首饰等动产作抵押,向银行获取贷款。

无形资产抵押贷款:是一种创新的抵押贷款形式,适用于拥有专利技术、专利产品的创业者,创业者可以专利权、著作权等无形资产向银行作抵押或质押,获取银行贷款。

(2)担保贷款。它是指借款方向银行提供符合法定条件的第三方保证人作为还款保证,借款方不能履约还款时,银行有权按约定要求保证人履行或承担清偿贷款连带责任的借款方式。较适合创业者的担保贷款形式有:

①自然人担保贷款。2002 年 8 月,中国工商银行率先推出了自然人担保贷款业务。自然人担保可采取抵押、权利质押、抵押加保证 3 种方式。可作抵押的个人财产包括个人所有的房产、土地使用权和交通运输工具等。可作质押的个人财产包括储蓄存单、凭证式国债和记名式金融债券。抵押加保证则是指在财产抵押的基础上附加抵押人的连带责任保证。

如果你没有存单、国债,也没有保单,但你的配偶或父母有一份稳定的收入,那么这也能成为很好的信贷资源。当前银行对高收入阶层情有独钟,律师、医生、公务员、事业单位员工以及金融行业人员均可以被列为信用贷款的优待对象,这些行业的从业人员只需要找一到两个同事担保,就可以在工行、建行等金融机构获得担保贷款。而且,这种贷款不用办理任何抵押、评估手续。如果你有这样的亲属,可以以其名义办理贷款,在准备好各种材料的情况下,当天即能获得创业资金。当然,如果借款人未能按期偿还全部贷款本息或发生其他违约事项,银行将会要求担保人履行担保义务。

②托管担保贷款。这是一种新的担保贷款形式。对于一些初创阶段的企业,虽然土地、厂房皆为租赁来的,现在也可以通过将租来的厂房、土地,经社会资产评估,约请托管公司托管的办法获取银行贷款。例如,上海百业兴资产管理公司就接受企业托管,对企业的季节性库存原料、成品进行评估、托管,然后以这些物资的价值为基础,为企业获得一定量银行资金的支持,缓解资金压力,

是一件一举两得的好事。

2.贷款的一般程序

商业银行的贷款程序是指银行贷款过程中所必须经过的各个审查阶段，是贷款原则的具体体现（如图 9－1 所示）。目前，各地均出台了鼓励大学毕业生自主创业的政策，各国有商业银行、股份制银行、城市商业银行和有条件的城市信用社在为自主创业的毕业生提供小额贷款时，一般都能简化程序，提供开户和结算便利。

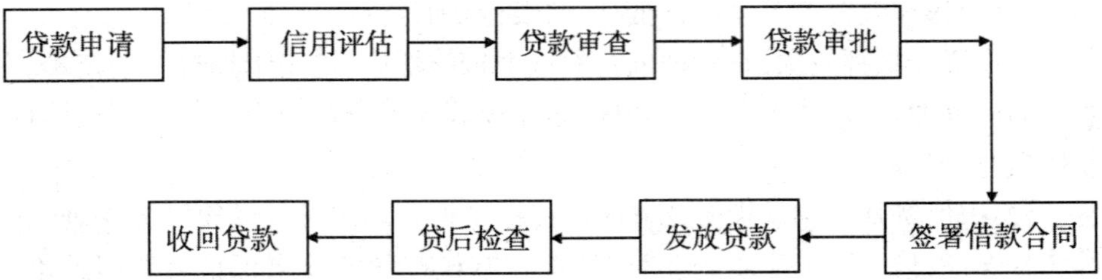

图 9－1　商业贷款的程序

（1）贷款申请。借款方要填写“借款申请书”，同时还要提供有关证明文件，包括有效身份证件、借款方和担保方的基本情况、企业的财务报告、质押、抵押证明以及担保证明文件等其他有关资料。

（2）信用评估。银行根据借款方的领导者素质、经济实力、资金结构、履约情况、发展前景等因素对借款方进行信用等级评估，信用等级高的企业优先得到贷款。

（3）贷款审查。银行或委托的律师事务所受理借款方的申请后，依据其提供的资料对借款方进行合法性、安全性、盈利性等情况的调查。并核实抵押品、保证方的情况，从而测定贷款的风险度。

（4）贷款审批。审查人员根据对调查人员各情况的核实和评定，按程序进行审批，并将审批结果通知借款方。

（5）签署借款合同。借款方的贷款申请获得批准后，由贷款方和借款方签署借款合同。合同内容包括贷款种类、贷款用途、金额、利率、还款期限、还款方式、违约责任及双方约定的其他事项，有时还需办理相应的担保合同、买保险及办理公证。

（6）发放贷款。在借款方办妥相关手续后，银行将贷款发放至借款方账户并根据借贷方的委托将贷款划付相关的收款方账户。

（7）贷后检查。贷款发放后，贷款方要对借款方合同执行情况进行跟踪调查和检查,以确保贷款使用的合理。

(8)收回贷款。借款方按借款合同规定按时足额地归还贷款本息。

由此可见,创业者,尤其是进行初次创业的创业者,要想获得银行贷款,除了提供必要的抵押品或担保以外,还应竭力施展才华,展示公司蓝图,以期产生积极效果。此外,创业者还应在经营过程中有意识地建立良好的信用基础,为企业将来更大的发展作准备。

一般来说,只要规定的利率和约定的条款、还款条件以及贷款限制都可以得到满足,创业者应尽可能多地借入资金,但一定要注意保证企业能够产生足够的现金流来确保在规定的期限内还本付息。创业者可以评估多家银行的经营记录和贷款程序,从中选择能够提供最优惠借款条件的银行进行贷款。

(四)天使融资

1.天使融资的含义

天使融资在中国起源于互联网企业和高科技企业的兴起。天使融资虽是创业融资市场上的"新面孔",但由于门槛比风险投资低许多而备受创业者的青睐,甚至大有青出于蓝而胜于蓝的势头,成为创业融资的新渠道。对刚刚起步的创业者来说,如果吃不上银行贷款的"大米饭",又沾不了风险投资"维生素"的光,那么,靠天使融资的"婴儿奶粉"来吸收营养并茁壮成长不失为一个合适的选择。

天使融资(Angel Investment)是自由投资者或非正式风险投资机构对原创项目构思或小型初创企业进行的一次性的前期投资。

2.天使融资的特点

(1)通常只提供"第一轮"融资,这也是由天使基金本身的资金实力有限决定的。"天使"只利用自己的积蓄进行投资,不足以支持较大规模的资金需要,只有那些处于最初发展阶段的创业计划能够得到他们的青睐。

(2)天使融资方式带有强烈的感情色彩。创业者说服"天使"的过程常常需要一定的感情基础,或者是志同道合的朋友,或者是有亲戚关系,或者得到了熟人的介绍等。例如,尼葛洛·庞蒂对"搜狐"的投资就是基于他对张朝阳本人的高度欣赏。

(3)"天使"往往自己本身曾经是创业者,而且常常是某一行业的专家,可以对创业企业提供极为宝贵的咨询顾问意见。

(4)融资程序简单迅捷,但融资额有限。由于"天使"只是代表自己进行投资,投资行为带有偶然性和随意性,没有复杂而烦琐的投资决策程序,投资决策主要基于对人的投资,因此投资决策是非常快的。

(5)“天使”在对待投资项目上较为短视。因为使用自己的资金进行投资,对投资回报的期望较高,而且抗风险的能力不如那些能够通过投资组合分散风险的大型投资公司,所以“天使”对亏损的忍耐力不强,目光较为短浅。

3.寻找、说服“天使”降落人间

怎样才能找到天使融资的“天使”并说服其投资呢?

目前在中国天使投资行业中的三类人中,前两类占大部分,但第三类即国内成功的民营企业家可能成为未来中国天使投资的主力军。经过30多年的改革开放之后,民营企业已成为中国经济发展不可缺少的一部分,并且不少已进入二次创业、整合重组的发展阶段,大笔的民间资本迫切需要寻找投资方向,以便在新一轮发展中抢占先机,而天使投资正是为民间资本所普遍看好的投资新领域。一部分民营企业家会因高新技术产业的高投资回报而“勇敢地跳出来”进行“天使”投资尝试。当然,投资者对其投资行为依旧十分谨慎。

可使用以下方法找到愿意融资的“天使”:(1)通过朋友的介绍。据统计,在国外有相当一部分“天使”投资是通过朋友或亲戚介绍而达成的,特别是对一些“真正”非正式的股权投资者而言更是这样。(2)直接去找自己心目中的“天使”。创业者往往都有一些崇拜的企业家或成功企业,他们在创业者所属的行业内具有很高的声望和实力。创业者在适当的情况下可以直接上门,去说服这些行业内的权威。例如,张朝阳就直接找到了尼葛洛·庞蒂。(3)参加“天使”的聚会。在国外,风险投资“天使”们常常会有一些聚会,以交流投资心得、寻找投资项目和探索合作机会。创业者如果知道有关活动的消息,可以直接前去参加并提交自己的创业计划书或做一些有关的项目展示。国内由于风险投资发展的历史还很短,“天使”更少,所以这种活动不多。但目前已经开始有了这样的一些沙龙活动或研讨会形式的聚会,可以成为一个渠道。(4)根据“天使”名录按图索骥。国外的风险投资机构或协会(如AVCA——美国全国风险投资协会;BVCA——英国风险投资协会)都出版有风险投资机构的名录,其中往往单独出版一本汇集风险投资家名录的小册子,里面收录了大量的“天使”名单,创业者如果要到国外融资,可以按图索骥,一个一个地联系。此外,还有一些网络上的在线服务,如美国的风险资本资源馆(Venture Capital Resource Library),也提供大量的投资者名录。有一些投资天使,也如风险投资公司那样提供在线的投资服务。(5)利用中介。创业者可以通过自己的财务顾问、法律顾问或者有关的金融咨询机构,获得联系“天使”的渠道。

当创业者面对风险投资的"天使"时,说服"天使"的技巧和方法与说服风险投资公司并没有区别。大致而言也是需要准备好一份高质量的创业计划书,进行简练而生动的幻灯片演示,发挥说服的技巧和演说的能力,展示自己的职业素质和创业精神等。当然,说服天使投资和说服风险投资还有所不同,主要在于天使投资更看重创业者个人的素质和品质,带有强烈的感情,因此创业者要说服天使投资,不仅仅需要以好项目、好方案、好产品、好技术来"晓之以理",更要发挥自己个人的能力来"动之以情"。

据以上可以看出,天使资金与风险投资一样,不会轻易从天上掉下来,对此创业者应有的放矢,首先要注意自身所拥有技术的商业化程度;其次,要注意项目技术发展的持续性和竞争性,要注意产品进入市场的反应,而不要等技术完全成熟后再考虑全面进入市场;再者,创业者要提供一份思路清晰、论证充分、观点鲜明的创业计划书,并能给出 10~20 倍回报,或在 5 年内提供 5 倍回报的"甜头",这样才能在众多的申请案例中吸引天使投资者的注意。

二、其他融资方式

(一)战略投资

在风大浪高的大海上,孤军奋斗将自己的独木舟划向胜利的彼岸是种精彩,而选择搭乘他人的大船,优哉地抵达胜利的彼岸亦不失为一种智慧。财大气粗的大型公司就是商海的大船,作为战略投资人(Strategic Investor),他们固然会重投资回报,但同时对新创公司的产品和技术还有战略考虑。如果创业企业拥有一项先进的产品或者技术,大型公司从其战略角度考虑,有可能采用企业的产品或技术完善自己的产业链,这时,这家大型公司就可能成为创业企业的战略投资人。创业企业可能与作为投资人的大型公司处于相同的行业之中,也可能属于投资人的未来发展领域。创业企业可以通过引入必要的战略性投资伙伴,吸引一部分风险资本加入到公司之中,这样一方面能提高企业的知名度;另一方面也能解决企业的资金需求。因此,战略投资堪称为创业者的"补血剂"。

1.战略投资与风险投资的区别

对于战略投资人来说,他们对于创业企业投资的要求除了资金回报条款之外,通常另有其他特殊要求,诸如对企业技术、产品、市场、未来购买权等战略发展利益的要求。其中可能包括未来产品或技术的使用权、产品市场分享权、产品经销权、未来对产品或技术的使用权,甚至保留最终完全买下企业的权利。

2.创业企业如何引入战略投资

寻找与创业企业兴趣相似的战略投资人，需要更多的调查研究，而不仅仅是申请贷款那么简单。大多数合作伙伴会在创业企业注入20%～40%的股份。而创业者在与战略投资人谈判中应掌握的底线是：创业者是企业的老板，他必须拥有一定的主动权和控制权。具体引入过程大体与风险投资相似，叙述如下：

(1)寻求意向投资者。在准备引入战略投资之前，首先要对准备引入的战略投资有个整体了解。在初步确定投资意向之后，创意企业就可以根据实际情况，在众多的意向投资者中选择钟情目标，然后再开始与他们接触、面谈。在接触之前，一定要认真了解一下这些投资者的基本情况，如资质情况、业绩情况、提供的增值服务情况。

(2)与战略投资者谈判。当选择好投资者之后，需要与投资者进行面谈。在面谈之前，企业自身应准备好必要的文件资料。在所有的文件中，最重要的是企业的创业计划书。该计划书除了要简明扼要、表达明确、突出财务状况并附有数据外，还应表现出管理者的能力和远见。企业的创业计划书应该由熟悉公司业务和投资业务的律师或会计师草拟，其主要内容包括公司背景、所需资金金额及用途、公司组织机构、市场情况、产品情况、生产状况、财务状况、情景预测和风险因素等。当战略投资者初步认定企业有投资价值后，他们就会与企业进行正式谈判。这是整个引入投资过程中最重要的一环。谈判将会一直围绕企业的发展前景、新项目的想象空间、经营计划和如何控制风险等重点问题进行。

(3)签订合作协议。谈判阶段完成后，如果战略投资人认为该项目前景看好，那么便可进行投资合同签订程序。投资者和企业双方签署有关协议标志着创业企业争取投资过程的结束，同时也标志着双方建立长期合作伙伴关系的开始。在投资合同书中，创业企业和战略投资人双方必须明确两个基本问题：一是双方的出资数额与股份分配，其中包括对创业企业的技术开发设想和最初研究成果的股份评定；二是企业的人员构成和双方各自担任的职务。签订正式协议后，双方即应履行协议。风险资本必须按时到位，资金按计划使用，重大事件必须及时通报，每月或每季度必须将公司财务报表送交审查。战略投资者作为公司股东，也可以参加公司董事会或直接参与其管理，其目的是预测可能出现的问题并提供及时的决策信息来使损失最小化或收益最大化。

(二)政府基金

近年来,政府充分意识到中小型企业在国民经济中的重要地位,尤其是各省市地方政府,为了促进地方经济发展,不断采取各种方式扶持科技含量高的产业,为此,各级政府相继设立了一些政府基金对中小型企业予以支持。这对于拥有一技之长又有志于创业的人士来说是一个很好的机会。

1.政府基金包括的内容

国家各部委设立的扶持基金有:科技部的“863”计划、火炬计划、中小企业科技创新基金等,每年都有数十亿资金用于科技型中小企业的研发、技术创新和成果转化;商业部的外资发展基金、中小企业国际市场开拓资金项目计划;财政部的利用高新技术更新改造项目贴息基金、国家重点新产品补助;国家发展和改革委员会的产业技术进步资金资助计划、节能产品贴息项目计划;信息产业部的电子信息产业发展基金等。除此之外,各级地方政府为了促进当地科技、外贸以及经济的发展,出台了地方性优惠政策,并由地方政财出钱设立专项的资金计划,支持中小企业发展。政府的资源是中小企业发展的重要启动力量,创业企业应学会寻找政策,争取用足、用好这些资源。

2.如何争取政府基金

创业企业无论在其发展的种子期、初创期、初步成长期或快速成长期,只要符合国家和地方的产业政策,都可以申请并获得中央或地方财政资金的扶持。如何申请并最终获得政府资金的扶持呢?主要经过下面几个步骤:

(1)作为一个企业的决策者或经营管理的主要负责人,不仅要抓技术开发,抓产品市场,还要抓融资,学会与政府打交道。有些人总是觉得与政府打交道很麻烦,这是一种偏见。

(2)要认真学习政府的有关产业政策,了解哪些产业是政府扶持的对象、有什么具体的规定、自己企业是否符合申请的条件、不够条件怎样创造条件、申请需要什么材料和程序等。通常有几种途径去学习和了解:通过政府各部门的网站;通过直接到政府有关主管部门与有关人员交谈;通过行业协会,以及协会兴办的一些活动和讲座;通过专家、专业人士以及中介机构。

(3)做好申请前的准备工作,或者说包装自己。包装不是作假,而是通过详细分析、评估本企业拥有的核心技术、生产市场方面的优劣势,以及发展潜力和财务状况,把本企业的内在价值充分挖掘出来,这就是我们通常所说的价值发现。

(4)按照规定的程序提交申请材料,开始进入审核程序。申请材料必须充分准备，把企业的内在价值尽可能地反映出来。同时，要主动与政府有关部门的人员接触、沟通，使他们对企业基本情况，特别是管理团队有一个比较深的了解。在争取政府的资源这方面，必须建立起必要的公共关系和信用关系，要使政府了解到企业在行业里技术水平是领先的、财务状况是良好的、企业运作是正常的、市场前景是广阔的、管理团队是过硬的。

（三）典当融资

风险投资虽是“天上掉馅饼”的美事，但只是一小部分精英型创业者的“特权”；而银行的大门虽然敞开着，但“门槛”高高在上，令创业者望而却步。因此，对大部分有意创业的人来说，“找米下锅”是创业的头等大事。在这种情况下，典当融资作为一种新型的融资方式，为不少创业者圆了“老板梦”。“急事告贷，典当最快”，典当的主要作用就是救急。与作为主流融资渠道的银行贷款相比，典当融资虽只是起着拾遗补阙、调余济需的作用，但由于能在短时间内为融资者争取到更多的资金，因而被形象地比喻为“方便面”，正获得越来越多创业者的青睐。

1.典当融资的概念

典当融资允许创业者通过将自有合法财产或在有关法规许可下将他人合法财产进行质（抵）押的形式，获得创业所急需的开业资金、运转资金和经营资金。该融资方式申办手续简便、快捷，几乎不受任何限制，创业者有资产就可申请。

2.典当融资的特点

典当融资是一种新兴的融资方式，更是一种特殊的融资方式，具体有以下三大明显特征：

(1)融资方式相当灵活。相比银行贷款，典当融资更具有灵活性。银行一般不开展动产抵押业务，不做小额贷款，对贷款人信用、贷款用途也有诸多限制。相比之下，典当行“认物不认人”，没有过多程序和死板的条件，大到几百万元，小到几百元的业务都欢迎，一切只取决于典当物品的真假优劣、市场价格及来源是否合法、权属是否明确。典当行还可根据融资者的质（抵）押资产规模和资金途径，双方共同协商确定一个合理的贷款数量并可随时调整，以保证其资金运作既充裕又不必担负额外的利息和费用。

(2)对中小企业的信用要求几乎是零。作为一种以实物所有权转移的形式取得临时性贷款的融资方式，典当融资有着独特的优势：对中小企业的信用要求几乎是零，只注重典当物品是否货真价实，而且不问贷款用途，融资者可以自由使用资金,从而大大提高了资金的使用率。

(3)提供周全的配套服务。其他融资方式往往只是解决资金问题,相比之下,典当融资却是个“多面手”。以“创业融资宝”为例,该项目针对不少创业人员缺乏市场经验和经营能力的实际困难,在提供融资服务的同时,帮助分析创业市场的需求与供给状况,选择有前景的创业项目,量身定制创业方案,尽可能地规避投资风险,使其能够在创业路上走得顺当一些。

3.运用典当融资需注意的问题

典当融资有着“短平快”的特点,而且由于采取质押担保的方式,借贷风险大大低于银行等金融机构的贷款风险。任何创新性的金融手段都会给投资者带来惊喜,但请记住,任何事物都有正反两面。典当融资需要融资者提供一定的可抵押品,而不能“空麻袋背米”;典当融资的贷款期限短,而且利息要高于银行贷款。因此,创业者融资前要先想一想,需要的钱能否立即从银行得到,如果能,自然应首选银行;如果无法得到银行贷款,想借道典当融资,也应该细算一下典当融资的成本是否划算。总而言之,“急用”“即还”是典当融资的两大要点,比较适合急需融资但资金要求不大的创业者。创业要切忌一点:不能把“方便面”当作“大米饭”来吃。

【案例】

阿里巴巴的融资始末

阿里巴巴,中国最大的网络公司、世界第二大网络公司,是由马云在1999年创立的企业对企业的网上贸易市场平台。2003年5月,阿里巴巴公司投资1亿元人民币建立个人网上贸易市场平台——淘宝网。2004年10月,阿里巴巴投资成立支付宝公司,面向中国电子商务市场推出基于中介的安全交易服务。阿里巴巴在中国香港成立公司总部,在杭州成立中国总部,并在海外设立美国硅谷、伦敦等分支机构、合资企业3家,在中国北京、上海、浙江、山东、江苏、福建、广东等地区设立分公司、办事处十多家。阿里巴巴从成立至今经历了以下几次融资:

(1)创业伊始,第一笔风险投资救急。1999年年初,马云决定回到杭州创办一家能为全世界中小企业服务的电子商务站点。回到杭州后,马云和最初的创业团队开始谋划一次轰轰烈烈的创业。大家集资50万元,在马云位于杭州湖畔花园的100多平方米的家里,阿里巴巴诞生了。

阿里巴巴成立初期，公司是小到不能再小了，18 个创业者是身兼数职。好在网站的建立让阿里巴巴开始逐渐被很多人知道。来自美国的《商业周刊》还有英文版的《南华早报》最早主动报道了阿里巴巴，并且令这个名不见经传的小网站开始在海外有了一定的名气。

有了一定的名气的阿里巴巴很快也面临资金方面的瓶颈：公司账上没钱了。当时马云开始去见一些投资者，但是他并不是有钱就要，而是精挑细选。即使囊中羞涩，他还是拒绝了 38 家投资商。马云后来表示，他希望阿里巴巴的第一笔风险投资除了带来钱以外，还能带来更多的非资金要素，例如进一步的风险投资和其他的海外资源。而被拒绝的这些投资者并不能给他带来这些。

就在这个时候，现在担任阿里巴巴 CEO 的蔡崇信的一个在高盛的旧关系为阿里巴巴解了燃眉之急。以高盛为主的一批投资银行向阿里巴巴投资 500 万美元。这一笔“天使资金”让马云喘了口气。

(2)第二轮投资，挺过互联网寒冬。更让马云意料不到的是，更大的投资者也注意到了他和阿里巴巴。1999 年秋，当时的亚洲首富、日本软银总裁孙正义约见了马云。孙正义直截了当地问马云想要多少钱，而马云的回答却是他不需要钱。孙正义反问道：“不缺钱，你来找我干什么？”马云的回答却是：“又不是我要找你，是人家叫我来见你的。”

这个经典的回答并没有触怒孙正义。第一次见面之后，马云和蔡崇信很快就在东京又见到了孙正义。孙正义表示将给阿里巴巴投资 3 000 万美元，占 30%的股份。但是马云认为，钱还是太多了，经过 6 分钟的思考，马云最终确定了 2 000 万美元的软银投资，阿里巴巴管理团队仍绝对控股。

从 2000 年 4 月起，纳斯达克指数开始暴跌，长达两年的熊市寒冬开始了，很多互联网公司陷入困境，甚至关门大吉。但是阿里巴巴安然无恙，很重要的一个原因是阿里巴巴获得了 2 500 万美元的中小企业融资。

(3)第三轮中小企业融资，完成上市目标。2004 年 2 月 17 日，马云在北京宣布，阿里巴巴再获 8 200 万美元的巨额战略投资。这笔投资是当时国内互联网行业金额最大的一笔私募投资。2005 年 8 月，雅虎、软银再向阿里巴巴投资数亿美元。

2007 年 11 月 6 日，阿里巴巴作为全球最大的 B2B 公司在香港联交所正式挂牌上市，正式登上全球资本市场的舞台。随着这家 B2B 航母登陆香港资本市场，此前一直受外界争论的“B2B 能不能成为一种商业模式”也有了结果。

阿里巴巴的上市，成为全球互联网业第二大规模中小企业融资。在此次路演过程中，许多投资者表示，错过了谷歌不想再错过阿里巴巴。

马云对风险投资的评价是：VC（风险投资家）永远是舅舅。

马云说："跟风险投资谈判，腰杆挺起来，但眼睛里面是尊重。你从第一天就要理直气壮，腰板挺直。当然，别空说。你用自己的行动证明，你比资本家更会挣钱。我跟VC讲过很多遍，既然觉得你比我有道理，那你来干，对不对？"

马云认为："创业者和风险投资商是平等的，VC问你100个问题的时候你也要问他99个。跟VC沟通过程当中，不要觉得VC是爷，VC永远是舅舅。你是创业这个孩子的爸爸妈妈，你知道把这个孩子带到哪儿去。舅舅可以给你建议、给你钱，但是肩负着把孩子养大的责任是你，VC不是来替你救命的，只是把你的公司养得更大。"

第二节 招兵买马——员工招聘与管理

一、创业核心团队组建

1.创业团队的要素

俗话说：一个篱笆三个桩，一个好汉三个帮。创建、开办企业或其他经济实体，都不是一个人的活动，也不可能由一个人完成。创业和经营企业都要有一个可靠的团队。这个团队不一定从一开始就是一成不变的，而是会不断地更新、补充，会重组、改组，但作为核心创业者、企业的灵魂人物，心中始终要保持一种高效、团结、敬业的团队管理思想。

（1）目标（Purpose）。

创业团队应该有一个既定的共同目标，为团队成员导航，没有目标的团队就没有存在的价值。创业团队的目标在创业企业的管理中以创业企业的愿景、战略的形式体现。

（2）人（People）。

人是构成创业团队最核心的力量。三个及三个以上的人就形成一个群体，当群体有共同奋斗的目标就形成了团队。在一个创业团队中，人力资源是所有创业资源中最活跃、最重要的资源。创业团队应充分调动团队成员的各种资源和能力，将人力资源进一步转化为人力资本。

目标是通过人来实现的,所以人员的选择是创业团队中非常重要的一个部分。在一个团队中可能需要有人出主意,有人订计划,有人实施,有人协调不同的人一起去工作,还有人去监督创业团队工作的进展,评价创业团队最终的贡献,通过分工来共同完成创业团队的目标。在人员选择方面要考虑人员的能力如何、技能是否互补、人员的经验如何等因素。

(3)创业团队的定位(Place)。

创业团队的定位包含两层意思:首先是团队的整体定位。创业团队在企业中处于什么位置,由谁选择和决定团队的成员,创业团队最终应对谁负责,创业团队采取什么方式激励其成员。其次是个体(创业者)的定位。作为成员在创业团队中扮演什么角色,是制订计划还是具体实施或评估;是大家共同出资,委派某个人参与管理,还是大家共同出资,共同参与管理,或是共同出资,聘请第三方(职业经理人)管理。这种定位通常体现在创业实体的组织形式上,是合伙企业或是公司制企业。

(4)权限(Power)。

创业团队当中领导人的权力大小与其团队的发展阶段和创业实体所在行业紧密相关。一般来说,创业团队越成熟,领导者所拥有的权力相应越小。在创业团队发展的初期阶段领导权相对比较集中。高科技创业实体多数实行民主的管理方式。

(5)计划(Plan)。

目标最终的实现,需要一系列具体的行动方案,可以把计划理解成达到目标的具体工作程序。另外,按计划进行可以保证创业团队的顺利工作。只有在计划的操作下,创业团队才能一步一步地贴近目标,从而最终实现目标。

【链接】

创业团队的类型

从不同的角度、层次和结构,可以划分为不同类型的创业团队。依据创业团队的组成来划分,创业团队有星状创业团队(Star Team)、网状创业团队(Net Team)和从网状创业团队中演化而来的虚拟星状创业团队(Virtual Star Team)。

1.星状创业团队

一般在团队中有一个核心人物(Core Leader)充当了领队的角色。这种团队在形成之前一般是核心人物有了创业的想法,然后根据自己的设想进行创业团队的组织。因此,在团队形成之前,核心人物已经就团队组成进行过仔细思考,根据自己的想法选择相应人员加入团队,这些加入创业团队的成员也许是核心人物以前熟悉的人,也有可能是不熟悉的人,但这些团队成员在企业中更多时候是支持者角色(Supporter)。

这种创业团队有几个明显的特点:

(1)组织结构紧密,向心力强,主导人物在组织中的行为对其他个体影响巨大。

(2)决策程序相对简单,组织效率较高。

(3)容易形成权力过分集中的局面,从而使决策失误的风险加大。

(4)当其他团队成员和主导人物发生冲突时,因为核心主导人物的特殊权威,使其他团队成员在冲突发生时往往处于被动地位,在冲突较严重时,一般都会选择离开团队,因而对组织的影响较大。

这种组织的典型例子,如太阳微系统公司(Sun Microsystem)创业当初就是由维诺德·科尔斯勒确立了多用途开放工作站的概念,接着他找了乔(Joy)和本其托斯民(Bechtolsheim)两位软件和硬件方面的专家,和一位具有实际制造经验和人际技巧的麦克尼里(McNeary),组成了Sun的创业团队。

2.网状创业团队

这种创业团队的成员一般在创业之前都有密切的关系,比如同学、亲友、同事、朋友等。一般都是在交往过程中,共同认可某一创业想法,并就创业达成了共识以后,开始共同进行创业。在创业团队组成时,没有明确的核心人物,大家根据各自的特点进行自发的组织角色定位。因此,在企业初创时期,各位成员基本上扮演的是协作者或者伙伴角色(Partner)。

2.创业团队组建要注意的问题

创业团队是否能够取得成功的重要因素是团队成员之间能否互补。不同角色在团队中发挥着不同作用,一个创业团队要想紧密团结在一起,共同奋斗,努力实现团队的远景和目标,各种角色的人才都不可或缺。

一个优秀的创业团队必须包括以下几种人:创新意识强的人,这种人可以提出观点,决定公司未来发展方向;执行能力强的人,把好的创意付诸实践;协调者,调节各种关系,缓解矛盾,凝聚团队。如果是技术类的创业公司,还应该有技术高手。当然,团队中还需要有人掌握必要的财务、法律、审计等方面的专业知识。但在团队形成之初,并不需要以上各方面的成员全部具备。在必要时,一个或多个成员去学习团队所缺乏的某种技能,从而使团队充分发挥其潜能的事情并不少见。

李嘉诚曾经说过："大部分的人都有部分长处与部分短处，像大象食量以斗计，蚂蚁一小勺便足够。各尽所能，各得所需，以量才而用为原则。一部机器，假如主要的机件需要用五百匹马力去发动，虽然半匹马力与五匹马力相比是小得多，但也能发挥其一部分作用。"优化资源配置，使得团队成员各尽所能，应该是创业团队组建的根本原则。

【案例】

阿里巴巴马云和他的创业"十八罗汉"

现在回头去看阿里巴巴保存的一段录像，会觉得很有意思。录像记录的是1999年春阿里巴巴刚成立时，在杭州湖畔花园马云家，马云妻子、同事、学生、朋友共18个人围着马云，听他慷慨陈词：从现在起，我们要做一件伟大的事情。我们的B2B将为互联网服务模式带来一次革命！

类似的话在1998年年底的北京，马云已经讲了一次。

当时，在下定离开外经贸EDI回杭州的决心后，马云和跟随着他从杭州到北京打拼的兄弟们说："我近来身体不太好，打算回杭州了。你们可以留在部里，这有外经贸部这棵大树，也有宿舍，在北京的收入也非常不错；你们在互联网界混了这么多年，都算是有经验的人，也可以到雅虎，雅虎刚进入中国，是家特别有钱的公司，工资会很高，每月几万元的工资都有；也可以去刚刚成立的新浪，这几条路都行，我可以推荐。反正我是要回杭州了。"

接着马云又说："你们要是跟我回家二次创业，工资只有500元，不许打的，办公就在我家那150平方米里，做什么还不清楚，我只知道我要做一个全世界最大的商人网站。如何抉择，我给你们三天时间考虑。"

像当年离开中国黄页一样，马云的决定又一次在他的团队里引起轩然大波。所不同的是这次没人哭。大家讨论时，很多人不能理解马云的决定，也有人坚决反对这个决定。不过，5分钟后，所有人都表达了一个共同的意愿：跟着马云回杭州。

1999年是中国互联网的第一波高峰时期，有经验的互联网从业人员是稀缺资源，很容易找到高薪工作，与500元相比，月收入上万元还是很有诱惑力的。至于为什么这些人会一致地选择跟随马云南下，日后马云的一次内部讲话多少能说明一些问题："现在互联网江湖很昏暗，谁也不知道未来是什么，这个时候你可以去找一份收入不错的工作,但很可能你几年后还得换地方。现在我们用一支团队的力量在这片江湖里拼杀,十几个人在一起还有什么可怕的,拿着大刀片子往前冲即可。”

财经作家郑作时为此感慨:“这一团队和马云之间建立了超越利益之上的联系——既然几万元的月薪都可以放弃,那还有什么力量可以让他们分开。”

二、创业企业部门设置

1.创业企业组织结构

各个创业企业的部门设置会有所不同,要根据企业的经营需要和发展阶段、财力状况等进行设置。从具体组织结构上可分为直线制、职能制、直线职能制、矩阵制、事业部制、多维立体制等类型。

(1)直线制组织结构。

直线制结构是最古老最简单的组织形式,这种结构适用于小型公司,它要求经理能够对本部门所有的问题作出决策,所以,经理必须是个全才。如果公司的规模扩大了,那么或者增加管理层次,或者增加每一层次的工作单位。

(2)事业部制组织结构。

事业部制组织结构,是在公司总部下设立若干个自主营运的业务单位——事业部。这些事业部或者按产品来划分,或者按地区来划分,每一个事业部都要对成本、利润负责。

(3)矩阵组织结构。

矩阵组织结构是一种较新的组织结构形式,它特别适用于技术进步较快、技术要求较高的公司。通常的矩阵组织结构就是运用若干项目小组而使组织成为新的结构形式。项目小组是指组内人员分别出自组织中的不同部门,他们具有不同的知识和技能,为了完成一项特定的工作任务而组合在一起。在矩阵结构中的项目小组成员仍必须接受原部门经理的领导,即矩阵结构中的成员要受到项目经理和纵向的部门经理的双重领导。

2.创业企业部门设置的原则

(1)部门精简原则:部门设置力求精简,这是以有效地实现组织目标为前提的。

(2)弹性原则:划分部门应随业务的需要而增减,在一定时期划分的部门,其增设和撤销应随业务工作而定。组织也可以设立临时部门或工作组来解决临时出现的问题。

(3)目标实现原则:指必要的职能部门均应具备,以确保目标的实现。当某一职能与两个以上部门有关联时,应将每一部门所负责的部分加以明确。

(4)指标均衡原则:各部门职务的指标分派应达到平衡,避免忙闲不均、工作量分摊不均。

(5)监督部门独立设置原则:考核和检查业务部门的人员,不应隶属于受其检查评价的部门。这样才可以真正地建立有效的监督和检查机制。

【链接】

初创企业组织设置的原则

新公司的组织设计需考虑以下几个原则:

1.精干原则

组织精干是企业有效运行的基础。这一原则的基本要求是,部门尽量减少,各种业务尽量实行职能归类管理。一般生产型企业,有这样几个部门就基本足够——生产管理部门、质量管理部门、技术开发部门、营销管理部门、财务部门、人事行政部门(包含办公室在内),其他如采购、仓库管理等职能,要么就归并到上面某个职能部门内,要么只设岗位,不设部门,指定某个领导负责就行。

2.垂直管理原则

垂直管理体现的一个基本原理是只听一个领导的安排,而不是很多人都来安排同一件事。同样,垂直管理对日常业务的开展(非重大决策),对于效率的提升是非常有效的。

3.独立原则

独立原则就是组织中的各部门要分工明晰、权责清楚,而且,权责一旦清晰,就要尊重这些权责的所属,不是停留在书面上,而是在具体的业务开展中都要做到这一点。要尊重部门的独立性。

4.扁平化原则

本着效率原则,管理层级能够尽量缩减最好。一般设4个层级基本就够了:总裁——部门经理——部门主管——一般员工。指令下达,或者报告审批,如果需要经过很多程序,往往贯彻起来速度较慢,甚至指令失真。当然,从另外一个角度而言,因为管理层级偏少,不利于员工职业通道的发展。当然,这个问题不一定要通过多设层级来解决,而应从企业业务的发展空间来进行拓展,以及在薪酬福利等方面进行调整。

三、创业企业人力资源管理

比尔·盖茨曾经说过:“在我的事业中,我不得不说我最好的经营决策是必须挑选人才,拥有一个完全信任的人,一个可以委以重任的人,一个为你分担忧愁的人。”

对创业者而言,如何组成、发展、凝聚团队,做好员工的选、用、育、管、留,已成为一项必要的创业管理能力。创业者要掌握好企业的初创期、发展期和成熟期用人的不同标准和方法。初创期要的是“跨马能够闯天下”的人才。而发展到一定的程度后就需要“提笔能够定太平”的人物。企业在发展过程中,只有在保持基本稳定的同时,不断地“吐故纳新”,企业才能保持旺盛的生命力。

1.创业初期的人力资源制度

一个新公司,制度并非大而全就好,而是一些关键的制度不能少。初创企业的人力资源制度主要有4个方面:基本的薪酬分配制度;考勤制度;人员招聘制度;奖惩制度。其他如培训制度、考核制度等实用就可以了。人力资源制度一定要结合企业的实际情况来制定,尤其是薪酬制度,要花点时间和精力,要确实能起到激励员工的作用。

2.企业的薪酬管理

明确工作岗位所需的技能和学历以及工作的难易程度等,从而判断每个工作岗位的相对价值,以此作为薪酬管理的依据,制定公平合理的薪酬制度。

企业的薪酬管理一直困扰着很多企业领导,如果没有一套非常适合本企业的薪酬管理制度,企业领导人或者人事负责人往往会遇到很多棘手问题。初创企业必须学会建立一套科学实用的薪酬管理体系。

初创企业应如何处理薪酬问题呢?

(1)判断岗位价值。

公司成立之初,虽然规模小,但依然要明确每个岗位的要求。建议首先确立各岗位的要求:如胜任该岗位的基本条件——学历、工作经验、技能要求等;基本职责——工作内容、应负责任、享受的权利等;基本职位晋升途径——薪资增长、职位提升、知识培训等。

这样,每个岗位有了一个可以衡量的数据化的要素比较图,然后形成各岗位的价值比,根据价值比确定各岗位的基本薪酬,根据企业预算及对岗位的期盼值,设立每个岗位的加薪频率与幅度。

(2)了解市场行情。

看市场行情不仅仅看薪资总额,更要看薪资的组成部分、薪资的稳定性、薪资所涵盖的岗位要求。只有了解市场薪酬行情才可以轻松应付每一位应聘者的薪资谈判,从薪资行情并结合自身企业的定位找到最适合自己企业的员工。

了解市场行情的途径大致有:对应聘资料进行分析;通过人才中介机构寻找相关数据;通过分析专业人才网站的薪资行情信息等途径。

(3)薪酬的周全性。

员工可以分为投资型、契约型与利用型。投资型员工视为企业战略合作伙伴,注重长期合作及风险分担,可用赠予股份与让其投资少部分风险金相结合,以满足其薪酬要求;契约型员工主要指确实有能力但很“现实”的那部分员工,企业可以对其提出的要求与企业对其的要求结合起来,并通过合约的方式确立双方的权利与义务,明确违约责任;利用型员工要求员工根据企业的制度来执行,并根据员工的动态及企业要求灵活调整制度以满足企业与员工的要求。

(4)薪资谈判方式。

一般企业在招聘时采取一对一的薪资谈判方式,有以下策略供参考:

与应聘者一起探讨其进入公司后可能产生的作用、能力、业绩等及公司主动配给他的资源,如政策、培训机会、晋升机会等,在双方相互认同及愉快的氛围中再谈薪资问题,一般会比较顺利。

【链接】

用人的四项基本原则

管理大师彼得·德鲁克曾经总结出用人的四项基本原则:

1.确保各项职位的合理性

如果某项工作已连续使两三个人觉得无法胜任,而这些人在过去的岗位上却有出色的表现,那么管理者就必须认识到问题不在人的身上,而需要对这个职位重新设计。

2.确保自己管辖的职位既有很高的要求,又有宽广的范围

管理者应使设置的职位具有很大挑战性,这样有利于员工发挥他们自己的优势和特长。而同时,又可以保证它有足够的回旋余地,使员工容易将自身的优势变成重大的成果。

3.人尽其才

管理者将某人安置在某个职位上时，要充分考虑这个人的特点、长处和条件，使该职位能最大限度地发挥他的潜能和长处。

4.用人之长，管理者就必须容忍他们的短处

用人之长，一方面可以激励人才的职业发展，一方面可以保证组织的运作效率。

第三节　算好自己的账——财务管理

【案例】

张丽和她的养猪事业

2003年，张丽看好养殖业，并陆续投资近30万元兴建了养猪场。通过自身的精心设计和辛勤努力，养猪事业发展顺利。在近4年的时间里，饲养的猪由于防疫措施得当，品种优良，饲料结构和成本控制合理，生长速度快、成活率高，销售畅通无阻，在当地有了一定的知名度。几年下来资金在口袋里进进出出，感觉很成功。通过学习后，她发现自己的养殖事业似乎并不像以前想象的那么成功，其中忽略了经营计算中非常重要的环节——总成本的核算。当初在计算成本的时候，张丽没有把很多重要的支出考虑进去，其中包括房屋、设备、汽车的折旧费，自己的工资、电话费、汽车用油费及预料不到的日常饲料浪费等。张丽为了经营养殖场，花48 000元买了一辆客货车，现在最多能卖一万五千元，三万多元的应提折旧在哪里？经过重新计算，她这几年几乎没有利润。她考虑再三，决定二次创业。

一、基本财务知识

作为一个企业的管理者，除了为企业选聘合格负责的财务人员之外，还需要亲自了解一些基本的财务知识，具备一定的财务意识，这样能够帮助管理者更好地进行企业战略决策，选择企业的营销策略。企业财务的六大要素包括资产、负债、所有者权益、收入、费用、利润，这些构成了企业财务的全部。

1.资产。

它是指由投资者拥有或者控制的,能够为企业创造商业价值或者交换价值的各类财产和权利,由固定资产和流动资产等组成。企业会计制度规定:固定资产是指使用期限超过一年的房屋、建筑物、机器、机械、运输工具,以及其他与生产、经营有关的设备、器具、工具等不属于生产、经营主要设备的物品,单位价值在2 000元以上,并且使用期限超过2年的,也应当作为固定资产。流动资产是指可以在一年或者超过一年的一个营业周期内变现或者耗用的资产,包括现金及各种存款、短期投资、应收及预付货款、存货等。

2.负债。

它是指由过去的交易、事项形成的现实义务,履行该义务预期会导致经济利益流出企业,由流动负债、长期负债等组成。流动负债是指将在一年(含一年)或者超过一年的一个营业周期内偿还的债务,包括短期借款、应付票据、应付账款、预收账款、应付工资、应付福利费、应付股利、应缴税金、其他暂收应付款项、预提费用和一年内到期的长期借款等。各项流动负债,应按实际发生额入账。短期借款、带息应付票据、短期应付债券应当按照借款本金或债券面值,按照确定的利率按期计提利息,计入损益。长期负债,是指偿还期在一年或者超过一年的一个营业周期以上的负债,包括长期借款、应付债券、长期应付款等。各项长期负债应当分别进行核算,并在资产负债表中分列项目反映。将于一年内到期偿还的长期负债,在资产负债表中应当作为一项流动负债单独反映。

3.所有者权益。

它是指所有者在企业资产中享有的经济利益,其金额为资产减去负债后的余额。企业的资产来源一般来说有两部分:一部分是股东的投入及所有者权益,一部分是借来的资金,即负债。企业有了资金就可以购置资产,也就是说企业的资产等于二者之和。借款即负债一定要还,这是雷打不动的。当企业经营不好而亏本时,减少的只能是所有者的权益;当企业盈利时,增加的也同样是所有者的权益。可见,所有者权益并不是股东的初始投资额,而是视企业经营好坏而增减,在数量上应等于资产总额减去负债总额。

所有者权益包括:实收资本(指投资者按照企业章程或者合同、协议的约定实际投入企业的资本。所有者向企业投入的资本,在一般情况下不需偿还,可以长期周转使用)、资本公积(资本本身升值或其他原因而产生的投资者共同利益,包括资本或股本溢价、接受捐赠资产、外币资本折算差额)、盈余公积(企业从实现的利润中提取或形成的存留于企业内部的积累)、未分配利润(企业留于以后年度分配的待分配利润)。

其中,资本或股本溢价是指企业投资者投入的资金,超过其在注册资本中所占份额的部分;接受捐赠资产是指企业因接受现金和非现金资产捐赠而增加的资本公积;外币资本折算差额是指企业接受外币投资时因所采用的汇率不同而产生的资本折算差额。

4.收入。

它由主营业务收入、其他业务收入和营业外收入等组成。主营业务收入指企业(集团)从事某种主要生产、经营活动所取得的营业收入。其他业务收入是指企业除了主营业务收入以外的其他业务活动所取得的收入,如材料销售、技术转让、固定资产出租、包装物出租等取得的收入。营业外收入是指企业发生的与企业经营无直接关系的各项收入,包括固定资产盘盈、处理固定资产净收益罚款收入、确实无法支付的应付款项等。

5.费用。

它是指企业在销售商品、提供劳务等日常生活中发生的经济利益的流出。费用可划分为产品制造成本和期间费用两类。产品制造成本是指与生产产品直接有关的费用,包括直接材料、直接人工、制造费用等。这些费用计入产品成本,并从产品的销售收入中得到补偿。制造成本可根据计入产品的方式不同,划分为直接费用和间接费用。直接费用,是指为生产某种产品发生的直接人工费、材料费等。直接费用可根据原始凭证直接计入该产品成本。间接费用,是指企业为生产多种产品而发生的各种费用,生产车间的制造费用就是间接费用,应按一定的标准进行分配,分别计入各种产品成本。期间费用是指与生产产品无直接关系,属于某一时期的费用,包括管理费用、财务费用和营业费用。期间费用不计入产品成本,而是在当期损益中扣除。

6.利润。

所谓利润,是指公司、企业在一定期间的生产经营活动成果,即收入与费用相抵后的差额,它是反映经营成果的最终要素。利润是公司、企业生产经营成果的综合反映,是公司、企业会计核算的重要组成部分。如果收入大于费用,其净额为利润;如果收入小于费用,其净额为亏损。利润通常包括营业利润、投资净收益和营业外收支净额等几部分。营业利润是反映公司、企业投资活动的财务成果,是投资收益和投资损失相抵后的余额。净利润是企业实现的总利润减去依法应缴纳的所得税之后的净额,是可供企业实际分配的利润。

六大要素的相互关系具体如下:

资产 = 负债 + 所有者权益

利润 = 收入 - 费用

资产 + 费用(成本) = 负债 + 所有者权益 + 收入

【案例】

我的钱到底是怎么花的?

"我的钱到底是怎么花的?"这是罗老板每天都在问自己的一个问题。罗老板经营一家装饰工程公司已经有六年了。在这个公司中,罗老板是一股独大,虽然有另一个小股东,但也是罗老板的自家人。罗老板为人精明,做生意兢兢业业,把个小公司管理得井井有条。

2010年对于罗老板来说是大发展的一年。这一年,公司接到了多项大工程,由原来前四年每年营业额三四百万元猛增到年营业额2 000万元。业务形势一片大好,但财务管理问题又使罗老板陷入苦恼之中。

过去每年两三百万元的工程、三四处工地,用罗老板一支笔加上精明的头脑,控制起来得心应手。但现在每年8~10处工地、2 000多万元的营业额,每个工地又有分包、转包、合作项目分支,工地分散在全国六个地区,每天各地传真来的费用申请多达上百张,大到几十万元小至几十元,每张都要他签字后回复方可申领。如何辨别这些支出的合理性?

实际上,精明的罗老板在财务管理上用人一直不顺手,从2010年起,两年内换了三个会计、一个出纳。虽然公司制定了很完善的财务制度,但执行起来都不合罗老板的意。财务人员技能不足以控制住多头的项目财务走向,支出混乱。罗老板每天都在问:"我的钱到底是怎么花的?"

其实,这是发展公司的常见病。经过向专业财务公司咨询,罗老板会同财务公司对整个公司财务管理做了以下系统化的改造和建设工作。

(1)针对公司的业务特点及多头、异地的经营规模情况,建立了公司与财务公司管理集权与分权的责任划分,一支笔操控多支笔,并辅之以财务公司的"公共财务总监"确立对分权的多支笔的有效审核监督机制。

(2)由财务公司对业务部门的项目经理进行专项财务培训,重新建立规范的业务部门、业务统计报表体系及合同管理的岗位。

(3)对异地、多头的项目部及业务分支,实施了新格式的财务报表系统,确立了报告系统的统计口径;建立内部控制系统的监督机制,保证数据的真实性。

二、创业企业财务管理

(一)创业企业财务管理应遵循的主要原则

创业企业财务管理是创业企业对其资金的获得、积累、分配、支出等进行规划、核算和监察等工作的总称。所有创业企业都需要严格的财务管理,创业企业要想生存发展,都必须管好钱、算好账。创业企业的财务管理至关重要,因为开店创业的目的就是为了赚钱,如果不能抓住财务这个关键,就有可能前功尽弃,或者只出力而没有效益和利润。但是,财务管理并不是轻而易举就能做好的,这需要创业企业经营者付出更大的时间和精力,付出更多的努力。创业企业财务管理的关键是要找到其中的"道",也就是关键和窍门。

1.做好财务规划

较小的创业企业很少对店里的财务做整体的规划。在开店前,创业企业经营者很少会预估营业额,也不拟订年度预算和销售计划,因此在成本和利润的控制上往往不得要领,常常是只注意到现金盈亏,却不知实际收支上的盈亏。由此可见,财务规划是企业经营的重头戏。规划周到,理财有方,才能以钱生钱,才能扩大创业企业的规模,从而获取更多的利润。

2.明确财务管理的目的

(1)积累创业企业发展所需的资金。为了使创业企业得以发展,就要通过有效的财务管理来筹集发展资金,广辟财源增加资金积累。筹集发展资金最有效的方法是增加营业收入,而增加营业收入的途径包括提高经营水平、保证商品质量、增加服务项目等。

(2)获得利润。对开店而言,只有不断获利,才有存在的价值。通过增加营业收入、控制成本才会获得更多的利润。

(3)达到收支平衡。财务管理可以使创业企业以收抵支和偿还到期债务。只有这样,创业企业才能持续经营,否则就要亏损甚至破产。

3.遵守财务管理原则

(1)预测原则。财务预测是指根据创业企业经营活动的历史资料,结合创业企业的现实情况,对创业企业未来的财务状况作出预计和估算。财务预测是财务决策的依据,是编制财务计划的前提,也是提高创业企业经济效益的手段。财务预测主要有定性预测和定量预测两种方法。

(2)决策原则。财务决策是财务管理的核心,是指为了实现财务目标,根据财务预测,从多个管理方案中选择最优管理方案的过程。决策的正确与否,与创业企业的兴衰关系极大。决策正确,可以保证创业企业的经营活动建立在高效益的基础上,使创业企业在激烈的竞争中立于不败之地;否则,创业企业的生存和发展将面临危机。

(3)计划原则。财务计划是在一定时期内以货币形式综合反映创业企业资金运转和经营成果与分配的计划。它包括平稳法、因素法、比例法、定律法、定额法、趋势计算法。

(4)控制原则。财务控制是指在经营过程中,以计划的各项定额为依据,通过一系列措施,对财务活动进行监控和审核,以实现财务目标。它主要包括事前控制、事中控制、事后控制等方法。

(5)分析原则。财务分析是以创业企业的会计资料为基础,对创业企业的财务状况和经营成果进行分析和评估。财务分析是对创业企业一定期间内经营活动的总结,可以为创业企业进行下一步的财务预测和决策提供依据。

4.运用财务管理技巧

(1)合理控制创业企业财务开支。要想使创业企业的财务管理顺畅自如,一个最基本的办法就是要合理控制创业企业的运营成本。创业企业应对每个月的经营支出列出明细并进行分析。作为创业企业的经营者,对创业企业费用支出的控制要从员工工资、人事费用、固定费用支出、变动费用支出四个项目入手。通常而言,创业企业应把握以下五个要点对经费开支进行控制:①店员薪金总额不得超过经费的50%;②经费与销售总额之比要在15%以内;③人事费用与销售总额之比要小于6%;④固定费用与总经费之比应维持在85%以上;⑤变动费用与总经费之比应为15%。

(2)要合理避税。合理避税是指关于纳税筹划的一种形式,它是指纳税人依据税法规定的优惠政策,采取合法的手段,最大限度地采用优惠条款,以达到减轻税收负担的合法经济行为。

财务管理可以使表面杂乱无章、千头万绪的创业企业变得条理清晰,还可以防止创业企业经营中的各种弊端。管理好创业企业的财务是创业企业发展壮大的基础。财务管理必须要严格,制定并严格执行有关的财务制度是创业企业规范化管理的一部分,也是创业企业生存发展的有力保障。

(二)严格的财务制度是财务安全的保障

经营者要建立一套完善严格的财务制度,聘请专业的财会人员,有序地进行财务管理。创业企业的财务管理制度大体可分为三类:记账管理、财务核算管理、资金管理。

1.记账管理

记账管理就是账本管理制度，即对创业企业收入和支出的钱、物进行登记。每日认真记账是做好账本管理的关键。从某种意义上说，一些小店的生意非常简单，每日的收入和支出金额都一清二楚，而且，其中大多是现金收入。因此，这样的创业企业记账方式很简单，故可以做到日清日结，把每天的收支情况在当天记录整理好。如果认为金额较少，拖延两三天再记账也无关紧要，就会在不知不觉中养成不及时记账的习惯，拖延至一周记一次账，甚至一个月记一次账，这样便会因无从知晓创业企业资金的来往情况而影响工作。

因此，当天的工作应在当天总结整理，这样无论多么细小的情节都能回想起来。如果将工作累积至一周或一个月后再作总结、整理，则很多细节早已忘到九霄云外，一旦出现问题，就不好处理了。如果是财务记账有误，以致不得不缴纳多余的税金，对创业企业来说更是雪上加霜。记录一天的账目不需要太多的时间，所以千万不要因为舍不得这一点时间而给创业企业带来更大的麻烦。除了及时记账外，还应该对账目及时进行整理统计，制成一览表，存档备用。

2.财务核算管理

财务核算管理是对创业企业经营活动的过程和结果以货币为单位进行计算和统计，然后编制出具有一定格式的会计报表。通过这些会计报表了解创业企业的经营情况，评价经营中出现的问题，这是经营者决策的重要依据。所以，财务核算制度一定要严格。

(1)成本费用的组成。一家创业企业的成本费用基本由以下部分组成：人员工资、房租、设备费用、水电费用、库存商品费用、应收账款、广告宣传、促销费用、杂费、损耗。

(2)有效控制费用的措施。在创业企业的成本核算中，一般人员费用所占的比率最高，往往会超过月营业额的6%。创业企业经营者应该重点关注员工的作业安排表，将人员灵活调度，从而产生最高的工作效率。

对于水电费用、杂费等，采用节约原则，如减少不该有的照明，或者办公用品集中采购等，以节约部分杂费。夏天，一些创业企业将空调的温度调至十几度，不仅顾客一进门就觉得冷，还浪费电，店员在这样的环境待久了，一旦进入室外炎热的场地，极易感冒，影响工作与健康。还有些创业企业，夏天开着空调，大门洞开，一方面冷气向外涌，一方面外面的热气往里灌。这种情况下，可以在门口挂上透明的帘子，一方面可以防止室内外空气的对流，另一方面也方便顾客的出入。

合理控制库存商品，尽量减少资金占用。合理的库存可以提高门店的盈利率。库存太少，将增加商品的采购费用；而库存太多，不仅占用大量的资金，而且会产生更多的仓储保管费用，甚至因为商品销售不畅而造成大量的商品损耗。创业企业经营者可以利用“库存—销售比”的计算公式来帮助预算出某种商品的合理库存。

广告及促销费用要精打细算，有些广告促销用品要反复利用，或者亲手制作，以节约费用。还可以根据商品的特质来避免不合理的损耗，例如，食盐类产品怕潮湿，因此不要挨近地面存放或者靠近生鲜冷冻食品存放。有商品接近保质期时，要果断降价促销，以避免更大的损失。

3.资金管理

资金管理是建立一定的制度确保资金合理、安全地运用，以有计划地周转资金，使创业企业的经营正常进行。

(1)现金收入的管理制度。创业企业的现金收入管理，主要是收银管理，其在创业企业管理中非常重要。收银员是顾客服务链中极为重要的环节，对顾客是否再次光临有重要的影响，因此，万万不可轻视收银管理。具体的收银制度如下：坚守岗位，不得空台，做到热情服务，态度和蔼，语言礼貌，坚持唱收唱付；收银要严格按照程序操作，不得出错，并备好充足零钞，不因短缺零钞而走失生意；熟悉业务，提高辨别假钞能力，发现假钞及时处理，收到假钞由当事人负责赔偿；下班前收银员将当天收到的每一笔货款如实输入收银机内，在结账时累计实收必须与输入收银机内的款项相符；严格遵守现金管理制度，做到当天款项当天清。

(2)现金管理制度。绝大多数顾客是通过现金与创业企业进行交易的，因此完善现金管理制度是创业企业财务管理的重要项目。创业企业经营者可以将现金管理的重点落在清点、安全两个方面。

第一，现金的清点及结算。现金由收银员与老板在指定地点、指定时间面对面清点清楚，并填写每日营业收入结账表，由收银员与老板签名确认。有这样一个真实的故事：工作结束后，一家创业企业的收银员将一日的营业收入交给老板，老板随手将钱放在柜子上，然后离开房间大约20分钟。当然，这时包括收银员在内的全体员工还留在店内尚未回家。老板工作繁忙，收当天的营业收入已成为每天的例行工作，因此，很多时候，老板收到钱后并未留下深刻印象。不幸的是，就在这短短的时间内，小偷溜进了老板的办公室，将钱偷走了。20分钟内房门大开，内无一人，可是对忙碌的老板来说，这段时间只相当于两三分钟。当老板发现钱不见了时，他大吃一惊，转念一想："哦，今天的营业收入还没交给我，我还以为放在柜子上了。"于是，老板来到店内问收银员："今天的营业收入呢?""我刚才交给您了。""没有，我没有收到。我每次都把钱放在柜子上的，现在柜子上没有……"最后，小偷被抓获，在警察局坦白一切犯罪事实后，双方的误会才得以消除。

因此，为了避免此类现象重演，交接现金时，收款人必须签名画押，写上收款日期。

第二，现金的安全措施。为了现金的安全，创业企业至少要配备一个保险箱，用于存放当日现金或过夜营业款，保险箱要由老板亲自保管。如果要到银行存款，最少要有一人陪同老板前往，以防路上出现意外。

（三）经营者要熟悉财务指标分析

创业企业的经营状况是否良好，可以通过财务指标的变化看出来。因此，作为创业企业的经营者，就需要掌握分析财务指标的方法，通过分析财务指标，了解创业企业的经营状况，提高盈利能力，规避经营风险。

1.熟悉主要的财务报表

财务分析的基础工具是企业的资产负债表和利润表。这两张报表囊括了企业的财务状况对经营业绩的影响。作为创业企业经营者，要能看懂这两张报表，并能从中发现经营中存在的问题。

(1)资产负债表。资产分为流动资产和长期资产，负债分为流动负债和长期负债。资产负债表通过显示资产和负债的比例，可以反映出创业企业的经营效率。

(2)利润表。利润表反映出创业企业是否赚到利润。它由销售收入、成本、费用三部分组成。通过对利润表进行细致的分析，可知有许多方法能改进创业企业的盈利经营情况：或者增加销售额，但是要确保不要同比例地增加销售成本或营业费用；或者降低营业费用，但是要确保不要同比例地减少销售额或同比例增加销售成本。创业企业经营者要分析不同时期各种费用增长或减少的原因，不要仅仅简单地靠增加销售额来改善创业企业的经营情况。

2.分析各种财务指标

创业企业经营者了解了资产负债表、利润表两张基本的财务报表之后，还要通过各种财务指标计算公式来具体了解创业企业的盈利水平、费用成本等具体的财务状况，以便根据情况作出对策。

(四)有效避免财务危机,使企业健康成长

资金是创业企业的命脉,是创业企业生存与发展的基础。但很多创业企业的老板不懂财务,也没有经常查看财务报表的习惯,或看了也看不懂。他们只在年终或创业企业出了重大财务问题时,才关心财务报表。但有些创业企业的老板不是亲自抓财务,而是会计、出纳一人包办。虽然压缩了人员成本,方便了财务进出,却加大了各项不确定性风险。一般来说,造成创业企业财务危机的原因有以下四种:

(1)"以短支长",造成财务危机。企业发生周转不灵的财务危机,大多是将借贷来的短期资金移做长期使用,犯"以短支长"的资金运用禁忌。要避免犯"以短支长"之错,创业企业所需购买设备的资金宜采用长期负债或自由资金来支付,而日常运营所需的成本费用、应付淡旺季变化或季节性变动所需的成本,则应采用短期借款来支付。妥善规划可动用资金额度的调度,充分掌握资金及现金流量管理,才能发挥最有效的资金配置,创造出企业最大的投资收益,也才不会发生因扩充过速、突发事件或因经济不景气的影响,导致资金周转不灵的财务危机,进而导致企业倒闭。

(2)过度负债,导致财务危机。适度负债,创业企业可以获取财务杠杆利益,但过度负债则会使创业企业的支付能力变得极为脆弱,甚至发生支付危机。偏高的负债一方面或弱化创业企业的支付能力,隐含着财务危机。一旦信用链条上某一环节出现故障,必然会出现财务危机。要避免过度负债,就要做好财务预算,增加盈利,拓宽融资渠道,避免债务过于集中。

(3)内部财务管理混乱,造成财务危机。创业企业财务管理制度不完善,在资金管理及使用、利益分配等方面权责不明,会造成资金使用效率低下,或者由于财务制度的漏洞,造成资金流失严重,资金的安全性、完整性无法得到保证。要避免这一点,就要完善和严格财务管理制度,杜绝各种漏洞,不给他人留可乘之机。

(4)预算失误,现金断流,造成财务危机。每年因为资金周转不灵而倒闭的企业应不在少数,其中有些企业的经营状况和业绩成长都不错,却因无法应付短期资金支出而面临转让创业企业的地步,把努力的成果拱手让给他人,相当可惜。

一家会赚钱的企业,如果手上没有足够的周转资金(企业每月固定支出含店租、工资、货款、水电费、电话费、还款本息等)和现金流量,就表示这家店的经营管理有问题,也许企业赚到的都是库存,其财务状况不佳,也就容易导致资金周转不灵而变成关门大吉的“短命公司”。

很多创业企业都是毁在资金链的断裂上,我们当以此为鉴。资金就像血液一样,是维持一个创业企业正常运转与发展的根本,时刻保持财务的健康状况非常关键。赚钱重要,而管钱更重要,不仅要有赚钱的能力,更要有管钱的能力,这样创业企业才能健康持久地发展。因此,企业要不断加强财务管理,想方设法避免财务危机的出现,以保证创业企业顺利地经营下去。

第九章　做个掌舵者——在前进中审视自己

【案例导读】

QQ在线，方便了亿万中国人

中文名：马化腾

别名：QQ之父，企鹅帝王

出生日期：1971年10月29日。

毕业院校：深圳大学

主要成就：创办腾讯

个人档案：

1989~1993年，就读于深圳大学计算机专业。

1993年毕业，进入润迅通信发展有限公司，从专注于寻呼软件开发的软件工程师一直做到开发部主管。

1998年，创办腾讯计算机系统有限公司。

2009年，当选中国经济十年商业领袖。

2010年，"中国2010新财富500富人榜"，马化腾以336.2亿元资产排名第5位。

从当年5条电话线和8台电脑所组成的局域网，到今天为近3亿注册用户提供基于QQ的各种通信服务；从5万元起家，到2004年6月上市后的8.98亿港元身价；从一位软件工程师，到中国即时通信业务的开拓者。他，就是腾讯董事局主席兼CEO——马化腾。

创业初期，举步维艰

20世纪90年代在新兴互联网市场中淘金，无疑是一项艰苦的工作。这时腾讯还是一家十几个人的小公司，主要业务是为深圳电信、深圳联通和一些寻呼台做项目。今天无处不在的腾讯QQ，当初只是公司一个不起眼的副产品。为了一个项目整个公司经常倾巢而出，害怕客户认为公司规模小。马化腾的名片上印的不是"总经理"，而是"工程师"，只为彰显公司的实力。在深圳，像腾讯这样的公司有上百家，马化腾当时的期望只是公司能够生存下来。

跟其他刚开始创业的互联网公司一样，资金和技术是腾讯最大的问题。1999年2月，腾讯开发出第一个"中国风味"的OICQ，即腾讯，QQ受到用户欢迎，注册人数疯长，在很短时间内注册人数就增加到几万人。人数增加就要不断扩充服务器，而那时仅仅一两千元的服务器托管费对公司来说已是不堪重负。为了节省资金，马化腾找来一台普通的PC机，放到具有宽带条件的机房里，然后把程序偷偷放到别人的服务器里运行。但即使采用这样的方式来省钱，还是没能使公司的情况得到好转，甚至给工作人员发工资都很困难。马化腾萌发了卖掉QQ的念头，多数买家希望独家买断，马化腾却希望多卖几家公司来赚钱。在一次与深圳电信数据局的谈判中，对方出价60万元，马化腾却坚持要卖100万元，因而以失败告终。马化腾现在回想起来最为庆幸的事在当时却是马化腾的噩梦，为了让腾讯生存下去，他只有四处奔走寻求融资渠道。

首次融资，雪中送炭

到1999年下半年，OICQ用户越来越多，"QQ"也渐渐有了社会口碑，腾讯的几个创始人开始寻找风险投资商，决定出让部分股份，进行融资。时值OICQ以2.87亿美元卖给美国在线的故事盛传，OICQ也趁机吸引了风险投资商的眼球。

2000年年初，凭借OICQ仅半年就占有了庞大市场的优势，腾讯幸运地拉来了IDG和李泽楷旗下盈科数码220万美元的投资，占股40%。

这笔钱虽然暂时解决了生死存亡的问题，但是OICQ的注册人数继续以陡峭的曲线方式疯长，OICQ的盈利模式却依然模糊。整个2000年，腾讯是在两个传言中度过的：传言之一是腾讯将要全面收费；传言之二是腾讯要被卖掉，收购方是TOM或脉搏网。这两个传言都和腾讯"快没钱了"有关，"快没钱了"说法的根据是OICQ软件停止了免费的新用户注册。这一说法似乎不无道理。

移动梦网，价值突围

2000年年底，中国移动推出"移动梦网"的一瞬，也许无人知道，这一创新性的价值链条会挽救一批互联网公司，腾讯就在这批名单之中。

当时，腾讯拥有近亿级的互联网注册用户量，而且这些用户中是含有大量消费诉求的，但是，腾讯依然苦于没有收费的渠道。然而，移动梦网通过手机代收费的“二八分账”协议（运营商分二成、SP分八成）犹如一道闪电，惊醒了蛰伏中的腾讯。

腾讯迅速开展了收费会员业务，限制页面注册，并开展了移动QQ业务，一时间，腾讯成了移动梦网的骨干，在移动梦网中的份额最高时占据了七成。

腾讯赚钱的速度和它当初注册用户疯长的速度一样，截止到2001年7月，腾讯就实现了正现金流，到2001年年底，腾讯实现了1 022万元人民币的纯利润。其间，2001年3月份，腾讯为了应付OICQ的版权官司，将软件名称改为QQ。

2002年和2003年腾讯业绩的增长速度令人炫目，这两年腾讯一方面推出QQ行、QQ秀等新业务，另一方面又不断学习，比如学着新浪推广短信和铃声、学着网易推出交友业务——QQ男女、学着盛大开展网络游戏。2002年，腾讯净利润是1.44亿元，比上一年增长10倍之多；2003年，腾讯净利润为2.38亿元，比2002年又翻了近一倍。据腾讯的《招股说明书》显示，腾讯的主要盈利被划分成三部分，即互联网增值服务（包括会员服务、社区服务、游戏娱乐服务）、移动及通信增值服务（包括移动聊天、语音聊天、短信铃声等）和网络广告。

互联之冬，有惊无险

马化腾融资成功之后不久便遇到了互联网的冬天。在这个冬天里美国纳斯达克股市下跌了51%。在此情况下，腾讯两家股东中的IDG技术创业投资基金不断找人接盘，希望出售股权，但盈科数码不同意。

盈科数码一直有强烈的进入内地市场的意图，当时又没有多少现金，而且看到自己的投资除了被用来买服务器外几乎见不到回报，甚至腾讯又回过头来借钱，盈科数码不知该如何举措。这种既不愿进一步投入又不愿退出的状态僵持了几个月，幸好IDG推荐了曾与其在Myweb.com项目上有过合作的南非的MIH集团，让盈科得以在2001年6月以1 260万美元的价格将其所持腾讯20%的股权悉数出售，颇为理想。而MIH在从盈科手中购得20%腾讯股权的同时，还从IDG手中收购了腾讯13%的股份。显然，因为看清了腾讯的成长潜力，MIH不甘仅仅成为一个参股投资的角色。2002年6月，腾讯其他主要创始人又将自己持有的13.5%的股份出让给MIH，腾讯的股权结构由此变为创业者占46.3%、MIH占46.5%、IDG占7.2%——MIH成为腾讯最大的股东。

2001－2003年，腾讯的规模和利润都呈现几何级的增长。为了不使对公司发展决策的大权旁落，2003年8月，腾讯创业团队将IDG所持剩余股权悉数购回，并从 MIH 手中回购少量股权，经过股权结构的重新调整，最终完成了上市前 MIH 与创业团队分别持股 50% 的股权结构。

多元融资，上市圈钱

经过一番积极筹备，2004 年 6 月 7 日，腾讯控股有限公司(700.HK)以中国内地最大的即时通讯产品 QQ 服务供应商的身份在中国香港创业板正式公开招股，正式向海外投资者发售 4.2 亿股股票。这一消息在中国互联网界引起了巨大震动，腾讯上市之前滴水不漏的保密工作也令诸多投资机构和媒体在消息面前措手不及。

随着腾讯控股在香港联合交易所正式挂牌交易，发行价每股 3.70 港元，当即腾讯就拥有了 62.2 亿港元的产值。上市当天，腾讯股价最高曾经达到 4.625 港元，较招股价上升 25%；收盘价为 4.15 港元，较开盘价升幅为 12.16%，共成交 19.47 亿港元。即便是按每股 3.70 港元的发行价计算，腾讯也拥有 62.2 亿港元的市值。通过上市，马化腾募集了 2 亿美元，合计 15.5 亿港元，造就了 5 个亿万富翁、7 个千万富翁。

第一节 直面市场——营销管理

【案例】

万宝路的成名之路

在制烟业越来越感到难以为继之时，世界上最大的烟草公司——美国的菲利普·莫里斯公司的销售额却不断上升。它的成功，得益于它的广告宣传。

雄赳赳的西部牛仔，洒脱地叼着一支“万宝路”牌香烟——这一深入人心的“万宝路”形象，被公司不惜重金传播到世界的每一个角落。以至于有人说：“如果一个美国人打算变得欧化一些，他必须去买一部奔驰或宝马；但当一个人想要美国化，他只需抽万宝路、穿牛仔衣就可以了。”可见，“万宝路”已不仅是一个企业产品中的名牌，而成为美国文化的一部分。

20 世纪 20 年代的美国青年，被称作“迷惘的时代”。他们或在爵士乐的包围中尖声大叫，或沉浸在香烟的烟雾缭绕当中。于是，“万宝路”问世了。

一开始,菲利普·莫里斯公司把香烟定位为脂粉香艳的女子香烟,但反响如死水微澜;之后他们开始考虑重塑形象,要"创造一种富有男子汉气概的举世闻名的'万宝路'香烟"。菲利普公司开始用马车夫、潜水员、农夫等具有男子汉气概的广告男主角,但这个理想中的男子汉最后集中到美国牛仔这个形象上:一个目光深沉、皮肤粗糙、浑身散发着粗犷、豪气的英雄男子汉,在广告中袖管高高卷起,露出多毛的手臂,手指间总是夹着一支冉冉冒烟的万宝路香烟。

这种洗尽女人脂粉气的广告于1954年问世。仅1954－1955年间,万宝路销售量就提高了3倍,一跃成为全美第十大香烟品牌。1968年,其市场占有上升到全美同行的第二位。现在万宝路每年在世界上销售香烟3000亿支,用5000架波音737飞机才能装完。世界上每抽掉4支烟,其中就有1支是万宝路。

从中我们可以看到广告的魔力,正是广告塑造产品形象,增添了产品的价值。①

一、创业营销概述

(一)市场营销

市场营销是个人和集体通过创造提供出售,并同别人自由交换产品和价值,以获得其所欲之物的一种社会和管理过程。营销者是某个寻找两个或更多的能进行价值交换的预期顾客的人。这个定义产生了以下主要观点:(1)营销者并不创造需求,需求已事前存在于市场。(2)由于一个产品能提供对需求的问题的解决,所以,它意味着这是一种对服务的包装物。因此,营销者的工作是对一个实体产品出售它所包含的利益或服务,而非产品本身。(3)营销者应探索如何从其他人身上引出他的行为反应。由此可见,营销者不能局限于出售消费品,他还应广泛地"出售"创意和社会计划。

关系营销是一种与关键对象——顾客、供应商、分销商建立长期满意关系的活动,以便维持各方之间长期的优先权和业务。一个优秀的营销者应通过质量、好的服务与公平的价格,与关系方建立超越时间的长期"双赢"关系。

营销管理是计划和贯彻营销观念,对商品、服务与创意的实践和促销,以便与目标群体,即满意的顾客和组织目标,实行有创造性的交换活动。营销管理的本质是需求管理,它的任务是影响需求的水平、时间和内容。

组织在开展其营销工作时,会受到5种不同哲学的影响:生产观念、产品观

① 资料来源:世界经理人网站:http://brand.icxo.com/htmlnews/2004/02/04/75291.htm,有改动。

念、推销/销售观念、营销观念和社会营销观念。营销观念的关键是认为组织的主要目标是确定目标市场的需要与欲望，并比竞争对手更有效和有力地传送满意。首先要很好地确定市场，着眼于顾客需求，开展一体化地影响顾客的活动，通过顾客满意获取利润。

(二)创业营销

一个创业企业的营销完全不同于一个成熟企业的营销，把一个成熟企业的营销战略和策略用于创业企业是不合适的，而且也是非常危险的。

所谓创业营销，就是创业企业家凭借创业精神、创业团队、创业计划和创新成果，获取企业生存发展所必需的各种资源的过程，它实际上是一种崭新的创业模式。今天，对于大多数年轻的创业者来说，既缺乏资金和社会关系，又缺乏商业经验，所拥有的只是创业激情和某种新产品的原始构思或某种新技术的初步设想。要获得成功，除了勇气、勤奋和毅力外，还必须依赖有效的创业营销来获得创业所需的各种资源。

(三)创业营销的优势与障碍

1.创业营销的有利因素

(1)各种新技术的普及与应用促进了产品创新和技术改进。

(2)市场成熟使市场规模迅速扩大，新的细分市场迅速涌现，而消费趋势的不断变化和全球化浪潮则创造了许多崭新的市场机会。

(3)国内的生产、工艺技术以及交通、办公、通信、信息等基础设施日趋完善，市场规则更加透明合理，分工协作体系也更为健全，使创业企业的市场进入障碍大大降低。

(4)目前市场上有大量的资金(包括风险资金)和专业人才(包括管理人才和专业服务机构)可以为创业企业服务。

因此，只要创业企业家善于发现机会，敢于创新并学会吸引、调动和利用创业所需要的各种社会资源，就能像视美乐一样找到成功创业的新路。

2.创业营销的障碍

除了环境因素之外，重要原因在于创业营销存在着许多天然障碍，主要表现在以下几个方面：

(1)创业营销的营销者往往是创业者，他们虽然具有创业精神或掌握某种新技术、新产品，但一般并不是营销专才，缺乏商业知识和专门训练，在创业初期也没有专门的营销部门协助，身兼数职，难免会犯一些简单错误或陷入某种误区，如不善于沟通、固执己见、不愿意与人合作、重技术不重视市场等。因此，创业者需要克服障碍,学会如何有效地沟通和营销。

(2)创业营销在不同阶段的目标顾客并不确定,随时会发生变化,因此增加了实际操作的难度。要吸引潜在的团队成员、风险资本和战略投资者的注意并不难,因为他们也在寻找潜在的合作机会,但真正建立起良好的合作关系则很难,因为存在信息不对称问题和利益冲突(主要是股权分配)问题,而且合作各方都有大量潜在的其他合作对象,使其表面上看起来容易,实际上却困难重重。

(3)创业营销的目的是为了寻找合作伙伴,从而获取创新企业所必需的各种资源,其成本是未来公司的股权、控制权或潜在的市场控制权。但评估创业企业的未来价值并不容易,何况环境因素的变化又会随时影响到这种评估。这会大大影响决策效率,从而影响到创业营销的效率。

(4)创业营销的各个阶段,其目标和任务都不一样,因此要在不同时期迅速调整营销策略。即使在同一个阶段,针对不同的目标顾客(如拥有不同资源和合作目的的合作伙伴),营销策略也会大不一样。创业营销策略既需要高度的灵活性,又需要内在的一致性,因此难度很大。

(5)创业营销销售的是产品概念、商业计划或公司的未来,而不是具体的产品,而且企业在创业初期商业关系不多,还没建立起信用,要将这些既不确定又无信用担保的东西销售给专业的风险投资家难度是很大的。克服这种障碍的唯一办法,是创业者自己也成为营销专家或雇用专家。

(6)创业企业的内部资源有限,而且生存能力较差,外部环境的细微变化都可能决定企业的存亡。因此,创业营销者要有很强的整合各种资源的能力,要具有以很少的内部资源调动最大限度的外部资源的能力。

【案例】

小明的眼镜店

小明的"莘莘眼镜连锁"店开业第一个月,店内顾客不少。经济实惠的学生眼镜套餐销量还可以,也有几位同学配了中档眼镜,但高档眼镜仍然无人问津。由于促销阶段折扣较大,学生眼镜套餐几乎无利可图,其他眼镜利润也非常薄。第一个月营业额虽然可以,但算上眼镜成本和各项支出,仍然亏本。

营业一个月之后,促销期结束,眼镜恢复原价,生意一落千丈。为吸引顾客,"莘莘眼镜连锁"又推出八折配镜优惠,但还是顾客寥寥,回到六折就意味着继续亏损,显然不可行。由于营业时间长,配镜师傅提出了加薪的要求。内忧外患，小明陷入困境。之后，小明又加大宣传力度，推出各种促销组合，但经营状况都未得到改善。半年之后，房屋租赁期满，小明无力负担下半年的房租，“苹苹眼镜连锁”关门，小明的创业宣告失败。小明很后悔在创业之初没有认真考虑相关问题。

讨论题：

小明的眼镜店为什么关门？

小明在开业前还应该做哪些事情？

二、4P营销策略

（一）4P概述

在市场营销组合观念中，4P分别是产品（Product）、价格（Price）、渠道（Place）、促销（Promotion）。产品的组合，主要包括产品的实体、服务、品牌、包装。它是指企业提供给目标市场的货物、服务的集合，包括产品的效用、质量、外观、式样、品牌、包装和规格，还包括服务和保证等因素。

产品（Product）：注重开发的功能，要求产品有独特的卖点，把产品的功能诉求放在第一位。产品也不单单是产品，它是一个产品的体系，包括产品线的宽度、广度、产品的定位、质量状况，甚至包括产品的售后服务。

价格（Price）：根据不同的市场定位，确定不同的价格策略，产品的定价依据是企业的品牌战略，注重品牌的含金量。价格指的是一个价格体系，它应该包括出厂价格、经销商出货价格、零售价格，还包括企业的价格政策里面的折扣、返利等指标，这样的要素才构成整个的价格体系。

渠道（Place）：企业并不直接面对消费者，而是注重经销商的培育和销售网络的建立，企业与消费者的联系是通过分销商来进行的。渠道包括了公司的渠道战略，是自己建设渠道还是通过总经销建设渠道，是总经销还是小区域独家代理，还是密集分销。产品要占领哪些终端，终端的策略怎样，渠道链条的规划、客户的选择怎样。以及客户的管理和维护、渠道的把握、渠道客户的切换等方面的问题。

促销（Promotion）：企业注重销售行为的改变来刺激消费者，以短期的行为（如让利、买一送一、营销现场气氛等）促成消费的增长，吸引其他品牌的消费者或诱使提前消费来促进销售的增长。促销是广义上的对消费者、对员工、对终端、对经销商的一个促销组合，这样的促销才是完善的。

4P内容是根据市场调研的结果所开发的能够满足消费者需求的商品，产品的内涵包括产品质量、消费者的感官要求、能够吸引消费者眼球的包装；价格就是消费者和客户能够接受的产品价格；能够将产品快速送达消费者手头的物品流通方式；促销指的就是拉动产品销售的促进措施，主要指的是产品宣传和推广促销等。

(二)创业营销中的4P

1.产品策略

产品策略是指在产品上下功夫，同时还应该包括创业项目的选择。只有在确定好创业项目后，才能去谈产品。事实上，在我们的日常生活当中，人们每时每刻都需要解决许许多多实际困难，只要你时时留意细心观察，总会对某些人们存在的困难或需求有所了解和认识，继而产生兴趣，然后可能找到一些解决方法，商机就这样出现了。

例如，以前使用长形剃刀剃须，很多时候会刮伤了脸，很不方便，也令人烦恼。吉列(King C. Gillette 1855 - 1932)注意到此问题，觉得如果创造出更方便、更安全的剃刀，一定会受欢迎。他终于在1903年创造了可以更换刀片的安全剃须刀，从此风靡全世界。

吉列先生注意到顾客面对的潜在困难，虽然他不是做剃须刀生意的，但自小他便看到父亲剃须时常常刮伤脸；长大了自己也遇到同样的问题。他觉得解决了这个问题，一定会有很多人愿意付钱买这个方便。他成功了，今日，Gillette是一家市值400亿美元的跨国企业。

当然，选择好的产品或项目只是第一步，从产品入手，(1)要准确界定产品的销售对象，是销给厂商还是消费者，要细分到市场层级；(2)要将自己的产品与其他厂商的同类产品明显区别开来，突出其特色；(3)要重点宣传产品的特点和功能；(4)要介绍推广产品的可信度、高质量、好品牌和知名度；(5)要认真研究产品用什么包装、多大尺寸包装；(6)要做好售后服务，提供三包承诺；(7)要制定好产品的未来开发战略。

2.价格策略

(1)影响产品定价的因素如下：

①产品成本：定价不能低于成本，且应有一定的利润。

②市场需求：供不应求时，定价可以较高；供过于求时，则应降低定价。

③物价政策：定价时应符合国家的物价政策。

④定价目标：企业通过价格来达到特定目的，如为了获得最大利润还是为了快速占有市场，是要树立高端的形象还是要对付竞争对手。

⑤市场竞争:行业或竞争对手的价格。

(2)常见定价方法有:

①成本导向定价法

成本加成定价法,即在单位成本的基础上加上一定比率的利润进行定价。

盈亏平衡定价法,即以生产产品的总成本和销售收入保持平衡为原则进行定价。

边际贡献定价法,即只要单价大于单位变动成本,就可以接受该价格。

②竞争导向定价法

随行就市定价法,即以所在行业的平均定价水平作为定价的标准,跟着大企业或成熟产品定价。

投标定价法:即由于买方招标,卖方在投标中进行定价的方法,价格要低于竞争对手的价格才有可能中标。

主动竞争定价法:与随行就市法相对,不是追随竞争者的价格,而是以市场为主体,以竞争对手为参照的一种常用的营销绩效定价方法。

3.渠道策略

渠道策略是指在产品出厂到顾客消费的途中下功夫,这包括:(1)要根据产品特点、希望加以控制的程度、希望得到的盈利幅度来决定依靠什么渠道将产品分销出去;(2)要视分销成本的高低确定产品分销到多大的地理范围;(3)要根据周转额大小和周转成本高低来决定产品库存多少;(4)要认真研究和选择最为快捷、经济的运输方式。

企业在创业期,产品的渠道选择是企业普遍遭遇的难题。归纳起来,关键需要解决以下三个问题:

(1)什么样的"渠道"最适合企业产品并且适合企业现有的资源状况?

(2)什么样的"渠道"在保持稳定性的同时,又便于企业日后改进?

(3)什么样的"渠道"能尽快地出"成绩",同时又提升产品的知名度?

若想有效地选择产品渠道,圆满地解决以上三个问题,就必须对渠道进行科学的设计与规划。

对于初创业的小企业来说,在销售渠道选择上没有"大鱼"型代理商愿意做自己代理的情况下,完全可以选择"小鱼"型代理商。借"小鱼"来"养大"自己的步骤,一是"选苗",二是"助长"。

朗科公司是世界上第一块闪盘——朗科优盘的生产者,公司1999年创立时仅有两个人,到2003年时营业额已达近5亿元。创建之初在产品小批量生产后，由于没有实力建销售渠道，朗科只能采用代理的形式。面对“选择什么样的代理商”“如何激励和支持代理商进而成功组建销售网络”这两个难题，朗科胜在借“小鱼”养大了自己，也令合作伙伴变成了“大鱼”。

朗科产品刚刚投放市场时，企业实力有限，名气也非常小。在这样的背景下，朗科毅然决定选择规模小的代理商，因为小代理商要价低甚至不要，而且小代理商往往会把厂家及其产品当个宝，认真对待。于是朗科选择了一批人品好、事业心强的老板，这些人多为具有强烈致富和成功追求愿望的小代理商。短短3个月内，朗科就在全国发展了40多家这样的“小鱼”。同时，朗科还不断“灌水养鱼”：广告配合培育市场，产品研发降低价格，全心全意助代理商销售，让“小鱼”获得切实的利益。到2001年，这些“小鱼”开始为朗科带来了上亿元的销售额，之后销售量更是猛增。

4.促销策略

促销是指如何推广产品。(1)对产品销售过程，要设法让顾客了解产品；激起顾客对产品的兴趣；设法让顾客试用产品；设法让顾客再次购买产品；设法培育顾客对产品的忠诚；(2)确定产品促销方式，是用广告宣传拉拢顾客，还是对分销商打折向外推出产品；(3)要考虑使用适当的推销方式。如广告宣传，要选好媒体，确定潜在市场覆盖比例和覆盖频率；上门推销，唯有在供需能够直接接触时才有成效；建立销售队伍，激励分销会员，如组织销量竞赛，实行购量积分，尝试产销利润分成，举办产品交易会，宣传许可生产好处，组织仓储展销等；(4)要做好公关工作和宣传介绍。这个框架可以用来为产品或品牌开辟市场。在开发自己的创业方案时，应该通盘考虑如下市场营销问题：关于产品，要知道自己的产品有何特点；这些特点对目标顾客具有哪些吸引力；谁是购买这种产品的决策者；谁在推荐这种产品；谁会使用这种产品；这些人各自处于买方机构中的位置；买方决策者与日常使用者各自对产品的要求存在的差别。

作为企业创业期所提供的产品，一般处于产品生命周期的导入期。在导入期，一方面，我们必须通过各种促销手段把商品引入市场，力争提高商品的市场知名度；另一方面，新品进入市场的价格定位又决定了渠道客户的接受、认同程度。所以，导入期营销的重点主要集中在价格和促销方面。这里的价格可以理解为渠道价格策略，即渠道的批发价格和市场零售价格。

三、创业企业的营销策略

(一)常见营销方式

常见的营销方式包括如下几种：

1.体验式营销

体验式营销是站在消费者的感官(Sense)、情感(Feel)、思考(Think)、行动(Act)、关联(Relate)等五个方面，重新定义、设计营销的思考方式。

2.一对一营销

其核心思想是：以“顾客份额”为中心，与消费者互动对话，对待消费者强调“定制化”。

3.关系营销

把营销活动看成是一个企业与消费者、供应商、分销商、竞争者、政府机构及其他公众发生互动作用的过程。企业营销活动的核心是建立并发展这些公众的良好关系。

4.连锁营销

将门店或销售机构进行复制扩张，把自己企业的成功经验发扬光大。连锁营销需要进行企业模式的复制，进而完成企业的连锁化发展。

5.深度营销

就是以企业和顾客之间的深度沟通、认同为目标，从关心人的显性需求转向关心人的隐性需求的一种新型的、互动的、更加人性化的营销新模式、新观念。它通过大量人性化的沟通工作，使自己的产品品牌产生“润物细无声”的效果，保持顾客长久的品牌忠诚。

6.网络营销

网络营销的本质是一种商业信息的特殊运行方式。基于互联网的营销方法就是根据企业经营的不同阶段制定不同的信息运行策略，并主要通过网络方法来实现的营销推广与操作。

7.整合营销

整合营销是指以消费者为核心重组企业行为和市场行为，综合协调地使用各种形式的传播方式，以统一的目标和统一的传播形象，传播产品信息，实现与消费者的双向沟通，迅速树立产品品牌在消费者心目中的地位，建立品牌与消费者长期密切的关系，更加有效地达到产品传播和产品行销的目的。

8.直接营销

“直销模式”实质上就是通过简化、消灭中间商，来降低产品的流通成本并满足顾客利益最大化需求。

以上营销方式各有利弊，大学生在进行创业实践时，要综合考虑创业企业的实际状况，选择适合自己的营销方式。

（二）营销传播策略

说到营销传播，可能会让人立即想到电视、报纸、杂志、终端等的铺天盖地的广告宣传，毕竟“好酒不怕巷子深”的年代已经变得那么久远。在各行业竞争如火如荼的战场上，企业越来越明白营销传播的重要性。一轮接一轮的电视、报纸、终端的广告轰炸，那是有钱的大企业玩的游戏，而作为处于起步阶段的初创企业来说是望尘莫及的，但初创企业如果要想得到良性发展，通过有效的营销传播让经销商、消费者对品牌达到认知从而实现知名度提升是最基本的工作，毕竟在面对成千上万的竞争品牌中，要想生存首先企业必须出名。而对资金匮乏的小企业来说，广告轰炸可能是连想都不敢想的事情。作为资产只有几百万的小企业来说，可以通过以下策略来实现品牌的有效传播。

1.首先要明确企业营销传播的目的

没有目的的宣传，可能会让你的宣传费用打了水漂，很多大企业虽然有雄厚的资本进行广告轰炸，但宣传过后，市场仍旧毫无动态，都不知道自己的宣传费用浪费到哪里去了。所以，作为宣传资金短缺的小企业来说，好钢要用到刀刃上，必须做到有的放矢。小企业如果宣传，首先必须明确宣传目的是什么，比如说是招商宣传，还是针对终端目标消费者的促销宣传，或者还是为了品牌建设而制定的有规划有策略的系列宣传；是长期的宣传，还是即期的宣传。

2.明确宣传所针对的具体目标人群

宣传必须有针对的人群，明确了企业到底在向谁说，就可以保证你的宣传有效性成功了一半，所确定的目标人群必须具体。其实，在企业进行初期产品或品牌市场定位的时候，就应该明确自己的目标消费者。但是现在的大多数小企业都是凭经验或者跟风上的产品，是有了产品然后才考虑营销，并不是像大中型企业可以有规范的市场部或者可以借助营销策划外脑，从而按正规的营销套路出牌，所以这样的小企业在宣传的时候必须要明确自己宣传所针对的目标人群，换句话来说，是有了产品再考虑营销，这也是现如今大多数小企业的现状。

（三）低成本营销传播方式的选择

1.利用网络进行营销传播

首先在网络上进行搜索，了解网上有哪些行业网站，同时要了解到哪些行业网站的点击率高，一般现在的行业网站都有能在行业网站上免费发布产品或企业信息的功能版块。针对这样的信息发布有个技巧，就是在发布的时候要把你的信息重复多次发布，因为现在很多企业可能注意到了这样的免费机会，所以可能发布的不同企业信息也非常多，而我们多次重复发布，可以让我们的信息在众多的信息中特别醒目，能吸引浏览者眼球，并且要坚持每天都发布，不要因为发布一次没有效果就不发了，日积月累，慢慢地效果就出现了。同时，如果有一定资金的话，可以在行业网站的首页发布图标广告链接，点击后就可以进入自己企业的网站，图标广告尽量放在首页醒目的位置，便于上网浏览者发现，并且图标的广告设计要有特色，能够在众多图标广告中突出。以上的网络营销传播方式对企业的招商效果比较好，同时对工业品的直销也比较有效。

2.利用杂志进行营销传播

了解企业所在的行业有哪些行业杂志，现在一般的杂志都可以免费发表文章，这也是小企业充分展示自己品牌的一个机会。发表一下技术软文或者企业动态的文章。也能很好地起到品牌传播和品牌形象塑造的作用，在和行业媒体打交道的时候，可以商量每期都能投放这样的文章，企业可以支付相对较少的费用。同时可以在适当的时候在杂志上发布一下品牌宣传的硬性广告，这样既可以宣传品牌，同时也和媒体建立了良好的合作关系。

3.利用目标市场当地电视台频道的游动字目或电视节目边角的挂栏品牌广告

电视在广告媒体中可以说是最有效和传播辐射半径最广的媒体，这也是许多大企业争先恐后挤破了头向中央电视台涌的原因。作为小企业，也可以想办法利用电视媒体，即目标市场当地电视台频道的游动字目或者是节目边角的挂栏品牌广告。虽然现在电视媒体的管理部门对此有限制，但我们可以看到，在大多数地方或当地的电视台仍然有很多这样的广告，并且这样的电视媒体宣传方式费用极低，甚至如果你在当地电视台有关系的话，请熟人吃顿饭送点礼就能解决了。

4.充分利用墙体广告

可以说三株口服液是墙体广告的鼻祖，这可以说是有中国特色的宣传方式，现在很多企业包括大企业也开始纷纷关注墙体广告传播方式了。特别是想开发乡镇农村三线市场的企业，一定要充分利用好墙体广告。而作为小企业来说，更应该密切关注。墙体广告的发布必须要有一定的技巧，即在发布的时候要广而密，特别是针对的人流来往多的交通要道都要发布，在每条道路上的发布密度必须高，这样可以提高过往行人的重复记忆，更有利于消费者的品牌记忆。当然，如果道路上没有建筑围墙，那广告就可想而不可即了。

5.充分利用公交车体广告

公交车体广告也是很不错的一个传播媒体，并且费用也不高，钱多就多投几辆，钱少就少投几辆。在选择公交车路线的时候，争取选择发布的公交路线覆盖的范围要广，或者就集中在几条线路上多发布几辆，这可以根据企业针对市场的推广策略来确定。在公交车辆发布的广告文案最好是整辆车的广告设计，如果企业的广告费用少，可以考虑在公交车头发布品牌广告。在广告发布的合同期上，可以和公交公司只签订半年的合同，因为即使合同到期了，如果公交公司没有承揽到新的广告业务，公交公司也不可能立即把你的广告给撤下来，有时企业发布的广告因为公交公司没有承揽到新的广告业务会持续到一年左右。

6.不干胶招贴广告(POP)

企业可以制作一些大小不同的不干胶宣传招贴，在终端销售点进行发布，这也是成本很低的宣传途径。不干胶的设计不一定方方正正，可以把造型设计有特色一点，便于吸引消费者的注意，同时在一个终端销售点要多贴几张，这样能让自己的品牌更突出、更醒目。

7.经销店的门头广告

可口可乐和百事可乐现在在争夺网吧的门头广告，事实证明了这也是非常有效的有针对性的宣传方式。企业并不一定非要在经销自己产品的经销商的门头发布门头广告，有的经销商可能暂时不想经营或者不一定主推该企业的产品，也可以与其协商发布门头广告。当然这需要支付一定的费用或者给其一定的优惠条件，门头广告毕竟直接针对的是目标消费者。所以作为宣传资金缺乏的小企业来说，可以充分考虑如何有效地利用这块宣传阵地。

8.直邮广告

直邮的宣传方式可以说是更具针对性的宣传途径。企业可以搜集自己的目标消费者名录，然后把宣传自己的精美册子附带优惠券或礼品卡邮寄给自己的目标消费者。如果企业很难搜集到目标消费者的通信方式，可以和当地的邮局合作，邮局现在都开办这样的邮寄业务，并且他们有很多消费者的通信名录。直邮广告在企业招商时也是很好的宣传方式，通过搜集行业的经销商信息，可以把自己的产品资料直接邮寄给经销商。邮寄广告建议要定期进行，不要只发布一次感觉没效果就终止了，这毕竟是企业与目标消费者的直接沟通，多次进行这样的广告活动效果更明显，例如定期每年进行2次或者3个月进行一次。

9.报纸的分类广告

现在的大众报纸上，比如晚报等，有很多的分类广告，费用比较低，有的是按字数来收费。分类广告针对小企业的招商相对要有效，同时企业可以关注报纸的小块报纸栏目挂牌广告，费用也不高，但是发布这样的广告频率要高，比如连续3个月或者半年，这样配合其他的媒体宣传方式才能产生效果。

10.条幅广告

条幅广告对于小企业实现的即期销售比较有效果。如果小企业要确定攻打某一小城市或县城的市场，可以印制部分较大的条幅悬挂在人流量大的街道上。当然，发布这样的广告必须和当地的工商和城管协商。发布横幅广告必须密集，在一条街道上要多悬挂几条。同时可以考虑发布巨幅广告，制作一面巨大的横幅或竖幅广告，悬挂在人流量大的建筑的立面上，这能产生更大的轰动效应。或者考虑在小区有针对性促销时，与小区的物业协调在小区内悬挂条幅广告。

以上只是部分营销传播的宣传方式，另外还有电子邮件广告和手机短信群发广告等，这里就不一一列举，企业要根据自己的实际情况制定有针对性的营销传播方式。在宣传的时候，企业要充分考虑到多种媒体同时利用的整合传播模式，让目标受众能从更多的媒体上接触到你的品牌信息，这样产生的效果会更明显。

表10－1　广告促销手段①

广告媒体	创业者需要考虑的关键因素
宣传册和传单	允许创造性的灵活性和集中的信息 产生数量和分销必须有计划地进行
直接邮寄	允许精确定位并鼓励直接回复 结果是可测量的并能知道今后的活动
信息广告	有效地讲述故事和沟通或支持产生效益 生产成本很大但可以测量，对于收集数量效果很好
网络沟通	各种选择，如标语广告和允许的电子邮件营销 较好地收集数据和测度回复率
杂志	容易确定目标群，使读者沉迷，保存时间长 自由提供预算，但需要较长的引导时间

① 张玉利.创业管理[M].北京：机械工业出版社，2011.

（续表）

广告媒体	创业者需要考虑的关键因素
时事通讯	很好地创造机会，最大化控制 费用因素（时间和金钱）应仔细考虑
报纸	广告促销的最好方式，限于某一地域范围内或当地市场 保存期限非常短，通常不能够被仔细地阅读
街头广告	具有强烈的视觉效果和重复曝光，被认为可以获得高额投资回报 目标难以确定，因为广告受到张贴地点的限制
广播	具有创造的潜力，能有效地与听众沟通；信息极易变换方式 针对性强，但广告必须重复多次才能奏效
电话销售	互动沟通，需要一对一的销售技能 直接回答的方式面临着较多的限制，因为这被很多人看来是冒犯性的
电视	媒体和生产费用很高，但到达性很好，展现并演示产品的最有效方式 通常用于品牌建立
黄页	重要的当地媒体，被顾客用来做基本参考，可信性是非常必要的 低成本，但是标准的形式使创造力受到限制

第二节　独特的增长极——技术创新

一、对技术创新的理解

（一）技术创新的核心

技术创新的核心就是指企业应用创新的知识和新技术、新工艺，采用新的生产方式和经营管理模式，提高产品质量，开发生产新的产品，提供新的服务，占据市场并实现市场价值。企业是技术创新的主体，技术创新是发展高科技、实现产业化的重要前提。

在企业中，技术创新的核心分为三个部分，即产品创新、过程创新和管理创新。

产品创新：产品在市场上要拥有竞争优势，必须在产品的成本和差异性上有所突破，使其独具一格。创新的源泉来自对于用户需求的深刻把握和敏锐观察。如美国贝尔公司发明的电话和半导体晶体管，由火柴盒、包装箱发展起来的集装箱等。

过程创新:过程创新是指产品的生产技术的变革,包括新工艺和新设备的变革。过程创新也可分为全新的过程创新和改进的过程创新。例如,美国英特尔公司通过不断的过程创新,保证有新的、更有力的产品源源不断地推向市场,从而使公司保持竞争的领先地位。

管理创新:不断根据员工的需求进行创新的管理,充分发挥员工的积极性和创造性;建立以企业为主体、产学研相结合的创新体系。

产品创新、过程创新和管理创新有着密切的联系。管理创新直接影响企业的产品创新和过程创新能力。技术创新需要有一种合适的环境。组织和管理环境对技术创新最为关键,因为技术创新主要依赖员工的积极性和创造性。现代企业的技术创新是集体的协同创新,并需要充分了解用户的需求,透明和畅通的信息流能有效地支持技术创新。简化的产品信息对于技术创新中有效地利用以往的信息和知识资源、减少重复性的工作等具有重要意义。

(二)技术创新的作用

1.技术创新有助于经济增长。研究表明,西方发达国家已走过生产要素和投资推动的粗放型经济增长阶段而进入了创新推动的集约型经济增长阶段。在这一阶段,通过技术创新,在资源稀缺的前提下重新组合生产要素并提高效率水平和人均产量水平,成为推动经济增长的主要方式。而我国的经济增长已经由资金和人力追加投入的粗放型经济增长模式向集约型增长方式过渡,如果不依靠技术创新重组生产要素提高资源利用效率,我国的经济发展前景令人担忧。我国只有大力推进技术创新才能在竞争中掌握主动,实施节约资源型战略,才能早日实现中华民族的伟大复兴。

2.技术创新有助于提高企业经济效益。发达国家经济和社会发展经验表明,技术创新是企业的生命力。不创新,企业就不能生存;不持续创新,企业就难以发展。不创新就灭亡,对于一个企业来说是一条难以改变的规律。

改革开放三十多年来,我国的经济发展迅速,综合国力得到极大提高。但企业尤其是国有大中型企业的经济效益始终不高、品牌竞争力不强,成为历届政府力求解决的一个难题,然而见效甚微。这其中有一个关键问题,那就是企业没有充分利用技术创新来改善产品结构,提高产品附加值,提高产品质量,以适应市场的需求。

3.技术创新有助于提高企业竞争力。在市场经济的大潮中,每个企业都面临着竞争的巨大压力。探讨如何在竞争中取胜,已成为企业生存下去的关键。企业之间的竞争可以分为两大类型:一种是建立成本优势,进行价格竞争,其核心思想是以低成本取得竞争优势。价格竞争战略的思路是通过技术创新,或是降低生产过程的耗费,或是获取更低廉的原料,或是开辟更为合理的销售渠道,以此降低产品制造成本,占有较大的市场份额,从而掌握产品销售价格的主动权,把大多数竞争对手逐出共同的市场。另一种是差异化竞争,即通过创造与众不同的产品来博得消费者的青睐,吸引消费者购买,从而取得市场竞争优势。产品的差异性体现在技术特征、功能特征、产品质量、品牌形象等方面。

对企业来讲,产品的差异化即意味着不断进行技术创新,推出改进型和创新型产品,适应越来越细化的市场需求。现代企业制度体现的是企业资源配置的高效性,而这种高效率能够充分发挥,主要依靠技术创新。技术创新是要结合企业的改革,在企业中加快建立技术开发中心,组织重点产品的研制开发和引进技术的消化吸收,进一步推动产学研结合,培育和扶持一批拥有自主知识产权和市场前景的高新技术产品。由此可见,技术创新在提高企业竞争力方面有着不可替代的作用。

二、技术创新的策略

对于新创企业,尤其是高科技创业企业来说,技术是不可缺少的要素之一,新创企业要积极行动起来,从自身寻找问题,组织专门的队伍研究对策,制定技术创新的方案。政府为中小企业创新发展营造了宏观的有利条件,企业就从微观出发,因地制宜,宏观与微观彼此相互促进、相互影响、相互融合,力求达到事半功倍的效果,使企业产品定期更新换代,科技含量提高,并早日拥有自己的核心品牌。

(一)加大技术创新投入

投入才有产出,投入才有收获。中小企业技术创新的巨大成果的前提就是增加对技术创新的投入。日本学者将企业竞争力与企业的技术创新投资联系起来,他们经过研究指出,一个企业的研发费用如果占企业销售收入的1%,那么这个企业注定失败;如果占3%,则仅仅可以维持企业发展;如果占到5%,可以参与竞争;如果达到8%以上,那才可能有竞争力。我国中小企业现存很大的不足就是创新投入太少,大部分中小企业创新投入只占其销售收入的很少一部分。这就导致中小企业缺乏创新能力,而只是依靠我国的廉价劳动力赚取微薄利润,这样的企业注定无法长期生存,所以我们的中小企业需要投入更多的物力、财力用于品牌创新以及产品升级等各方面的研发。

第一,加大研发企业自主品牌的投入。我国现阶段中小企业的竞争力低下的主要问题是没有自主品牌，目前国际贸易的竞争已经从价格的竞争逐步转向了以质量为核心的竞争，尤其是著名品牌的竞争。品牌是一个企业的素质、信誉和形象的集中体现，也是一个民族的素质和一个国家形象的有力体现。当前我国中小型出口企业大量的出口产品都是“贴牌生产”，对品牌自我保护意识淡薄。在自身建设不健全、不完善和内需不足的情况下，面对全球性金融危机的突然到来，中国很多中小企业像“断了奶的婴儿”，这样的企业只能率先被市场淘汰出局。一个企业想要发展必须拥有自己的核心产品，拥有自己的品牌，生产能满足不同顾客需求的差别化系列产品。

第二，加大产品升级的投入。在金融危机肆虐的今天，如果继续墨守成规，继续在产业链下游进行低价格、低技术含量的拼杀，这样的出口中小企业将难逃被淘汰的命运。产品创新过程是比较复杂的，主要包括寻求创意、甄别创意、形成产品概念、制定营销战略、商品分析、产品开发、市场试销和批量上市八个阶段。每个阶段都有自己特定的目标，只有八个阶段都能实现，一个产品的创新才得以顺利进行下去，只要有一个环节不能实现或出现问题，那这种产品的创新就无法实现。

中小企业不仅关注当前的产品创新进程，还应制定 3－5 年的新产品发展规划。要努力做到：创制一批名牌、优质产品，组织一批新产品投产，引进一批样品仿制，改进一批老产品；使生产高科技含量的产品成为一种习惯，通过产品的升级带动产业的升级，使企业进入科技含量较高的企业的良性竞争圈内；强化内部管理，不断增强适应外部环境变化的能力。

（二）积极进行管理创新

面对中小企业的创新发展，企业管理也要随之而行，管理创新是企业持续发展的秘诀和制胜的法宝。所谓的管理创新就是创造一种新的有效的资源整合方式来提高资源整合的效率，通过实施管理创新加速企业新陈代谢，促进企业持续成长，使企业永葆蓬勃生机。管理创新与技术创新是相互配合、相互促进的，对于中小企业的技术创新具有积极的推动作用，有助于降低技术创新的不确定性，有助于提高企业内部人力资源、技术和知识的使用效率，所以企业进行技术创新首要的是走管理创新之路，确保有一个良好的企业内部环境。首先，企业需要进行管理理念创新。管理理念是中小企业从事经营管理活动的指导思想，体现为企业的思维方式，企业要想在复杂多变的市场竞争中生存和发展，就必须首先在管理观念上不断创新。早在 20 世纪 90 年代，国外就掀起了一轮新的管理理念更新的浪潮，而对于我国的中小企业来说，传统的管理理念已经越来越不合时宜,要从根本上打破旧的管理思维,推陈出新,勇于创立新的管理思想,把中小企业的管理引导到一个适合现代社会发展的正确的道路上来。其次,中小企业应进行人才管理的创新。中小企业受限于规模、资金和科研力量的影响,往往一人身兼数职,所以中小企业对管理的要求也更高。管理者是决定企业存亡的关键人物。对于管理人才来说,应多吸取全世界优秀的管理经验,制定并实行各种有效的办法加强企业的凝聚力,极大地挖掘每位员工的潜能,为企业创造极大的价值。企业在进行决策时,应将企业的自身状况与社会状况结合起来,运用先进的管理思想进行果断的、正确的、超前的、创造性的决策,争取在企业发展进程中快人一步,以保证企业在激烈的市场竞争中拥有快速、灵活的应变能力。最后,中小企业还应进行战略管理创新,战略管理创新是企业管理创新的重要内容。

(三)建立起充满活力的技术创新体系

首先,必须建立企业自主创新体系。各级各部门要把建立健全技术创新体系作为建立现代企业制度的主要内容来抓,把提高技术创新能力和管理水平作为促使企业走出困境、发展壮大的关键措施,力求见到成效。一是要建立企业技术中心或技术开发部,及时跟踪与本企业主导产品相关的技术动态,负责重大科研攻关和组织职工开展科技活动。同时,承担起先进技术的引进、消化工作,使企业逐步缩小与优势企业在技术水平上的差距。规模较大的企业和企业集团,都应建立技术开发机构。二是建立企业内部的技术创新奖励机制。对为企业技术进步作出贡献的员工给予必要的奖励,除提供奖励基金外,也可以从新增利润中提出一定比例进行奖励。在企业条件许可的范围内,奖励力度越大越有利于激发员工的创造热情,企业的活力也就会越旺盛。三是建立企业技术创新投入机制。企业技术创新需要资金投入,并在很大程度上取决于企业的投入能力。为真正实现投入增加,各企业应积极争取各种减免税政策,取消企业技术开发费的提取上限,切实增加对技术创新的投入,使企业自主研究开发经费占到年销售收入的1%以上。同时,要广泛开展群众性的技术革新、技术发明活动,从整体上提高企业的技术创新能力。

其次,必须建立相应的产学研联合体系。技术创新仅靠企业自身的力量是远远不够的,我们要充分利用市场机制,拓宽技术合作领域,广泛开展多种形式的产学研联合。加强同大专院校、科研机构的科技合作,促进科技成果的引进和转化,解决企业发展中的技术难题,以"借梯上楼""筑巢引凤"的方式提高企业的科技水平。一方面要抓住国家和省属科研院所转制的机遇,主动联系,积极介入，推进企业与这些科研院所的联合与合作；另一方面还要利用各级政府推出的鼓励企业与高等院校合作的优惠政策，大力推进企业与高校的合作。在合作方式上，既可以与他们联合开发新产品、新技术、新工艺，也可以提前介入他们现有项目的中试，投入部分资金，获取部分知识产权或科技成果的优先转让权，还可以与大专院校、科研院所合作建立研究所、实验室，以此形式形成相对稳固的长期合作关系。

最后，培养人才，提高企业整体素质。各级各部门应积极为人尽其才、才尽其用创造良好的环境，充分发挥现有科技和管理人才的聪明才智；同时，做到求贤若渴，重视引进关键人才，广泛吸纳人才，做到"借脑生财"。对有培养前途的青年职工可以送到高等院校深造，并抓好业务骨干的岗位技术培训。各类大中专院校应及时进行专业结构调整，改革教学内容，加大教学设施的投入和实习基地建设，全面实施素质教育。

第三节　细节决定成败——风险管理

一、大学生创业风险

(一)起步草率，盲目创业

大学生创业的通病就是在创业准备不足的情况下盲目创业。创立一家公司或者企业，从无到有，从小到大，有许多需要学习和准备的地方。在许多大学生看来，似乎有好的创意就能创业，有了创意就能开公司，开了公司就会财源滚滚，而缺乏对市场的深刻把握以及对行业的深度审视。其实，创业需要激情下的理智，也就是说，在具体把握市场机会进行创业规划时，需要的是清醒的头脑而不是冲动，需要冷静而不是狂热。如果对创业所需要的各种条件考虑不周，对创业的前景不甚了解，就马上投入资金和人力、物力成立自己的公司或者企业，那么将面临很大的市场风险。因此，对创业的决策要科学，要深思熟虑，盲目决定创业将埋下风险的隐患。

(二)创业技能缺乏

要创立一家公司或者企业，创业者必须具备财务、营销、采购、广告、管理等方面的知识，否则的话，连企业简单的报表都看不懂，如何进行创业管理？而且，具备了这些创业的知识后，还需要通过各种形式进行创业实践，才能形成创业技能。很多大学生创业者眼高手低，既不了解创业的相关政策法规，也没有在相关企业的工作、实践经历，缺乏创业必备的知识技能，也缺乏必需的能力和经验。这样创业无异于"纸上谈兵"，往往出现决策随意、信息不通、理念不清、用人不当，对具体的市场开拓缺乏相关的经验与知识，遇到各种不可预见的问题，导致创业困难。所以创业者一定要对行业、企业有初步的了解，具备一定的企业管理及市场运营知识，具有一定创业技能后才能抓住机会进行创业。

（三）资金筹集困难，融资渠道单一

资金是企业的"血液"，从创意开始，到市场调查，就会产生费用；再到注册企业，需要注册资金；企业正常运营后，会产生一系列费用，需要足够的资金支持企业的日常运作。如果缺乏资金，连续几个月入不敷出或者因为其他原因导致企业的现金流中断，都会给企业带来极大的威胁。所以，资金筹集几乎是每一个创业者都会遇到的难题，银行贷款申请难、手续复杂，如果没有更广阔的融资渠道，或不熟悉融资渠道，企业会在创办初期因资金紧缺而严重影响业务的拓展，甚至错失商机而不得不关门。

（四）社会资源贫乏

大学生创业的资源相对来说是不足的，而创业本身是一个复杂的系统工程，市场不会因为创业者是学生就网开一面。在校园环境中成长起来的大学生，在面对社会和市场时，比有社会经验的人更容易迷失和迷茫。大学生创业很多都是起始于好的创意，但是大多数学生都缺乏创业必备的技术资源、资金资源、人才资源、社会关系资源等。大学生创业很多从事的是服务性产业，技术门槛较低，但竞争非常激烈，创业更容易失败。

（五）创业心理素质薄弱

大学生要在创业过程中实现自己的人生价值，离不开良好的自身综合素质，而创业的心理品质显然是影响大学生的创业能力和创业成败最重要的素质之一。大学生在校期间经历的波折较少，受挫能力也不强。但是商场不是校园，起起伏伏的事难以预料。在创业前没有做好经受挫折的心理准备，创业过程中承担不起困难当头的精神压力，创业未成，便在心理上败下阵来。

二、对创业风险的理解与认识

创业有风险，投资要谨慎。创业是一个充满风险、艰辛与坎坷的过程，也是一个充满激情与喜悦的过程。如何才能尽量规避与防范可能出现的创业风险，使创业过程能够顺利一些，尽快掘得第一桶金，是每一个创业者都十分关注的问题。

(一)对创业风险的理解

1.风险与创业风险

创业风险是在创业过程中存在的各种风险。由于创业环境的不确定性，创业机会与创业企业的复杂性，创业者、创业团队与创业投资者的能力和实力的有限性而导致创业活动结果的不确定性，就是创业风险。

2.创业风险的类型

(1)按创业风险产生的原因划分，可分为：

①主观创业风险。它是指在创业阶段，由于创业者的身体与心理素质等主观方面的因素导致创业失败的可能性。

②客观创业风险。它是指在创业阶段，由于客观因素导致创业失败的可能性，如市场的变动、政策的变化、竞争对手的出现及创业资金的缺乏等。

(2)按创业风险产生的内容划分，可分为：

①技术风险。它是指由于技术方面的因素及变化而导致的风险。

②市场风险。它是指由于市场情况的不确定性而导致的风险。

③政治风险。它是指由于战争、国际关系变化或有关国家政权更迭、政策改变而导致的风险。

④管理风险。它是指因创业企业管理不善产生的风险。

⑤生产风险。它是指创业企业提供的产品或服务从小批试制到大批生产的风险。

⑥经济风险。它是指由于宏观经济环境发生大幅度的波动或调整而导致的风险。

(3)按创业过程划分，可分为：

①机会的识别与评估风险。它是指在机会的识别与评估过程中，由于各种主客观因素，如信息获取量不足、把握不准确或推理偏误等使创业一开始就面临方向错误的风险。另外，由于创业而放弃了原有的职业所面临的机会成本，也是该阶段的风险之一。

②准备与撰写创业计划风险。它是指在创业计划制订过程中，各种不确定性因素与制订者自身能力的限制给创业活动带来的风险。

③确定并获取资源风险。它是指由于存在资源缺口，无法获得所需的关键资源，或即使可获得，但获得的成本较高，从而给创业活动带来一定的风险。

④新创企业管理风险。它主要包括管理方式，企业文化的选取与创建，发展战略的制定，组织、技术及营销等各方面的管理中存在的风险。

【案例】

辛苦的创业经历

陈勇大学毕业后很久找不到合适的工作，于是决定自主创业。他看中了一种新型肥料的生产项目，这种新型肥料成本低廉，利润却很高，而且市场需求也十分广泛。陈勇认为，只要化肥能生产出来，销路就不成问题，自己的创业必定大有所为。时不待人，说干就干。于是他开始选址，并筹措创业资金，资金到手便将所有的资金用来购买生产设备和技术。正当陈勇雄心勃勃地准备大展宏图时，环保局的相关人员却找上门来。原来，环保部门规定，要生产这种化肥，企业前期必须先要进行环保建设，而增设这样一套环保设施需要5万元。然而，陈勇为了引进这一项目，已经把手头可用的钱全部投入进去，他在创业之初的资金预算里也压根儿没有想到环保这事儿。最终由于无法筹集这笔环保设施的资金，陈勇被迫停止了自己的创业。

创业，仅有创意是不够的，既要考虑项目的可行性，也要符合法律法规的准入条件。从陈勇创业失败的教训可以看出，创业者必须首先了解创业项目与国家法律、法规及创业准入的有关规定，在未得到项目许可、办理营业执照的情况下，盲目采购设备、急于上马是不理智的行为。其次，陈勇对化工生产管理环节并不了解。他不仅需要专业技术人员、安全措施，还要得到技术监督、安委会、消防、环保等部门对工程建设安全鉴定后才能生产。再次，缺少融资渠道。化工生产在土地、水电、土建、设备、技术、员工、材料等方面都需要资金支撑，缺少项目资金，就是得到了相关部门许可，也能让刚刚诞生的企业陷入四面楚歌的境地。

(二)创业企业风险管理的基本方法

防范风险的主要方法有六种，具体包括减少可避免的风险、实行损失管理计划、分散风险、非保险方式的转移风险、自担风险、通过保险方式转移风险。

1.减少可避免的风险

当创业企业发现从事某一项活动会涉及过高的风险时，可决定减少或放弃这项活动，以便减少甚至完全避免风险。避免风险有两种方式：一种是完全拒绝承担风险，另一种是放弃原先承担的风险，但是这种方法的适用性很有限。

2.实行损失管理计划

损失管理计划分为防损计划和减损计划。防损计划旨在减少损失的发生频率或消除损失发生的可能性。建造防火建筑物、质量管理、驾驶技术考核、颁布安全条例、提供劳动保护用品、检查通风设备及产品设计改进等均是减少损失频率的措施。

3.分散风险

人们日常所说的"不要把鸡蛋都放进同一个篮子里",讲的就是分散风险的原理。分散风险是指通过增加风险单位的个数来减少风险损失的波动。这样,企业一方面可以比较准确地预测风险损失,另一方面可以减少预防风险损失所需预备的资金。

风险的分散又可分为隔离与兼容两种方法。风险隔离是将现在的资产或活动分散在不同的地方,万一有一处发生损失,不致影响其他地方各项业务的正常进行。例如,将存货分别储存在不同的地点、将原料分由几家供应商供应、投资项目组合分散等。风险兼容是通过增加新的风险单位,达到分散风险的目的。例如,准备一套备用机器,随时替代机器损坏的风险,以保证生产的顺利进行等。

4.非保险方式的转移风险

在风险管理中,较为普及使用的非保险转移风险的方式有合同、租赁和转移责任条款。例如,一家公司在与某建筑承包商签订新建厂房的合同中规定,建筑承包商对完工前厂房的任何损失负赔偿责任。再如,计算机租赁合同中规定租赁公司对计算机的维修、保养及损坏负责。又如,出版商在出版合同中加入转移责任条款,规定作者对剽窃行为自负法律责任。

5.自担风险

自担风险是指企业使用自有资金或借入资金补偿灾害事故的损失。自担风险分为被动的和主动的,即无意识、无计划的和有意识、有计划的。当风险管理人员没有觉察到所面临的风险,或者觉察到风险的存在,但没有作出对付风险的决策时,这样的自担风险是被动的。当风险管理人员觉察到风险存在,并相应地采取了对付风险的办法时,这种自担风险是主动的。

6.通过保险方式转移风险

保险是转移风险的一种办法,它把风险转移给保险人。保险也是一种分摊风险和意外损失的方法,一旦发生意外损失,保险人就补偿被保险人的损失,这实际上是把少数人遭受的损失分摊给同险种的所有投保人。对创业企业来说,投保是其对企业各类纯粹风险进行管理的最为有效的手段。

三、新创企业经营风险管理

【案例】

2001年，号称中国第一家专业连锁店的温州百信鞋业辉煌一时，5年间在未得到银行支持的情况下，曾在全国发展了100多家连锁店，号称拥有30多亿资产。可是当资金被连锁店消耗殆尽时，资金链终于断裂，如今仅存的几家门店也已经卖给了别人，却仍然难抵"巨额债务"。创始人因拖欠货款，涉嫌偷税、漏税而被逮捕，百信随之倒闭。原鞋城已卖掉，但仍然难偿其巨额货款。

中国企业家调查系统第十届企业家成长与发展调查经过对3539位企业经营者问卷调查结果表明："企业经营者最容易出现的问题"中，"用人不当"仅次于排在第一位的"决策失误"。用人不当已经成为制约企业发展的重要因素。用人不当有多种形式：不任人唯贤而任人唯亲，缺乏信任而疏于选人，激励机制落后导致人才流失。后果只有一个：企业缺乏人才，不能形成核心人力资源。

不懂管理，缺乏经验，失败在所难免。

（一）新创企业风险管理存在的问题

1.企业管理者及相关人员风险意识薄弱

加强企业环境控制与风险评估，是提高企业风险管理效率与效果的重中之重。而当前我国企业缺乏一种可以辨认、分析与管理风险的机制，往往出现为了追求高收益而盲目投资等风险。

2.现有风险管理机构不足以应对企业风险

由于我国企业风险管理机制设计较晚，现有的规章制度也是近几年开始施行的，而企业面临的外部环境却变化很快，较快变化的经营环境可能使得风险管理机制的风险应对能力减弱甚至失效。

3.风险管理机构组织建设不健全

2006年6月6日由国务院国有资产监督管理委员会发布的《中央企业全面风险管理指引》第42条明确规定："企业应建立健全风险管理组织体系，主要包括规范的公司法人治理结构，风险管理职能部门、内部审计部门和法律事务部门以及其他有关职能部门、业务单位的组织领导机构及其职责。"

4.风险管理机构缺乏真正的独立性

作为企业内部审计的一部分，风险管理机构存在独立性不足的问题。尤其是中国大多数企业风险管理部门设立不完善、无系统，审计人员的职责不明确，企业风险责任归属不清晰，都导致风险管理工作不可能起到真正的监督作用。

（二）中小企业常见的风险问题

每个企业都是在风险中经营的，新创企业也不例外。风险造成的经济损失是极大的，但相对而言，风险对小企业来说远远超过大企业。小企业虽然“船小好掉头”，但它由于“本小根基浅”，故只能“顺水”，不能“逆水”，不能左右风险的发生。从实际情况来看，小企业消化吸收亏损的能力十分有限。所以，新创小企业更应了解在经营中可能遇到的风险，以求未雨绸缪，防患于未然。

1. 创业风险

这类风险主要在企业创立的初始时期容易发生。它的主要特征有三个：一是在企业的所有经营风险之中最早到来；二是它有相当的隐蔽性，业主不易觉察或无暇顾及；三是它是小企业其他经营风险的根源。这类风险尤其值得创业者防范。小企业容易出现的创业风险有：业主过分注意产品的研制和生产而忽视了事关企业长远发展的问题，如企业产权的明晰、管理体制的规范等；对市场的潜在需求研究不透彻；对市场变化趋势没有预见性；对宏观行业形势的估计过于乐观；经营者缺乏全面管理的能力；没有建立必要的财务账目；设备和技术选择不当；低估所需资金，忽视税务问题。

2. 现金风险

这种风险主要表现为利润表上利润的期末余额巨大，但实际上企业现金流量表中的期末数额却小到几乎为零甚至是负数。经营者以为账面上的利润就是现金，事实上这是一种误解。这是因为赊销虽然也计入收益，但销售时并没有收到现金。另一方面，赊销增加了销售/存货的成本，但并没有立即支出现金。这种误解往往使企业的现金状况产生假象，经营者因而在企业扩张或新项目上马时忽视了对现金供需的平衡核算。现金是企业的血液，从日常经营活动来看，只有提供足够的现金，企业才能正常运转。没有充足的现金，将给企业带来严重后果，影响企业的盈利能力和偿债能力，因而降低了企业在市场竞争中的信用等级，最终使企业资金周转不灵，甚至资不抵债、走向破产。现金风险主要表现在：业主只对企业的主要财务指标如资产负债率、净资产收益率等感兴趣，而忽视了指标掩盖下的问题；过分注意利润和销售的增长，而忽视手中掌握的现金；固定资产投资过多，使企业的变现能力降低，导致资金沉淀；企业规模盲目扩张，缺乏相应的短、中、长期计划。

3.授权风险

许多成功的小企业,在达到一定的规模后,业主或经理发现由他一个人唱"独角戏"管理企业全部业务的局面难以为继,此时就需要将部分管理工作授权给其他人承担而由自己抓主要工作。一般认为,生产过程比较简单的企业,职工人数达25人以上便会产生这种需要。如果生产工艺和销售职能较为复杂,即使职工人数达不到25人,仅靠经理和业主个人也难以有效地经营企业。授权风险的主要表现有:人员选择的不确定性;不能授权别人分担沉重的责任和繁杂的决策事务;存在心理障碍,授权者认为"只有我才能干好",缺乏选拔和指导别人的能力;对下级缺乏信任感;业务发展,责任增加,但业主或经理用于经营管理企业的时间并没有增加。

4.领导风险

当小企业发展到有职工150-250人的水平时,就会面临企业的领导风险。处于扩张趋势的企业一到这个阶段,经营者就需要一套新的管理体制和技巧。经营者应该放弃过去曾经为自己带来成功的老经验、老办法,重新学习现代管理知识。领导风险的主要表现有:仅业主或几个合伙人无法承担逐渐变大的企业的管理责任;不愿授权别人分工负责并建立一个管理班子;不采用有效的领导和管理方式,一切靠自己的老办法;对具有领导才能的专门管理人才不能坚定不移地起用。

5.筹资风险

当企业经营达到一定阶段,原业主已无力继续提供所需资金,尤其是发展迅速的增长型企业,往往会面临资金不足的筹资风险。此时它们便会从各种渠道筹措资金,例如发起人增股、向公众招股或寻求无担保贷款、请金融机构认股或给予定期贷款、从租赁公司租赁设备等。问题在于每种获得资金的途径都是各有利弊,如果经营者不善于扬长避短,为我所用,便会陷入困境。

6.成就风险

有些小企业在度过了一段好时光后开始自满,过分自信,急于求成,企图来个"大跃进",却没有做好跃进的准备;或者放弃了过去获得成绩的踏实作风,把精力和时间放在投机或其他事务上。许多实践证明,这些发展前景充满希望的企业经营者被胜利冲昏了头脑,骄傲自满,结果还是被成就风险所压垮。成就风险主要表现为:满足于眼前成就,开始注重个人享受,对市场占有率和利润的下降不以为然;不注意新的竞争形势、技术变革、原材料替代、新产品和消费者爱好的变化。

7.持续经营风险

随着时间的延续,企业的原管理者会逐渐衰老,年龄的增大,事务的繁忙,会使其越来越无法像当初那样胜任自己的工作。而当创办人或业主死亡、长期生病或丧失工作能力时,持续经营风险就会降临。此时出现三个问题:首先是由谁来负责企业的管理;其次是解决表决权或控制权的分散,推动统一的控制,尤其是家族制企业,家属间在企业控制上的意见分歧将为企业带来灾难;最后一个问题是接班人要获得其他所有者(股东)、职员、雇员的拥护和支持,还要获得金融机构、客户和供应商的信任。深谋远虑的企业所有者从企业创立一开始就能认识到迟早都会遇到这一问题。但是许多小企业所有者不愿考虑自己离开这个世界时出现的问题,而导致企业为此付出沉重的代价。持续经营风险主要表现在:在风险降临时没有准备好由谁来接替管理工作;二把手在企业里没有占有必要的股份;没有授权,缺少规划,过分自信;遗产税产生的债务如何处理等。

世界上没有百分之百安全的事,创业亦然。然而,风险对于聪明的创业者来说未必是坏事,因为很多成功的机会就隐藏在风险之后,而且往往风险越大,成功的机会也就越多。既然如此,每一个创业者都要做好充分的准备,抵御各种风险,期待成功的喜悦。

四、大学生创业前期的风险防范

创业前期,容易出现临渊羡鱼、过于乐观、悲观主义、计划不明、资源不足、仓促上阵行为;创业过程中,容易出现目标游离、急功近利、孤军奋战、遇难而退作为;创业后期,容易出现盲目冒进、好大喜功、坐享其成、挥霍浪费、小富即安、缺乏创新、管理危机等状况。在诸多风险面前,大学生应该掌握防范技巧:

1.敢于面对失败,在挫折、失败中奋起

在残酷的市场中,只有比例很小的人能够将好点子成功地转换到企业的经营上,大多数人都得面对失败。只要创业者抱着一副良好的心态去面对失败,及时总结和反省错误,并吸取教训,在失败面前不气馁,就能够找到成就事业的新起点。

2.加强管理

包括营销管理、时间管理、财务管理、客户管理、绩效管理、人力资源管理。

3.创新

创业与创新相辅相成。创新是创业的途径和保证,创业是创新的出发点和落脚点。我们所说的创业是创新型的创业，我们所说的创新是创业型的创新。企业成长需要创新精神，它是一种团队协作活动。

4.树立企业形象

(1)公关：①善用企业形象进行广告定位；②巧用媒体。

(2)定位。

(3)打造企业品牌：①品牌建设；②品牌定位；③品牌塑造。

【案例】

在一个小村庄里，有两兄弟都在做小买卖。一年夏天，两兄弟突然发现在这个村庄附近做小买卖的人多了起来。竞争激烈了，利润自然就会下降，于是弟弟便对哥哥说："哥，这村子周围的地方我们都跑遍了，始终赚不到什么钱。现在做生意的人也多了，这样下去可不是办法啊，我们还是另想别的挣钱办法好了。"

哥哥觉得也是这么回事，于是便问弟弟有什么好的挣钱方法。弟弟说："这附近不是有座山吗？山上的风景比较漂亮，许多城里来的人都喜欢去山上远足、郊游。不如我们就把自己的一些乡土产品搬到山上去卖，应该能赚到不少钱。"

在弟弟的催促和劝说下，哥哥勉强同意了。于是第二天天还没亮他们就背着自己的货物上山了。山很高，他们背着沉重的货物爬起来着实辛苦。后来，太阳也渐渐升起来了，天越来越热，兄弟俩的衣服都被汗水浸透了，哥哥一屁股坐在地上抱怨起来："这么大热天的，还要背着这么重的货物爬山，太辛苦了。要不以后别来了，还是在村子里赚钱轻松。"

而同样又热又累的弟弟却笑呵呵地说道："我的想法却恰恰和你相反。"

哥哥惊讶地说："难道你还希望这天气更热、山更高？"

弟弟说："对啊。要真是那样就更好了。"

哥哥更加奇怪了："没毛病吧，你？是不是被太阳晒得净说胡话了？"

弟弟笑道："我没糊涂。你想想啊，如果山更高、天更热，那么上山做生意的人自然就更少，赚的钱不就会更多吗？"

通过这个故事可以看出：哥哥是保守者，无法面对"路途遥远""天气炎热"等风险；弟弟是激进者，是一个优秀的商人，因为他看到的不是风险，而是风险之后的利润——上山做生意的人少，赚钱会更多。

日本著名商人士光敏夫说过："如果风险小，那么许多人就都会去追求这种机会，因此利润便会缩水。如果风险大，追逐的人自然就会少，追逐到机会的人获得的利润当然也会多些。"士光敏夫的话，同故事中弟弟的思想如出一辙。

附录一　在校大学生注册公司操作基本流程

在校大学生注册公司也要按《公司法》的规定办理，税收和贷款政策上会有些优惠，各省市不尽相同，可以咨询当地税务局、银行或学校就业（创业）指导中心。以下是大学生创业公司注册的形式和基本流程。

（一）公司的形式

有限责任公司，最低注册资金3万元，2个（或以上）股东。

新《公司法》规定，允许1个股东注册有限责任公司，又称"一人有限公司"（执照上会注明"自然人独资"），最低注册资金10万元，并且一次缴足，登记费用是注册资金的8‰，比如注册资金10万元，登记费是800元，最低是50元。注册资金可以分期缴足，详细条款参考《公司法》第二十六条。

（二）注册的步骤

1.核准名称

到工商局领取一张"企业（字号）名称预先核准申请表"，填入你准备取的公司名称（一共5个），工商局会检索是否有重名，如无重名，即可使用并核发"企业（字号）名称预先核准通知书"，费用是30元（可以检索5个名称）。

2.租房

租写字楼作为办公室，民用房屋不可以注册公司（北京）。

签订租房合同，并让房屋的产权人提供房产证复印件，再到税务局买印花税。税率是年租金的1%，将印花税票贴在合同的首页。

3.编写公司章程

可以找人代写,也可以从工商局的网站下载“公司章程”样本,修改后,由所有股东签名。

4.刻法人名章

到刻章社,刻法人名章(方型),费用15-20元。

5.到银行开立公司验资户

携带公司章程、工商局的核名通知、法人名章、身份证到银行去开立公司账户(是验资账户,将各股东的资金存入账户),银行出具询征函、股东缴款单。

6.办理验资报告

拿着股东缴款单、询征函、公司章程、核名通知书、房租合同、房产证复印件到会计师事务所办理验资报告,费用500元。

7.注册公司

到工商局领取公司设立登记的各种表格填好,然后将核名通知、公司章程、房租合同、房产证复印件、验资报告一起交给工商局,一般3个工作日后可以领取执照(各地时间略有差别)。

8.刻制公章

凭营业执照,到公安局指定的刻章社刻公章、财务专用章,费用120-180元。

9.办理企业组织机构代码证

凭营业执照到技术监督局办理组织机构代码证,费用30元。

10.开基本户

凭营业执照、组织机构代码证去银行开立基本账号(同时注销验资账户)。

11.办理税务登记

领取执照后的30日内到当地税务局申请领取税务登记证(国税、地税),费用分别是10元、40元。

12.领购发票

服务性质的公司使用地税发票,销售商品的公司使用国税发票。

各地的费用会略有不同。

全部办理完成需要20-30天。

附录二 大学生创业优惠政策

一、大学生创业优惠贷款

(一)申请条件

1.大学专科以上毕业生。

2.毕业后6个月以上未就业,并在当地劳动保障部门办理了失业登记。

(二)贷款期限

国家为大学毕业生提供的小额创业贷款是政府贴息贷款,其期限为1~2年,2年之后不再享受财政贴息。

(三)贷款方式

大学毕业生自主创业的小额贷款方式为担保、抵(质)押贷款。

(四)有关说明

具体操作办法可向当地劳动和社会保障部门咨询。

二、税收优惠政策

国家在大学生创业优惠政策中对于税收方面作出了以下规定:

(一)凡高校毕业生从事个体经营的,自当地工商部门批准其经营之日起1年内免交税务登记证工本费(即免税)。

(二)新成立的城镇劳动就业服务企业(国家限制的行业除外),当年安置待业人员(含已办理失业登记的高校毕业生,下同)超过企业从业人员总数60%的,经相关主管税务机关批准,可免纳所得税3年。

劳动就业服务企业免税期满后,当年新安置待业人员占企业原从业人员总数30%以上的,经相关主管税务机关批准,可减半缴纳所得税2年。

除此之外，不同的行业还有不同的税务优惠：

1.大学毕业生创业新办咨询业、信息业、技术服务业的企业或经营单位，提交申请经税务部门批准后，可免征企业所得税2年。

2.大学毕业生创业新办从事交通运输、邮电通信的企业或经营单位，提交申请经税务部门批准后，第1年免征企业所得税，第2年减半征收企业所得税。

3.大学毕业生创业新办公用事业、商业、物资业、对外贸易业、旅游业、物流业、仓储业、居民服务业、饮食业、教育文化事业、卫生事业的企业或经营单位，提交申请经税务部门批准后，免征企业所得税1年。

有了众多免税的创业优惠政策扶持，对于自主创业的大学毕业生来说，在创业初期就能省下大量资金用于企业运作。

三、企业运营管理

企业运营管理方面的创业优惠政策相对于贷款优惠和税收优惠政策来说，并不为大多数大学生创业者所关注，这方面的优惠政策有：

（一）员工延聘和培训享用减免费优惠

对大学毕业生自主兴办的企业，自当地工商部门批准其运营之日起1年内，能够在政府人事、劳动保障行政部门所属的人才中介服务机构和公共职业引见机构的网站免费查询人才、劳动力供求信息，免费发布招聘广告等。这一点有助于在创业初期取得相关行业所需求的人才资源。可以协助自主创业的大学毕业生以最低代价，更容易地获取所需专业人才。

（二）政府各部门的免费

参与政府人事、劳动保障行政部门所属的人才中介服务机构和公共职业引见机构举行的人才会或人才、劳务交流活动时可给予适当减免交费；政府人事部门所属的人才中介服务机构免费为兴办企业的毕业生、优惠为兴办企业的员工提供一次培训、测评服务。

以上大学生创业优惠政策是针对全国一切自主创业的大学生所制定的。另外，各地政府为了扶持当地大学生创业，也出台了相关的政策法规，而且由于更有针对性，所以更加细化，更贴近实际，大学生假如准备创业，也一定要去了解当地详细的创业优惠政策。除此之外，大学生自主创业在档案保管和社会保险办理方面也有相应的优惠。

附录三　山东省人民政府办公厅关于促进以创业带动就业工作的意见

各市人民政府，各县（市、区）人民政府，省政府各部门、各直属机构，各大企业，各高等院校：

为深入贯彻落实党的十七大精神，充分发挥创业的就业倍增效应，缓解就业压力，根据《国务院办公厅转发人力资源社会保障部等部门关于促进以创业带动就业工作指导意见的通知》（国办发〔2008〕111号）等有关文件精神，经省政府同意，现就促进以创业带动就业工作提出以下意见：

一、统一思想认识，明确促进以创业带动就业工作的目标任务

创业是登记失业人员、普通高校毕业生、军队退役人员、残疾人等城乡各类劳动者（以下统称创业者）通过自主创办生产服务项目、企业或从事个体经营实现市场就业的重要形式，是最积极、最主动的就业。促进以创业带动就业，不仅使创业者自己实现就业，还可以通过发展多元化创业主体和多种创业形式，创造更多的就业岗位，促进社会就业的增加。

（一）指导思想

要以邓小平理论和“三个代表”重要思想为指导，深入贯彻落实科学发展观，把促进以创业带动就业工作摆在就业工作更加突出的位置，鼓励支持更多的城乡劳动者通过自主创业实现就业，形成政府促进创业、社会支持创业、劳动者参与创业的社会氛围。

（二）总体要求

各地要按照省委、省政府关于促进就业的一系列部署和要求，紧密结合本地区的优势产业、特色经济，确定鼓励创业的产业指导目录，坚持政府促进、市场引导、社会支持、自主创业的基本原则，鼓励创业者进入国家和地方优先和重

点发展的科技型、资源综合利用型、劳动密集型、农副产品加工型、贸易促进型、社区服务型、建筑劳务型和信息服务型等产业或行业,逐步扩大创业领域。加快构建促进以创业带动就业的组织领导体系、创业培训体系、政策扶持体系、创业服务体系,进一步优化创业环境,努力形成促进以创业带动就业的工作新格局。

(三)目标任务

各级政府要从创业意识、创业能力和创业环境着手,加快形成政策扶持、创业培训、创业服务"三位一体"的工作机制,力争每年创业培训合格率达到90%以上,创业初始成功率达到70%以上,创业企业存活率达到80%以上,努力实现自主创业1人带动就业5人以上,创办1个企业平均带动就业10人以上的倍增效应。主要目标任务是:

1.重点扶持和培育30个创业型城市,到2010年,力争全省创建国家级创业型城市达到5个以上,每个设区市创建省级创业型城市的县级市达到2个以上。

2.重点扶持和培植一批创业型企业,到2010年,初步形成以大型创业企业和企业集团为龙头,中小型创业企业为主体,个体经济组织共同发展的新型创业格局。

3.重点扶持和培植一批成功创业者,积极营造全民崇尚创业、竞相创业、和谐创业的良好氛围。

二、完善政策扶持体系,积极鼓励支持全民创业

(一)放宽市场准入

1.放宽投资领域。凡法律、法规未禁止的行业和领域,一律向各类创业主体开放,国家有限制条件和标准的行业、领域平等对待各类创业主体。鼓励和支持各类创业主体通过参股、联合、并购、独资等方式,参与各个领域的投资建设;扩大政府采购范围,制定促进中小企业发展的政府采购优惠政策,坚持公开、公平竞争的原则,鼓励和支持各类创业主体参与政府投资项目的招投标。

2.放宽登记条件。允许具备生产经营条件的创业者,凭本人居民身份证及前置审批许可等材料直接申办私营企业和个体工商户营业执照。创业企业设立连锁经营门店的,可持总部的连锁经营相关文件和登记材料,直接到门店所在地工商行政管理机关申请办理登记手续。城乡各类企业申请企业集团登记,其母公司注册资本放宽为3000万元,子公司放宽为3个,母子公司注册资本放宽为5000万元。对农村流动商户、农民进入集贸市场销售自产农副产品的,免

于工商登记。对高校毕业生、失业人员以及返乡农民工创业的市场准入条件，各地可适当放宽。

3.放宽出资限额。创业者申办合伙企业、个人独资企业以及个体经济，注册资金依法实行申报制。一般性服务业公司注册资本最低限额调整至3万元。创业型企业，可以货币、实物出资，允许创业者以知识产权、专利技术、专有技术、高新技术成果等无形资产出资。

4.放宽经营场所限制。在符合城乡规划以及市（镇、村）容、安全、环保、卫生、消防等法律法规要求并征得物权相邻业主同意的前提下，允许创业者将家庭住所、租借房、临时商业用房作为有效合法的经营场所进行工商登记，租房协议可作为有效的经营场所使用凭证。经电信主管部门核发许可证并依法办理注册登记手续后，鼓励通过互联网开展经营活动，从事电子商务经营。

（二）鼓励支持城乡各类劳动者从事创业活动

1.落实税费减免政策。登记失业人员、军队退役人员、残疾人、毕业2年以内的普通高校毕业生从事个体经营的，经同级就业服务机构出具相关证明材料后，税务、工商等有关部门自首次注册登记之日起3年内，依法免收管理类、登记类和证照类等有关行政事业性收费，免除前置审批的各项费用。创业者符合相关条件，可按国家规定享受税收优惠政策。符合残疾人就业税收优惠条件的，可按规定享受现行增值税、营业税、企业所得税、个人所得税等税收优惠政策。

2.加强创业政策扶持。从事创业活动的人员吸纳登记失业人员并与其签订1年以上劳动合同的，可按实际创造就业岗位个数给予一次性岗位补贴。有条件的地方可对创业成功人员首次领取营业执照并正常经营1年以上的给予一次性创业补贴。创业者自首次注册登记之日起3年内，公共职业介绍机构、政府所属人才服务机构在劳动人事代理方面提供优惠；下乡创办、领办农村合作经济组织或从事特色种养业的，享受各项支农惠农政策。

（三）加强创业融资服务

1.建立创业资金筹措和扶持激励机制。多渠道筹集资金，主要用于创业项目开发、方案设计、风险评估、开业指导、跟踪扶持、创业及带动就业奖励、创业孵化基地和创业型城市建设等创业推动工作，鼓励支持促进以创业带动就业工作的开展。服务业发展专项资金和引导资金，在用于重点服务业城区、重点服务业园区和重点服务业企业“三大载体”建设的同时，优先用于扶持创业型服务企业。

2.积极拓宽融资渠道。各地要积极推动金融产品和金融服务创新,支持以创业带动就业。积极探索创新应收账款、仓单、经营性集体建设用地使用权、股权质押、林权抵押、渔权抵押等新型担保贷款方式,鼓励金融机构为创业项目提供融资支持。积极发展适合农村特点和需要的多种所有制金融组织和各种微型金融服务,鼓励支持城乡各类劳动者在农村创业。允许农村小型金融组织从金融机构融入资金,允许有条件的农民专业合作社开展信用合作,对农村金融定向实行税收减免和费用补贴,加强对农村金融组织提供创业融资服务的监管。健全创业投资机制,鼓励利用国内外社会资本投资创办企业,有条件的市可设立各种形式的创业投资引导基金,促进创业投资企业的设立与发展,鼓励和支持创业型企业上市融资。进一步加大对符合条件的劳动密集型小企业的支持力度,全面落实小额担保贷款政策,具体政策按照有关规定执行。

三、健全创业培训体系,提高全民创业能力

(一)加大培训力度

1.扩大培训范围。各地要积极开展以高校毕业生、失业人员、农村富余劳动力、军队退役人员等为重点的创业培训,逐步将所有有创业愿望和培训需求的城乡劳动者全部纳入创业培训范围,提高全民创业的意识和能力。

2.创新培训模式。各类普通高等院校、职业院校、技工学校、就业训练中心要开设创业教育和创业指导课程,提升在校学生的创业意识和潜在创业能力。各地要创新培训模式,全面实施“创办你的企业”(SYB)、“改善你的企业”(SIYB)创业培训项目,积极开展创业实训活动,通过组织准备创业的人员参加模拟创业和见习活动,提升其创业能力。

(二)强化培训力量

各地要发挥职业院校、技工学校、就业训练中心的示范作用,对开展创业培训的普通高等院校、行业组织和社会力量办学等培训机构,优先进行培植,全面开展创业培训。要依托普通高等院校、职业院校和技工学校的力量,整合创业培训教师队伍,通过授课、辅导、讲座、座谈等方式,培养一批优秀的创业教师和管理人员,建立一支专业化的创业师资队伍。各级劳动保障等有关部门要加强对创业培训活动的指导和监督,确保培训质量。

(三)落实培训补贴

各地要落实好职业培训补贴政策。对参加创业培训的创业者,按照有关规定,给予职业培训补贴。对领取失业保险金人员参加创业培训的,其按规定享受的职业培训补贴由失业保险基金开支。按照《山东省人民政府办公厅转发省劳动保障厅省财政厅关于加强就业培训提高就业与创业能力的意见的通知》(鲁政办发〔2008〕37号)的有关规定,实行政府购买培训成果的机制,按照绩效挂钩的原则,经政府有关部门对培训效果进行考核后,由财政部门按规定向定点培训机构支付培训补贴。

四、健全创业服务体系,提升创业服务水平

(一)健全创业服务组织

各级政府要依托公共就业服务体系,建立健全创业指导服务组织,承担创业带动就业工作的组织、服务和实施,开发创业指导技术,完善创业服务功能。要充分发挥高校毕业生就业指导机构、中小企业服务机构和各类创业咨询服务机构的作用,省、市两级要建立创业指导专家志愿团,加快形成创业服务专兼职队伍,推动创业咨询服务工作的开展。

(二)完善创业服务内容

各地要根据创业者需求,组织开展项目开发、方案设计、风险评估、开业指导、融资服务、跟踪扶持等“一条龙”服务。尽快搭建创业信息、政策发布平台,建立创业项目资源库和项目评估推介制度,形成有效采集和定期发布制度。积极为创业者提供个性化、专业化的开业指导和咨询服务。建立创业者信息管理服务系统,设立创业服务热线,接受创业者的咨询和投诉,及时提供后续服务和跟踪指导。注重对创业受挫者的指导和服务,帮助他们重树信心,重新创业。推进社会保障制度和户籍制度改革,为创业者及其招聘的劳动者提供社会保障、人力资源管理、教育培训等方面的政策便利,按照规定积极提供职称评定等方面的服务,吸引人才到新创办企业工作,扩大创业带动就业的规模。

(三)提高行政服务效率

全面实行收费公示制度和企业交费登记卡制度,禁止任何部门、单位干预创业企业正常经营,严格制止乱收费、乱摊派、乱罚款、乱检查行为。进一步清理和规范涉及创业的行政审批事项,简化立项、审批手续,公布各项行政审批、核准、备案事项和办事指南,推行联合审批、一站式服务、限时办结和承诺服务,开辟创业“绿色通道”。对创业者提出的行政复议申请,政府部门要及时受理,公平对待,限时答复。

(四)培育创业服务载体

各级政府要统筹安排劳动者创业所需的生产经营场所,搞好基础设施及配套建设,保障创业所需。各类开发区、产业集聚区和专业市场要开辟专门的创业孵化基地,为初创企业提供经营场地,为进入基地的创业者提供有效的培训指导服务和一定期限的政策扶持。充分整合利用工会、共青团和妇联现有促进创业的各类服务资源，积极打造各具特色的创业载体。

五、加强组织领导，营造全民创业的良好氛围

（一）强化政府责任

各级政府要高度重视促进以创业带动就业工作，切实列入重要议事日程，落实扶持政策，健全服务体系，改善创业环境，积极推动工作全面开展。要强化目标责任考核，把创业扶持政策、创业培训效果、创业服务质量、创业初始成功率、创业稳定率、创业带动就业率等作为衡量促进以创业带动就业工作的主要指标，逐级分解目标任务，纳入政府就业目标责任考核体系。要制定扶持政策，支持争创创业型城市。创建省级创业型城市的具体条件和标准，由省劳动保障部门会同有关部门另行制定。

（二）完善工作机制

全省促进以创业带动就业在省就业工作联席会议指导下开展工作，各级政府要建立劳动保障部门牵头，相关部门和社会组织共同参与、分工负责、协调配合的协作运行机制，共同推进工作的开展。各级劳动保障部门会同人事部门负责制定创业发展规划、创业综合指导、创业培训管理、创业跟踪服务、创建创业型城市、促进以创业带动就业工作的综合协调和创业带动就业效果的考核考评等工作；各级发展改革、经贸部门负责指导创业企业发展等工作；各级规划建设、国土资源部门负责协调指导创业经营场所的规划建设、土地利用管理等工作；各级财政、人民银行负责落实资金、金融信贷支持和小额担保贷款等工作；各级劳动保障、人事、教育部门负责普通高等院校、职业院校、技工学校的创业指导和教育等工作；各级税务部门负责落实各项税收优惠政策等工作；各级工商部门负责从事创业企业、个体工商户、农民专业合作社等各类经营主体的准入登记监管等工作。各级、各部门要严格按照分工，落实责任，确保政府促进以创业带动就业工作的全面开展。

（三）营造良好氛围

加强创业教育，提高创业意识，建设创业文化，使更多的劳动者乐于创业、敢于创业；加强舆论引导，发挥社会各方面支持和推动创业工作的积极作用，弘扬创业精神，树立一批创业典型，在全社会积极营造崇尚创业、竞相创业、褒奖成功、宽容失败的和谐创业环境和良好舆论氛围。

图书在版编目(CIP)数据

大学生创业指导/明照凤主编.—济南:山东人民出版社,2013.8(2021.01重印)

ISBN 978-7-209-07544-2

Ⅰ.①大… Ⅱ.①明… Ⅲ.①大学生-职业选择 Ⅳ.①G647.38

中国版本图书馆CIP数据核字(2013)第192192号

大学生创业指导

明照凤 主编

山东出版传媒股份有限公司

山东人民出版社出版发行

社 址:济南市英雄山路165号 邮 编:250002

网 址:http://www.sd-book.com.cn

发行部:(0531)82098027 82098028

新华书店经销

山东省东营市新华印刷厂印装

规 格 16开(169mm×239mm)

印 张 15.75

字 数 250千字

版 次 2013年8月第1版

印 次 2021年1月第11次

ISBN 978-7-209-07544-2

定 价 30.00元